김동우 저

구글 애널리틱스 컨설턴트가 알려주는

구글 애널리틱스 사전활용 예제편

DIGITAL BOOKS
디지털북스

현직 구글 애널리틱스 컨설턴트가 알려주는

구글 애널리틱스
실전 활용법

| 만든 사람들 |

기획 IT · CG 기획부 | 진행 양종엽 · 이강섭(6쇄 교정진행) | 집필 김동우
책임편집 D.J.I books design studio | 편집 디자인 디자인 숲 · 이기숙
표지 디자인 D.J.I books design studio 원은영

| 책 내용 문의 |

도서 내용에 대해 궁금한 사항이 있으시면
저자의 홈페이지나 디지털북스 홈페이지의 게시판을 통해서 해결하실 수 있습니다.

디지털북스 홈페이지 digitalbooks.co.kr
디지털북스 페이스북 facebook.com/ithinkbook
디지털북스 인스타그램 instagram.com/digitalbooks1999
디지털북스 유튜브 유튜브에서 [디지털북스] 검색
디지털북스 이메일 djibooks@naver.com
저자 블로그 kayros.blog.me
저자 이메일 kayroskdw@gmail.com

| 각종 문의 |

영업관련 dji_digitalbooks@naver.com
기획관련 djibooks@naver.com
전화번호 (02) 447-3157~8

머리말

구글 애널리틱스는 대한민국을 비롯한 전 세계에서 가장 많이 사용하는 웹분석 도구입니다. 일단 비용이 무료입니다. 구글 애널리틱스 360이라는 유료 버전도 있지만, 무료 버전을 사용해도 트래픽이 상당한 웹사이트의 성과 측정 및 사용자 행동 패턴을 데이터로 확인할 수 있습니다.

하지만 구글 애널리틱스를 제대로 사용하기란 쉽지 않습니다. 전문가의 강의를 들으면 얼핏 쉬운 것처럼 보이지만 막상 실제로 해보면 쉽지 않은 게 구글 애널리틱스입니다. 분석을 위해 다양한 기능을 제공하지만, 조회 가능한 지표 개수만 수백가지며, 개발 지식이 없으면 정확한 데이터 수집이 불가능합니다. 이러한 이유 때문에 많은 실무 담당자들이 단순 트래픽 및 전환율만 확인하고 있는 실정입니다.

구글 애널리틱스를 통해 데이터 기반 마케팅을 하고 싶은데 어떻게 해야 할까요?

구글 애널리틱스 분석 컨설턴트라는 직함을 가지고 있다보니 많은 분들이 질문을 주십니다. 초보자가 구글 애널리틱스를 익히는 가장 빠른 방법은 전문가의 강의를 듣는 것입니다. 데이터 분석의 중요성이 강조되면서 최근 직장인 및 취준생을 대상으로 구글 애널리틱스 강의가 많이 생겼고, 온라인 강의도 늘어나는 추세입니다. 하지만, 강의나 책을 본다고 실력이 느는 것은 아닙니다.

분석을 잘하려면 우선 서비스와 고객을 잘 알아야 합니다. 무턱대고 데이터 분석에 접근하게 되면 얻을 수 있는 인사이트는 없습니다. 직접 추적코드를 웹사이트에 적용하고 분석을 위해 세그먼트를 생성하는 등의 작업을 해봐야 빠르게 구글 애널리틱스를 익힐 수 있습니다.

저는 고객의 데이터를 정확하게 수집하고, 성과 측정 및 분석을 통해 비즈니스를 성장을 돕는 일을 합니다. 이를 위해 구글 애널리틱스를 분석 도구로 활용하고 있습니다. 이 책은 구글 애널리틱스 매뉴얼이 아닙니다. 매뉴얼을 찾는다면 시중에 나와 있는 다른 책을 보는 것을 추천드립니다. 실무에서 구글 애널리틱스를 사용하고 있으나 100% 활용하지 못하는 분들에게 권하고 싶은 책입니다.

다양한 산업군의 분석 프로젝트를 수행하면서 겪었던 경험을 책을 통해 독자에게 전달하고자 했습니다. 출퇴근 길에 하루 30분씩 읽으면 구글 애널리틱스에 대한 이해를 높일 수 있을 것입니다. 실무에서 구글 애널리틱스를 제대로 사용하고자 하는 분들께 책이 도움이 되었으면 합니다. 부록으로 수록된 구글 애널리틱스 인증 시험 기출문제 학습을 통해 자격증도 꼭 취득하시기 바랍니다.

● CONTENTS ●

CHAPTER
01

데이터 분석, 어떻게 시작해야 할까요?

데이터 분석의 시작은 정확한 데이터 수집입니다. 분석을 처음 시작하려는 분들이 체크해야 할 항목과 집중해야 할 내용에 대해 알아봅니다.

비즈니스 지표를 개선하기 위해 분석이 필요하다는 사실은 이제 모두가 알고 계십니다. 하지만 막상 분석을 시작하면 어디서부터 시작해야 하는지 감을 못 잡는 경우 많습니다. 분석을 진행해 본 경험이 없거나, 분석을 통해 인사이트를 얻어야 한다는 강박관념 때문에 그럴수도 있습니다. 분석 경험이 많지 않은 주니어 분들은 분석을 시작하기도 전에 데이터의 늪에 빠지는 경우를 많이 봅니다.

☑ 분석은 무조건 쉽게 접근해야 한다.

처음부터 거창한 인사이트를 얻으려 하지 않아야 합니다. 분석을 위한 아이디어(가설)를 모으고, 퍼널 설계를 통해 데이터 흐름을 파악하다 보면 개선을 위한 인사이트는 자연스럽게 도출됩니다.

☑ 분석의 시작은 정확한 데이터 수집이다.

웹사이트에 방문한 사용자의 행동 패턴을 분석하라는 미션이 떨어졌습니다. 여러분은 분석을 어떻게 시작하실 건가요? 구글 애널리틱스에 접속해서 당장 데이터를 들여다보실 건가요? 분석을 진행하기 앞서 해야 될 일이 있습니다. 바로 정확한 데이터가 수집되고 있는지를 체크하셔야 합니다. 정확한 데이터가 수집되지 않으면 분석 결과는 신뢰할 수 없습니다. 따라서 분석의 시작은 정확한 데이터 수집입니다.

☑ 서비스의 기본적인 UX를 체크하자.

데이터 정합성을 체크하셨다면 분석을 시작해도 될까요? 아직 해야 할 일이 남았습니다. 여러분의 웹사이트에 방문해서 직접 구매 혹은 상담 신청을 해보시기 바랍니다. 서비스를 운영하는 나조차도 불편한 상황이라면, 고객은 얼마나 불편할까요? 물론 개개인이 서비스에 대해 느끼는 감정은 다를 것입니다.

고객의 목소리를 100% 반영하는 것은 사실상 불가능에 가깝습니다. 그렇기 때문에 기본을 지키는 것이 중요합니다. 기본을 만족시키지 못하는 순간 고객은 실망하고 떠나기 마련입니다. 예전에 제가 자주 애용하던 지도 서비스의 업데이트가 있었습니다. 엄청나게 추운 날이었습니다. 목적지에 가기 위해 지도 앱을 켜고 내비게이션을 탐색하는 순간 저는 당황했습니다. 기존 UI가 변경된 이유도 있겠지만, 제가 원하는 기능을 도저히 찾을 수 없었습니다. 결국 감에 의지하여 목적지로 가야 했습니다. 저는 결국 그 앱을 삭제하고 다른 지도 앱을 설치했습니다. 이처럼 서비스의 기본적인 기능조차 만족시키지 못하면 고객은 떠납니다. 분석을 위한 데이터를 수집할 기회조차 없어지는 것입니다. 여러분의 서비스가 목표를 달성하는데 어려움이 없는지 확인하시기 바랍니다.

☑ 퍼널을 설계하고, 데이터에 애정을 갖자.

정확한 데이터를 수집하고, 서비스의 기본 기능이 제대로 작동하는 것을 체크했습니다. 다음에는 무엇을 해야 할까요? 분석을 할 때 가장 중요한 것은 목표 설정입니다. 흔히 기업에서 말하는 KPI를 정하는 과정입니다. 병원 사이트를 예로 들겠습니다. 일반적으로 상담 신청을 얼마나 많이 하는지를 목표로 잡게 됩니다. 그러기 위해서는 상담 완료까지 도달하는 과정을 퍼널^{Funnel}로 설계해야 합니다.

퍼널이란 깔때기를 의미합니다. 목표에 도달하는 주요 여정을 단계별로 분석하는 과정입니다. 분석을 통해 매출을 개선하려면 퍼널을 설계할 줄 알아야 합니다. 쉬운 것 같아 보이지만, 도메인(산업)에 대한 이해가 동반되어야 합니다. 도메인을 이해하는 과정이 분석과 병행되어야 합니다. 해당 기업의 주식을 사도 좋고, 한동안 분석하려는 서비스만 이용하면서 무엇이 문제인지를 파악합니다. 데이터에 애정이 있어야 합니다. 애정은 다른 말로 호기심이며, 애정이 없다면 데이터를 제대로 분석하기란 말처럼 쉽지 않습니다.

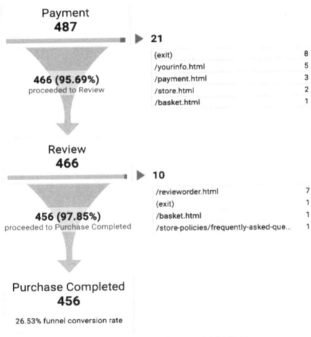

▲ 퍼널을 설계해서 이탈이 높은 단계를 파악해야 합니다.

퍼널을 설계할 때 모든 단계를 측정하기보다는, 전환을 위해 반드시 거쳐야 되는 주요 단계를 측정하시기 바랍니다. 이를 통해 이탈이 많이 발생하는 페이지를 파악합니다. 그래야 사용자 경험(UX)을 개선할 수 있습니다.

서비스에서 전환이 적게 발생한다고 광고 예산을 증가시키기 전에 왜 이탈이 많이 발생하는지에 대해 원인 분석을 먼저 하시기 바랍니다. 유입이 아무리 많아도, 전환이 되지 않으면 매출은 결코 오르지 않습니다.

☑ 분석을 위한 가설(아이디어)을 모으자.

퍼널을 통해 각 단계별 전환율을 확인했다면, 이탈이 많이 발생하는 단계의 전환을 개선하기 위한 아이디어를 도출합니다. 분석에서는 아이디어를 가설이라고 합니다. 분석을 진행하기 위한 질문 목록을 만든다고 생각하시면 됩니다. 가설은 혼자 수립하는 것보다 아이디어 회의를 통해 의견을 모읍니다. 이를테면 '상담하기 버튼에 '무료' 단어를 추가할 경우 클릭 전환율이 상승할 것이다.'와 같은 식입니다. 일종의 브레인스토밍입니다. 주의할 점은 누군가 아이디어를 내놓았을 때 절대 비판적으로 대응하시면 안 됩니다. 설령 비판을 하더라도 대안을 제시해야 합니다. 이러한 과정을 통해 모든 가설을 수집합니다. 한 가지 팁을 드리면, 테스트를 리딩하는 역할을 누군가에게 부여하시기 바랍니다. 그래야 회의를 임팩트 있게 진행할 수 있습니다.

☑ 수집한 가설의 우선순위를 정하자.

- Impact (KPI 지표의 성장에 도움을 주는가)
- Chance of Success (변화를 통한 개선 가능성)
- Effort (투입 인력 및 시간 자원)

가설이 모이면 분석을 위해 우선순위를 정합니다. 우선순위를 어떻게 정할지 고민이 되신다면 ICE framework에 근거하여 점수를 부여하시기 바랍니다. 가설을 액션으로 수행하기 위해 필요한 인적 자원과 기간이 얼마나 소요되는지, 목표에 영향을 줄 수 있는지 등을 체크합니다. 이를 수치화해서 우선순위가 높은 가설부터 AB 테스트를 통해 검증합니다.

검증은 데이터를 집요하게 탐색하는 과정입니다. 평균 데이터로는 인사이트를 도출할 수 없습니다. 성별/기기/연령대 등으로 데이터를 나누고, 각 집단별 데이터 흐름이 어떠한지 확인합니다. 이를 통해 의미 있는 결과가 도출되면 이를 구성원 전체에게 공유합니다.

Growth Hacking is experiment-driven-marketing.
그로스해킹은 실험 기반 마케팅이다.

– 션 앨리스(Sean Ellis)

☑ 얻을 수 있는 결과를 금액으로 산출하자.

인사이트를 도출했다면 실제 서비스에 반영하는 작업이 남았습니다. 분석은 반드시 돈이 되어야 합니다. 액션이 동반되지 않는 분석은 의미가 없습니다. 하지만 매출 개선에 도움이 될 것이라는 100% 확신이 없는 상황에서, 이해 관계자를 설득하는 작업은 굉장히 힘든 과정입니다. 안타깝게도 직급과 부서의 입김이 더 크게 작용하기도 합니다. 이럴 때 바로 데이터에 근거한 분석 결과가 필요합니다. 액션을 통해 얻을 수 있는 예상 결과를 금액으로 산출하시기 바랍니다. 예를 들면, '전환율이 0.1% 상승할 경우 매출은 1억이 상승될 것으로 예상된다.'와 같은 식입니다.

테스트 결과를 통해 개선할 점을 도출하지 못해도 테스트는 계속 진행되어야 합니다. 저는 앞서 션 앨리스가 언급한 그로스 해킹은 '테스트 기반 마케팅' 표현에 전적으로 동의합니다.

만약 테스트 결과가 서비스에 반영되면 반드시 전후 데이터를 비교하여 구성원들에게 다시 공유합니다. 과정보다는 결과 중심의 내용을 공유하시기 바랍니다. 분석이 돈이 된다는 사실을 경험한 조직은 데이터의 힘을 믿게 됩니다. 그렇지 않은 조직은 같은 실수를 반복합니다. 데이터 기반하여 서비스를 운영하는 조직 문화는 하루아침에 이뤄지지 않습니다. 단언컨대, 임원진(C레벨)의 생각이 바뀌어야 합니다

내용을 정리하면 아래와 같습니다. 그로스 해킹은 조직적으로 진행되어야 합니다. 절대 혼자 진행할 수 없습니다. C레벨의 지시 하에 내부 분석 조직을 세팅하는 것이 가장 이상적이겠지만, 여건이 안 된다면 믿을 수 있는 분석 대행사와 함께 그로스 해킹을 시도하는 것을 추천합니다.

---

* 전환율 개선을 위한 그로스 해킹 프로세스

Step 01: 수집하는 데이터의 정합성을 체크한다.
Step 02: 서비스 KPI 선정 및 퍼널을 설계한다.
Step 03: 취약 단계를 확인하고, 개선을 위해 AB 테스트를 진행한다.
Step 04: 테스트 결과를 공유하고, 서비스 반영을 결정한다.

가설을 도출하고 액션을 수행하는 과정에서는 의견 충돌이 반드시 발생합니다. 조화가 잘 되는 팀을 보면 상대방의 주장과 근거가 나보다 나을 수 있다는 겸손함을 가진 팀원이 많은 것을 발견합니다. 글의 서두에서도 말씀드렸지만, 결국 분석은 사람이 수행합니다. 인공지능도 결국 사람의 생각이 영향을 미치는 것이기 때문에 서로 존중하고 배려하는 조직이 분석도 잘할 것이라 생각합니다.

데이터 분석의 핵심은
전환율 개선이다

분석의 핵심은 단계별 전환율 개선을 통해 비즈니스 목표를 달성하는 것입니다. 이를 위해 단계별 측정해야할 액션 지표에 대해 자세히 알아봅니다.

데이터를 분석하는 방법에 정답이란 없습니다. 명확한 근거와 결과를 논리적인 과정으로 도출하면 됩니다. 사람들을 데이터로 설득시키려면 논리가 빈약해선 안 됩니다. 데이터가 정확하지 않거나 논리가 명확하지 않으면 결과를 신뢰하기 어렵습니다. 그래서 데이터 분석을 하려면 스토리텔링 능력이 중요시됩니다. 머릿 속에 생각한 결과를 하나의 스토리로 만들 수 있어야 합니다. 분석 스토리텔링을 키우려면 많이 만들어보고 피드백을 받는 게 최선이라고 생각합니다. 물론 책이나 신문을 읽으면 이러한 역량을 키우는데 도움이 됩니다.

이번 챕터에서는 AARRR 분석 프레임워크에 대해 설명드리려 합니다. 분석의 핵심은 단계별 전환율 개선인데, 단계별 수치를 정량화해서 분석하는 방법론입니다. 초기에 실리콘밸리의 스타트업에서 처음 사용되었고, 많이 알려지면서 분석을 하시는 분들이라면 한번쯤은 들어보셨을 방법론입니다. 쉽게 말해, 사용자가 처음 서비스에 유입될 때부터 전환에 이르는 과정을 단계별 핵심 지표로 설계하는 것을 의미합니다. AARRR이란 전환까지의 단계를 5단계로 나눈 것이며, 각 단계별 알파벳 첫 글자를 의미합니다.

▸ Acquisition(획득) : 고객이 서비스로 유입되는 단계를 말합니다. 일반
적으로 광고를 통해 유입되거나 바이럴에 따른 자연 검색을 통해 유입
됩니다. 최근에는 모바일 앱을 통해 서비스에 유입되는 경우가 많습니
다. 때문에 많은 기업들의 마케팅 활동 역시 앱을 얼마나 많이 다운로드
받느냐에 집중됩니다. Acquisition 단계의 대표적인 핵심 지표는 앱 다
운로드수, 신규 방문자가 있습니다.

▸ Activation(활동) : 전환이 되려면 거쳐야 하는 필수 단계가 있습니다.
전환이 매크로(Macro) 지표라면, 전환에 도움을 주는 액션들은 마이크
로(Micro) 지표입니다. 대표적으로 회원가입, 장바구니 담기 등이 있습
니다. 여기서 매크로는 핵심 지표, 마이크로는 보조 지표라고 생각하시
면 됩니다. 유입 후 서비스를 바로 이탈하는 고객을 줄이려면 Activation
단계를 달성할 수 있도록 화면 상에서 가이드를 해줘야 합니다. 예를 들
면 회원가입 시 적립금을 추가로 주는 방법이 있습니다.

▸ Retention(재방문) : '유지가 획득을 이긴다.' 라는 말이 있습니다. 신
규 고객를 획득하는 것보다 이미 접속한 고객을 놓치지 않는 게 중요하
다는 의미입니다. 물론 신규 고객을 획득하는 것도 중요합니다. 하지만
일반적으로 데이터를 보면 재방문 유저의 구매 전환율이나 평균 구매
액이 일반 유저 대비 훨씬 높게 나옵니다. 재방문 지표를 관리해야 하는
결정적인 이유는 신규 고객을 획득하는 비용보다 재방문 고객을 획득
하는 비용이 훨씬 적게 들기 때문입니다.

▸ Referral(공유) : 서비스를 알리는 가장 확실한 방법은 광고입니다. 하
지만 한정된 예산에서 서비스를 홍보하려면 이미 사용한 고객들이 자
발적으로 홍보를 하게 만들어야 합니다. 즉, 바이럴 요소를 서비스 안에
하나의 기능으로 녹여내야 합니다. 예를들면, 우버는 초대코드를 지인
에게 공유하면 3개의 할인 코드를 줍니다. 에어비앤비 역시 지인이 내

가 건넨 링크를 통해 예약할 경우 약 15$의 적립금을 줍니다. 서로에게 득이 되므로 사람들은 자발적으로 링크를 공유하고 서비스를 홍보하게 됩니다.

▷ Revenue(수익) : 서비스의 최종 목표에 도달했는지를 나타내는 지표입니다. 쇼핑몰이라면 매출과 인당 평균 결제 금액이 최종 지표가 되며, 병원 사이트의 경우 고객이 상담을 위한 정보를 남기거나 모바일에서 전화 버튼을 터치하는 게 최종 지표가 됩니다. 최초 유입부터 전환에 이르기까지 전환율을 평균 2% 이상으로 관리해주는 게 필요합니다. 중간에 이탈하는 고객이 많다면 해당 지점을 집중 개선해야 합니다. Revenue 지표 추이가 서비스의 성공과 실패를 보여주기 때문입니다.

AARRR 분석을 통해 핵심 지표를 선정하고 서비스를 운영해보시기 바랍니다. 실제로 프레임워크를 적용해 본 것과 이론으로만 알고 있는 것은 확연한 차이가 있습니다. 많은 실무자 분들이 분석 프레임워크를 서비스에 도입해보고 데이터 기반 마케팅에 대한 감이 잡힌다고 제게 말씀하십니다. 각 단계별 지표를 선정하는 것은 여러분 각자가 도메인 지식이 풍부하시기 때문에 적합한 지표를 선정할 수 있을 것입니다. 단계별 지표가 반드시 1개일 필요는 없습니다. 다만, 너무 많은 지표는 가급적 지양하셔야 합니다. 단계별 지표를 관리했을 때와 그렇지 않을 때의 차이는 분명 클 것입니다.

CHAPTER
03

구글 애널리틱스를 사용해야 하는 이유

구글 애널리틱스는 전 세계적으로 가장 많이 활용되는 분석 도구입니다. 유입
된 방문자 분석을 위해 구글 애널리틱스가 필요한 이유와 다른 웹분석 도구와
비교할 때 장점은 무엇인지 알아봅니다.

구글 애널리틱스는 전 세계의 약 70% 이상의 사람들이 이용하는 웹로
그 분석 도구입니다. 웹Web 또는 앱App으로 유입되는 사용자의 트래픽과 행
동 패턴을 측정하여 서비스 운영을 위한 지표를 도출하는 도구입니다. 애
널리틱스라는 단어 때문인지 분석을 알아서 해줄 듯 하지만 그냥 도구입
니다. 도구에 익숙해질 필요는 있습니다. 하지만 도구만 다룰 줄 아시면 곤
란합니다. 도구는 단지 도구인 것이죠. 분석을 하기 위해 다른 분석 솔루
션이 더 적합하다고 판단되면 해당 솔루션을 사용하셔도 됩니다. 결국 우
리는 솔루션을 활용해서 인사이트를 도출하고 정확한 성과를 모니터링 할
수 있어야 합니다. 분석은 결국 사람이 하는 것이기 때문입니다.

구글 애널리틱스가 사람을 대신하여 분석을 해주진 않습니다. 빅데이
터가 화두라고 하지만 데이터가 있어도 활용하지 못하면 의미가 없습니
다. 데이터가 적더라도 그 속에서 의미를 도출해서 전환율 또는 이탈률 등
의 지표를 개선해야 의미가 있습니다.

구글 애널리틱스는 가장 큰 장점은 무료입니다. 구글 애널리틱스 360

이라고 부르는 유료 버전도 있습니다. 조회되는 데이터의 양이 많아도 샘플링에 걸릴 확률이 줄어들며, 맞춤 보고서에서 퍼널을 생성해서 이전 데이터에도 소급 적용할 수 있다는 장점이 있습니다. 뿐만 아니라 빅쿼리와 구글 애널리틱스를 연동하여 데이터 통합 및 고급 분석이 가능하게 해줍니다. 하지만 적지 않은 비용이 소요됩니다. 최소 15만 달러 이상의 금액이 필요하다고 생각하시면 됩니다. 때문에 예산이 부족하거나 아직 구글 애널리틱스에 익숙하지 않은 기업에서는 무료를 사용하면서 유료 사용을 추후에 검토하는 것을 가급적 권장드립니다. 무료로 사용해도 서비스 운영을 위한 데이터 분석에 전혀 무리가 없기 때문입니다. 물론 데이터의 양이 많아지면 무료 사용에도 한계가 오게 마련입니다.

두번째 장점은 구글 애널리틱스로 매체별 성과를 측정할 수 있습니다. 광고를 집행하면 광고를 통해 얼마나 전환이 발생하는지 알 수 있어야 합니다. 구글 애널리틱스에는 캠페인 이라는 기능이 있기 때문에, 캠페인 단위로 성과를 측정할 수 있습니다. 뿐만 아니라 채널 그룹을 여러분 서비스에 맞게 설계할 수 있기 때문에 다른 분석 솔루션과 비교해서 굉장히 유연합니다. 예를 들어 유튜브 광고를 많이 하는 기업이라면 구글 애널리틱스 기본 채널 그룹에 존재하지 않는 유튜브라는 채널을 추가해서 해당 채널을 통한 유입과 성과를 분석할 수 있습니다.

세번째 장점은 구글의 다양한 마케팅 솔루션과 연동이 됩니다. 구글에서 제공하는 데이터 시각화 도구인 구글 데이터 스튜디오, A/B테스트를 할 수 있는 구글 옵티마이즈 등 해당 솔루션과 지표를 공유할 수 있기 때문에 마케터 및 분석가 입장에서는 구글 애널리틱스가 상당히 매력적으로 느껴집니다. 뿐만 아니라 구글 애즈와 연동하게 되면 구글 애널리틱스 데이터로 광고 모수를 생성하여 광고 캠페인을 집행할 수 있습니다. 이러한 솔루션을 자유롭게 활용할 수 있다면 여러분이 실무에서 일하는 시간을 줄일 수 있습니다. 구글 애널리틱스를 통해 데이터 기반의 서비스 운영을 하시기 바랍니다. 하지만 무료로 활용해도 서비스 운영을 위한 분석에 무리가 없다고 생각합니다. 구글 애널리틱스를 통해 데이터 기반의 서비스 운영을 하시길 바랍니다.

산업군별 핵심 성과 지표 설계하기

산업과 서비스의 성격에 따라 관리해야 할 핵심 지표는 달라야 합니다. 업종별로 체크해야 할 핵심 지표에 대해 알아보고, 핵심 지표 선정 시 주의할 점에 대해 알아봅니다.

여러분이 데이터를 분석하려는 이유는 무엇인가요? 데이터 분석이 기업의 비즈니스 성장을 위해 여러 방면으로 도움을 주기 때문입니다. 그렇다고 서비스의 본질에 대한 고민없이 무조건 데이터 분석을 시작해서는 안 됩니다. 앞에서도 언급했지만 서비스가 시장에서 경쟁력이 있는지, 타사에 비해 무엇이 부족한지 등을 인지한 상태에서 그것을 개선하기 위한 데이터 분석이 진행되어야 합니다.

서비스의 본질에 대한 고민이 어느 정도 문서로 정리되었다면 이제 핵심 지표를 선정할 차례입니다. 핵심 지표는 다른 말로 KPI^{Key Performance Indicator} 라고 부릅니다. 즉, 서비스를 운영할 때 가장 우선순위를 두고 개선해야 할 지표를 의미합니다. 분석을 위해 무엇보다 중요한 작업입니다. 정확한 KPI를 선정하는 것이 분석의 시작이기 때문입니다.

담당자는 지표를 선정하면서 서비스 구석구석을 한번 더 들여다보게 됩니다. 서비스 담당자가 기대하는 고객의 행동과 실제 고객의 행동은 데이터로 확인했을 때 많이 다릅니다. 산업군별 추적해야 할 지표는 각기 다룹니다. 쇼핑몰에서는 재구매율과 객단가를 모니터링 해야 하며, 콘텐츠를 유통하는 서비스에서는 방문 시 체류 시간과 재방문 여부를 핵심 지표로 선정하고 관리해야 합니다. 직접 고민해보시기 바랍니다. 어떤 지표를 추적해야 서비스가 성장할 수 있는지 고민해보시기 바랍니다.

구분	설명
쇼핑몰	구매당 평균 금액 (ARPPU), 재구매율, 앱 다운로드 수, 회원가입 수
보험사	리드 생성 건수, 리드 생성 단가, 보험료 계산 및 청약 전환율
콘텐츠	체류 시간, 재방문율 , 앱 다운로드 수
브랜드	방문자수, 이탈률, 이메일 등록

　가급적 업무의 우선순위를 핵심 지표 개선에 두고 모든 구성원이 공통된 목표를 바라봐야 합니다. 예를 들어 구매 전환율 개선이라는 목표를 세웠다면, 직접 구매를 시도해보면서 개선할 점은 없는지를 확인합니다. 서비스의 UX를 개선하는 일은 상당한 리소스가 투입됩니다. 많은 부서의 이해관계가 얽혀 있기 때문에 명확한 근거가 없는 경우 상대를 설득하기 어렵습니다. 이런 상황에서 서비스 개선을 위한 공통된 목표가 없다면 더더욱 힘듭니다.

　서비스에서 많은 방문을 이끌어내는 것은 중요합니다. 하지만 결국 목표는 전환율이 되어야 합니다. 업종에 상관없이 항상 전환 관점에서 생각해야 합니다. 실무에서 일하는 많은 분들을 만나보면 전환보다 유입을 더 중요히하는 경우를 많이 보게 됩니다. 잡은 물고기를 놓치지 않는 것이 중요합니다. 주의할 점은 핵심 지표를 너무 많이 선정하면 안 됩니다. 지표가 많다는 것은 관리할 수 없다는 의미와 같습니다.

데이터 수집 원리를 알아야
분석을 할 수 있다

구글 애널리틱스는 추적 코드를 웹사이트에 넣어야 데이터가 수집됩니다. 추적 코드를 삽입할 때 주의할 점과 이와 관련하여 자주 하시는 질문에 대한 답변을 알아봅니다.

구글 애널리틱스로 데이터를 수집하기 위해서는 GTAG라고 부르는 자바 스크립트 소스 코드를 띄어쓰기를 웹사이트에 삽입해야 합니다. 그래야 사용자가 서비스에 접속했을 때 로그를 추적할 수 있습니다. 여기서 로그라 함은, 고객의 행동을 의미합니다. 추적 코드가 웹사이트에 없다면 어떻게 될까요? 당연히 데이터는 수집되지 않습니다.

특정 페이지의 방문자수 또는 매출을 측정할 수 있는 이유는 추적 코드가 삽입되어 데이터가 수집되기 때문입니다. 고객이 어떤 캠페인을 통해 방문했는지, 어떤 브라우저를 쓰는지도 동일한 원리입니다. 세션이 해당 정보를 GA 서버로 전송하므로, 보고서에 접속해서 데이터를 확인할 수 있습니다.

서비스 전체 혹은 특정 페이지에서 데이터가 조회되지 않을 경우, 추적 코드가 삽입되어 있는지 확인해야 합니다. 만약, 추적 코드가 없다면 직접 또는 개발팀에 요청하여 추적 코드를 삽입하시기 바랍니다.

▲ GTAG 추적 코드는 속성 설정의 추적 정보 메뉴에 있습니다.

☑ 저희 웹사이트는 페이지가 1,000개가 넘는데요. 그럼 추적 코드는 모든 페이지에 각각 심어줘야 하나요?

결론부터 말씀드리면 아닙니다. 공통 헤더 영역에 1회만 삽입해주시면 대부분의 페이지에 GTAG 스크립트가 적용됩니다. 헤더 영역은 대부분의 페이지에서 공통으로 사용되기 때문입니다. 단, 팝업처럼 공통 헤더를 사용하지 않는 경우 스크립트를 별도로 삽입해야 합니다.

추적 코드가 삽입되고 고객이 웹페이지에 방문하면 데이터는 구글의 서버로 전송됩니다. 전송된 데이터는 곧바로 구글 애널리틱스 기본 보고서에서 확인하거나 내려받을 수 없습니다. 데이터는 서버에 적재되고 처리 시간을 거쳐 약 4시간 뒤에 보고서에서 확인이 가능합니다. 단, 실시간 보고서에서는 최대 30분 전까지의 로그 데이터(활성 사용자 및 페이지뷰)에 대해 모니터링할 수 있습니다. 이미 누적된 데이터를 수정하는 것은 불가합니다.

앱의 경우 웹과 다르게 SDK라 불리는 함수 라이브러리를 삽입해야 합니다. 여러분이 개발자가 아니라면, 개발팀에 추적 코드 삽입과 관련된 구글 가이드 링크를 전달하시기 바랍니다. 어설프게 개발 소스 코드를 만질 생각이시면, 차라리 만지지 않는 게 좋습니다. 잘못하다가 서비스가 중단되는 경우가 발생합니다. SDK가 앱에 정상적으로 삽입이 되었다면, 구글 애널리틱스의 실시간 보고서에 데이터가 보입니다.

☑ 기존에 GATC를 삽입했는데요. GTAG로 변경하지 않아도 되나요?

신규 GA 속성을 생성하지 않는다면, 기존 GATC를 GTAG로 변경하실 필요는 없습니다. 기능 면에서 아직 크게 달라진 점이 없기 때문입니다. GTAG가 기존 스크립트 대비 추적 코드가 간소화되고, 리마케팅 및 전환 추적을 제공하지만 이러한 기능은 GA 설정을 통해 적용할 수 있습니다. 구글이 신규 속성에 GATC를 제공하지 않는 점은, GTAG가 앞으로 구글의 다른 제품과 보다 유연하게 활용될 수 있도록 함을 암시합니다.

시작이 반입니다. 추적 코드를 웹사이트에 삽입하면 기본적인 지표는 확인할 수 있습니다. 한 가지 당부의 말씀을 드립니다. 원리를 이해하는 것은 매우 중요합니다. 원리를 확실히 이해해야 분석을 하더라도 결과에 확신을 가질 수 있습니다. 하지만 원리를 이해하지 못한 채 데이터 분석을 하게 된다면 결과도 빈약합니다.

구글 애널리틱스라는 도구를 익히실 때, 반드시 기본 원리를 먼저 익히시기 바랍니다. 데이터를 왜 수집해야 하는지, 어떻게 수집되는지를 알게 되면 더 빠르고 확실하게 구글 애널리틱스를 사용할 수 있습니다.

CHAPTER
06

분석하기 전에 반드시
필요한 데이터 정합성 검수

데이터 분석에 앞서 수집된 데이터에 이상이 없는지 체크해야 합니다. 태그 어시스턴트 크롬 확장 프로그램을 활용하여 데이터를 검수하는 방법에 대해 알아봅니다

구글 애널리틱스는 초기 사용 비용이 무료입니다. 무료이면서 데이터 수집 및 분석을 위한 다양한 기능을 제공하기 때문에 대기업 스타트업 구분없이 수많은 기업에서 활용하고 있습니다. 글로벌 통계 자료만 봐도 전 세계의 약 70% 이상이 구글 애널리틱스를 사용한다고 합니다. 오히려 구글 애널리틱스가 설치되지 않은 사이트를 찾기 힘들 정도입니다. 구글 애널리틱스는 유료 버전도 있습니다. 하지만 무료 버전을 활용해도 웹사이트로 유입되는 데이터를 모니터링하고, 분석을 통해 인사이트를 도출하는 데 크게 불편함이 없습니다.

웹사이트에서 발생한 데이터를 수집하려면 구글에서 제공하는 스크립트만 넣으면 데이터를 수집하고 분석할 수 있습니다. 스크립트는 구글 계정이 존재하는 상태에서 구글 애널리틱스에 로그인 하시면 확인이 가능합니다. 그리고 설정 메뉴에서 확인된 스크립트를 복사하여 웹사이트의 공통 영역에 삽입하면 그 때부터 데이터가 수집됩니다.(직접 스크립트 삽입이 어렵다면 개발팀에 도움을 요청하시면 됩니다.)

이 과정에서 만약 스크립트가 중복으로 삽입될 경우 불필요한 데이터

가 유입될 수 있습니다. 때문에 분석 담당자는 데이터가 제대로 축적되고 있는지 검수 작업을 꼼꼼히 해야 합니다. 초반에 데이터를 제대로 쌓아야 데이터 분석을 통해 서비스를 개선할 수 있기 때문입니다. 분석의 시작은 정확한 데이터 수집입니다.

▲ 실시간 보고서 접속 시 현재 접속한 사용자 데이터 확인 가능

구글 애널리틱스를 사용하실 때 가급적 크롬 브라우저를 사용하시기 바랍니다. 구글 애널리틱스와 마찬가지로 크롬 브라우저도 구글에서 출시한 상품 중 하나입니다. 당연히 호환성이 다른 브라우저보다 뛰어납니다. 크롬 브라우저의 또 다른 장점이라면 다양한 확장 프로그램이 존재한다는 입니다. 구글 애널리틱스와 함께 사용하면 업무 생산성을 높여주는 확장 프로그램이 많이 존재합니다. 아래 URL로 접속하여 Tag Assisttant라는 확장 프로그램을 브라우저에 설치하시기 바랍니다.

　설치를 하게 되면 주소창 오른쪽에 관련된 썸네일이 생깁니다. 썸네일을 클릭하면 Tag Assistant에서 확인 가능한 태그 목록이 나옵니다. 크게 수정할 게 없으니 Done 버튼을 클릭한 후 설정(톱니바퀴 모양) 오른쪽에 있는 더보기 메뉴를 클릭하고 'Auto Validation' 메뉴를 On으로 변경합니다. 크롬 브라우저를 재실행하면 어떤 페이지에 접속하더라도 Tag Assistant가 자동으로 작동됩니다. 데이터 검수를 진행하기 위한 준비를 마쳤다고 보시면 됩니다.

만약 구글 애널리틱스가 설치되어 있지 않다면 Tag Assistant 태그 목록에 구글 애널리틱스가 뜨지 않을 겁니다. 스크립트가 잘못 심어진 예시를 보여드리겠습니다. 아래 화면을 보시면 2개의 태그를 보면, ID가 각각 다른 구글 애널리틱스와 구글 태그 매니저 스크립트가 실행되고 있습니다. 여기서 제대로 설치되었으니 검수가 끝났다고 생각하시면 안 됩니다.

태그가 노란색이면 설치된 스크립트에 문제가 있다는 것을 의미합니다. 해당 태그를 클릭해보니 동일한 속성 ID에서 페이지뷰가 2번 발생합니다. 데이터가 중복으로 쌓이고 있다는 의미입니다. 이런 상태에서 데이터가 계속 누적된다면 수집된 데이터로 분석을 할 수 없을 뿐더러 서비스의 이탈률도 굉장히 낮게 나옵니다.

구글 애널리틱스는 스크립트만 삽입되면 약속된 알고리즘에 의해 작동합니다. 때문에 페이지 뷰가 2번 발생하면 사용자가 최초 접속 후 다른 페이지로 이동했다고 인지합니다. 직접 소스 코드를 수정할 수 있는 환경이 아니라면 개발팀에 중복 삽입된 구글 애널리틱스 트래킹 코드를 제거해 달라고 요청하시기 바랍니다. 개발팀에서 작업이 완료되었다면 다시 Tag Assistant로 확인해야 합니다. 모든 페이지에서 페이지뷰가 1번만 발생해야 정상입니다.

지금까지 Tag Assistant 를 활용하여 구글 애널리틱스 데이터 검수하는 방법에 대해 알아봤습니다. 앞에서도 말씀드렸지만 분석을 하기 위해서는 우선 오류가 없는 데이터를 수집하는 게 선행되어야 합니다. 그렇지 않으면 여러분의 소중한 시간이 낭비될 가능성이 높습니다.

CHAPTER 07

구글 애널리틱스
접근 권한 지정하는 방법

구글 애널리틱스 계정의 구조와 업무 유관자 분들께 접근 권한을 부여할 때 주의할 점을 알아봅니다. 덧붙여서 각 권한별로 어떤 작업을 수행할 수 있는 지 체크합니다.

구글 애널리틱스 계정을 생성하고 속성과 보기 설정을 완료하면 무엇을 해야 할까요? 사내 마케팅 및 개발 담당자분들께 GA에서 접속할 수 있는 권한을 부여해야 합니다. 대행사에서 여러분의 GA 데이터를 확인해야 된다면, 외부 담당자에게도 부여해야합니다.

▲ 계정/속성/보기 단위로 권한을 부여할 수 있습니다.

당연히 GA를 사용하려면 기본적으로 구글 계정은 있어야 합니다. GA는 계층 구조로 되어 있습니다. 계정에 권한을 부여할 경우, 하위 속성 및 보기에는 권한이 자동으로 부여됩니다. 반대로 보기에만 권한을 부여할 경우, 속성과 계정에는 제한된 권한이 부여됩니다. 때문에 사용자의 상태에 맞춰 적절히 권한을 부여해야 합니다. GA에는 총 4가지 유형의 사용자 권한이 있습니다.

▲ 사용자 단위로 부여할 수 있는 권한은 총 4가지 입니다.

☑ 수정, 공동작업, 조회 및 분석, 사용자 관리

‣ **사용자 관리** : 마스터 권한입니다. GA 계정과 관련된 모든 작업을 할 수 있습니다. 데이터 분석 및 관리 직무 담당을 하는 1~2명에게만 부여합니다. 계정 삭제를 할 수 있으므로 부여 시 주의해야 합니다.

‣ **수정** : 필터, 목표, 맞춤 측정기준을 생성할 수 있습니다. 데이터 분석 및 관리에 핵심적인 역할을 한다면 부여해도 됩니다. 만약 에이전시에 구글 애널리틱스 세팅 및 설계를 맡기는 경우라면 수정 권한이 부여되어야 합니다. 계정 범위에서 수정 권한을 부여하면, 해당 계정에 속한 속성과 보기에도 수정 권한이 상속됩니다.

‣ **공동작업** : 맞춤 세그먼트, 주석, 대시보드를 만들어서 다른 사용자와 공유할 수 있습니다. 권한이 제한적이며, 유관 부서 담당자에게 부여하면 되는 권한입니다.

‣ **조회 및 분석** : 데이터를 조회만 하는 경우 필요한 권한입니다. 일반적으로 상급자나 일반적인 외부 대행사에 부여합니다.

권한은 신중하게 부여해야 합니다. 특정 사용자가 퇴사를 한 경우 권한은 회수해야 합니다. 데이터를 관리하는 담당자는 주기적으로 외부 인원에게 권한이 부여되지 않았는지 체크해야 합니다. 그렇지 않을 경우 여러분의 데이터를 외부에서 열람하는 경우가 발생합니다.

완벽한 보안이란 있을 수 없습니다. GA에서 완벽에 가까운 보안이란 예방이 최선입니다. 이메일 종류가 다양해서 관리가 어렵다면 업무 유관자 분들에게 회사 이메일로 구글 계정에 가입을 하도록 합니다. (구글 계정은 @ 이하 문자가 꼭 gmail이 아니어도 가입할 수 있습니다.)

이렇게 되면 구글 애널리틱스 관리자 입장에서는 권한이 부여된 이메일 중 회사 이메일이 아닌 경우 권한을 삭제하면 됩니다. 별거 아닌 것처럼 보여도 이렇게 하지 않으면 관리가 매우 어렵습니다. 많은 기업에서 데이터 보안에 대해 사고를 당하기 전까지는 대책을 세우지 습니다. 이런 작은 부분이 모여서 보안에 큰 구멍이 생긴다는 점 반드시 명심하시기 바랍니다. 다시 한번 강조드리지만 사용자 관리, 즉 마스터 권한은 1~2명에게만 부여하시고, 업무 유관자 분들에게는 수정 혹은 보기 권한을 주시기 바랍니다.

보기는 반드시 3개 이상 생성하세요

구글 애널리틱스 보고서에서 데이터를 확인하려면 계정에 생성된 보기에 접속해야 합니다. 계정을 세팅하면서 보기를 왜 3개나 생성해야 하며, 보기는 어떻게 복사하는지에 대해 알아봅니다.

GA를 사용하기 위해 추적 코드 스크립트를 웹사이트에 심어야 한다는 사실은 이제 많은 분들이 알고 있습니다. 하지만 추적 코드를 삽입한 뒤, 어떤 식으로 계정을 세팅해야 하는지 많이 궁금합니다. 처음에 세팅을 제대로 해야 데이터가 아름답게 쌓이기 때문에 이번 글에서 말씀드릴 내용은 굉장히 중요합니다.

구글 애널리틱스 '계정/속성/보기'는 계층 구조로 되어 있습니다. 보기View는 속성Property에 종속되며, 속성Property은 계정Account에 종속됩니다. 만약 회사에서 서비스하는 웹사이트가 2개라면 구글 애널리틱스 계정은 1개를 생성하고, 2개의 속성을 만들어서 데이터를 관리하는 것을 권장드립니다. 속성은 도메인 또는 브랜드 단위로 생성하시면 됩니다. 가장 많이 하시는 실수가 동일한 웹사이트 도메인의 기기 카테고리 데이터를 분류하기 위해 속성을 여러개 생성하는 경우입니다. 속성을 많이 만들지 마세요. 속성의 갯수가 많아지면 그만큼 관리 이슈가 증가합니다. 반드시 머릿속으로 먼저 계정 구조에 대한 그림을 그리고 행동으로 옮기시기 바랍니다.

☑ 보기(View)를 복사해서 데이터를 관리하세요.

보고용 (Master View), 테스트용 (Test View), 원본 (Raw data View)

GA 계정을 생성하면 1개의 속성과 1개의 보기가 생성됩니다. 그렇다고 1개의 보기로 웹사이트 데이터를 관리하면 안 됩니다. 보기로 유입된 데이터는 수정이 불가하기 때문에 보기는 최소 3개를 생성합니다. 목표를 설정하거나 필터를 적용하는 경우, 테스트용 View에 미리 적용하고 이상이 없을 경우 보고용 View에 적용하는 습관을 길러야 합니다.

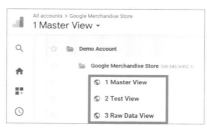

▲ GA 공식 데모 계정의 보기도 3개로 세팅했습니다.

☑ 구글 애널리틱스 보기(View) 복사하는 방법

보기View를 복사하는 방법은 간단합니다. 보기 설정에 접속해서 'Copy View' 버튼을 클릭 한 뒤 신규 보기의 이름을 입력하고 생성 버튼을 클릭하시면 됩니다. 기존 보기를 복사하게 되면, 보고용 View에는 내부 직원 트래픽을 제외하는 필터를 적용합니다.

▲ 보기 설정 메뉴에서 보기 세팅 메뉴 클릭

▲ 보기 세팅 메뉴에서 Copy view 버튼 클릭

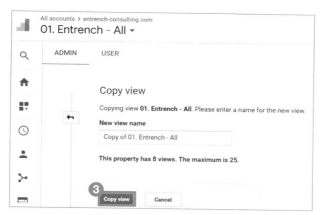

▲ 생성된 Copy view 이름을 입력하고 생성 버튼 클릭

일단 3개의 보기를 위와 같이 생성하고, PC와 Mobile 데이터를 구분해서 보고 싶다면, 아래와 같이 기기별 보기를 추가로 생성합니다. 여기부터는 권장이 아니라 선택 사항입니다. 보기가 많다고 좋은 건 아닙니다. 중요한 건 생성한 보기를 분석에 맞게 얼마나 잘 활용하는가입니다. 참고로 보기는 속성당 25개씩 생성할 수 있으며, 실수로 보기를 삭제해도 35일 동안 기존처럼 복원할 수 있습니다.

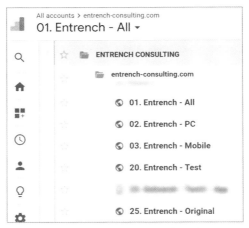

▲ PC 및 Mobile 트래픽을 구분 보기를 추가로 생성

　지금까지 GA 계정 생성 시 보기^{View} 세팅을 어떻게 해야 하는지에 대해 알아봤습니다. 다시 한번 정리하면, 보기^{View}는 속성당 최소 3개를 생성합니다. 그리고 보고용 보기에는 임직원 트래픽 제외 필터를 적용합니다. 기기 단위로 트래픽을 구분하고 싶다면 기기별 보기를 추가로 생성하면 됩니다.

CHAPTER
09

측정기준과 측정항목, 어떻게 구분할까?

구글 애널리틱스에서 데이터를 조회하기 위해 반드시 알아야 할 측정항목과
측정기준을 구분하는 방법을 확인합니다. 상황에 맞는 측정기준과 측정항목
을 선택해서 보고서를 생성할 수 있다면 중급 사용자입니다.

구글 애널리틱스에서 데이터를 조회하려면 측정기준과 측정항목
을 알아야 합니다. GA에서는 총 400개 이상의 측정기준과 측정항목
이 존재합니다. 분석을 하려면 데이터가 정확히 어떠한 기준으로 측정
되는지 알아야 합니다. 그렇지 않으면 분석 결과를 도출할 수 없습니다.
400개나 되는 항목들을 모두 기억하는 것은 불가능합니다. 여러분이 자주
쓰는 리모컨에는 다양한 기능이 있습니다. 모든 기능을 사용하시나요? 그
렇지 않습니다. 여러분이 자주 사용하는 항목만 제대로 알면 됩니다.

측정기준과 측정항목을 어떻게 구분하는지 많은 분들이 궁금해합니다.
측정기준은 사용자의 특성입니다. 특성을 정량적으로 알기 위해서는 수치
가 필요합니다. 그 수치가 바로 측정항목입니다. 둘은 반드시 쌍으로 존재
해야 합니다. 분석을 위해서는 데이터를 쪼개는 작업이 필요한데, 그 역할
을 해주는 게 측정기준입니다.

▲ GA에서 측정 기준은 연두색, 측정 항목은 파란색입니다.

측정기준과 측정항목의 정확한 개념을 파악하려면 구글에서 Dimension metric explore를 검색하셔서서 접속하시기 바랍니다. 구글의 공식 도움말 문서이기 때문에 정확한 개념을 파악할 수 있습니다.

측정기준은 GA에서 데이터를 테이블로 조회할 경우 맨 왼쪽에 위치합니다. 왼쪽에 위치한 특성의 정량적인 수치가 오른쪽에 측정항목으로 노출되는 것입니다. 1년 전만 하더라도 일반적인 보고서에 Users(사용자) 지표를 볼 수 없었습니다. 지금은 속성 설정에서 사용자 분석 기능을 켜면, 보고서에서 Users(사용자) 지표 확인이 가능합니다. App 사용자가 늘어나면서, GA에서도 세션보다는 사용자 기준으로 분석을 바라보는 듯합니다.

▲ 속성 설정에서 User Analysis 기능을 켭니다.

측정항목에서 계산된 측정항목 기능을 활용하면 더 높은 분석 정보를 얻을 수 있습니다. 이를테면 사용자당 평균 이벤트 수를 알고 싶을 때, '총 이벤트 수 / 사용자' 이런 식으로 맞춤형 지표를 생성할 수 있습니다. 비이탈률Non-Bounce rate 역시 계산된 측정항목으로 생성하면 맞춤 보고서나 대시보드에서 활용할 수 있습니다. 구글 애널리틱스에는 다양한 기능이 있지만 기능을 최대한 사용하려면 이와 같이 커스터마이징이 필요합니다. 맞춤 정장을 입었을 때 기성복과는 다르게 편한 것처럼 구글 애널리틱스도 맞춤형 설계가 필요합니다.

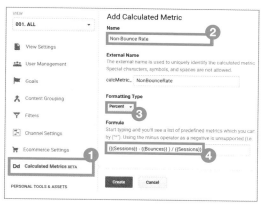

▲ 계산된 측정항목으로 생성한 비이탈률(%)

GA에서 기본으로 제공하는 측정기준 이외에 맞춤 측정기준이라는 항목도 존재합니다. 데이터 담당자가 수집하고자 하는 기준 데이터를 GA에서 조회할 수 있는 기능입니다. 예를 들어 CRM 데이터 중 회원 등급이 있는 경우, 로그인할 때 회원 등급을 수집해서 분석 용도로 활용 가능합니다. 등급별 전환율과 매출액을 파악하지 않고 계시면 충분히 효용 가치가 있는 기능입니다.

+ NEW CUSTOM DIMENSION	
Custom Dimension Name	Index
	1
회원연령대	2
회원성별	3
회원지역	4

▲ 회원의 비식별 정보를 맞춤 측정기준으로 수집합니다.

　맞춤 측정기준은 개발팀의 도움 없이는 적용하기 어렵습니다. 사실 설정이 어려운 게 아니라 데이터 수집 체계를 설계하는 게 어렵습니다. 회원을 식별할 수 있는 정보가 수집되어서도 안 됩니다. 정보를 수집한다면 반드시 비식별 정보를 수집해야 합니다. 데이터가 제대로 수집되면 서비스에 방문하는 고객의 데이터를 정확하고 명확하게 확인 가능합니다. 맞춤 측정기준을 아직 적용하기 전이라면 이번 기회에 여러분이 원하는 데이터를 수집해보시기 바랍니다.

CHAPTER 10

사용자 지표는 고유한 브라우저 쿠키다

분석을 위해 가장 많이 사용되는 사용자 지표에 대해 학습합니다. 사용자 데이터가 수집되는 원리를 파악하여 데이터를 제대로 해석하기 위한 기본기를 다집니다.

웹사이트에 방문한 사용자를 분석할 때 가장 많이 인용되는 지표가 바로 사용자Users, 세션Sessions, 페이지뷰Pageview 지표입니다. 일반적으로 서비스가 활성화 되었는지를 판단하는 지표 중 하나가 사용자 지표입니다.

사용자 지표를 이해하려면 우선 쿠키를 먼저 이해하셔야 합니다. 구글 애널리틱스는 웹사이트에 방문한 사용자를 구분하기 위해 브라우저의 쿠키 정보를 활용합니다. 여기서 말하는 쿠키는 여러분이 좋아하는 달콤한 과자가 아닙니다. 브라우저에 사용자 환경 정보를 담고 있는 작은 파일입니다. 쿠키 파일에는 브라우저 기본 정보를 비롯하여, 사용자의 기기 정보를 담고 있습니다.

이를테면 특정 사용자가 크롬 브라우저로 접속을 했고, 아이폰 기기로 접속했다는 정보를 확인할 수 있습니다. 단, 방문한 사람 개인을 식별할 수 있는 정보는 브라우저 쿠키에 없습니다. 최근 유럽 연합EU에서는 서비스 제공자가 웹사이트에 방문한 고객의 쿠키 정보를 활용하려면, 사전에 동의를 받아야 하는 법안이 발효되었습니다. 고객의 정보를 마케팅 목적으로 활용하는 경우, 위와 같은 법안도 꼼꼼히 체크해야 합니다.

구글 애널리틱스가 사용자를 인지하는 기준은 위에서 설명드린 고유한 브라우저 쿠키 정보입니다. 예를 들어 철수가 익스플로러와 크롬 브라우저로 구글 애널리틱스가 설치된 동일한 웹사이트에 접속을 하면, 1명의 사람임에도 불구하고 GA는 각각 다른 사람으로 인지합니다. 즉, 사용자가 1이 아닌 2가 되는 것입니다. 만약 다른 기기로 방문했다면 GA에서 인지하는 사용자의 수는 증가하게 됩니다.

브라우저 쿠키를 삭제하면 특정 사용자의 방문 이력도 삭제됩니다. 만약 특정 사용자가 쿠키가 삭제된 상태에서 동일 브라우저로 재방문을 할 경우 GA는 해당 사용자를 신규 방문자로 인지합니다. 바꿔 말하면, 쿠키가 삭제된 방문자를 연속적으로 분석하는 것은 불가능합니다. 사용자 지표 데이터를 분석에 활용할 때에는 이러한 개념을 정확하게 인지하고 있어야 합니다.

▲ 크롬 브라우저에서 확인되는 GA 쿠키 정보

쿠키는 기기의 브라우저 단위로 발행됩니다. 동일한 기기라도 인터넷 익스플로러 브라우저의 쿠키와, 크롬 브라우저의 쿠키 정보는 다릅니다. 하지만 크롬 시크릿 브라우저로 접속하는 방문자의 경우, 해당 세션 이후에 쿠키 정보가 자동으로 삭제됩니다.

따라서 동일 사용자가 재방문 하더라도 GA는 신규 사용자로 인지합니다. 정확한 수치를 확인하긴 어렵지만, 일반적으로 방문자 중 30%는 한 달에 한 번은 쿠키를 삭제한다는 통계 결과가 있습니다. 이러한 이유로 웹사이트의 트래픽 정보를 100% 정확하게 트래킹 하는 것은 불가능에 가깝습니다. 분석을 할 때에는 이러한 부분은 감안해서 데이터를 봐야 합니다.

GA 쿠키는 방문자가 임의로 삭제하지 않는 이상 2년 동안 지속됩니다. 즉, 특정 사용자가 웹사이트에 방문을 하고 2년 안에 재방문을 하면 GA는 해당 사용자를 재방문 사용자로 인지합니다. 만약 브라우저와 관계없이 로그인 사용자를 분석하고 싶다면 GA의 user-ID 기능을 활용해야 합니다. user-ID 기능을 활용하면 사용자가 로그인을 할 때, 고유한 Key값을 받아서 교차 기기 행동 데이터를 GA에서 확인할 수 있습니다. 교차 기기 행동 정보란 동일한 서비스를 PC와 Mobile 기기로 번갈아 방문하는 것을 의미합니다. 기기에 관계없이 사용자에게 동일한 서비스 사용자 경험을 제공하는 것은 굉장히 중요합니다.

구글 애널리틱스에서 사용자 지표를 조회하면 조회된 기간의 유니크한 쿠키 개수를 카운팅 합니다. 따라서 동일한 사람이 일주일 동안 매일 방문한다고 가정할 때, GA에서 사용자 지표를 조회하면 7이 아니라 1로 카운팅 됩니다. 때문에 다른 분석 도구와 사용자 지표를 비교했을 때, 일반적으로 GA가 낮게 나옵니다. 이는 데이터를 조회하는 기준이 다른 것이지 특정 분석 도구가 옳다 그르다를 논하는 것은 적절치 않습니다.

GA가 사용자 지표를 산출하는 방식에 대해 이해가 되시나요? 사용자 지표를 이해하고 분석에 활용하기 위해서는 앞에서 언급한 쿠키 정보에 대한 이해가 선행되어야 합니다. 기본 개념을 알아야 응용이 가능하다는 점 반드시 기억하시기 바랍니다.

세션 지표, 제대로 알고 쓰자구요

다른 사람에게 세션 지표를 설명할 수 없다면 세션에 대해 정확히 모르는 것입니다. 세션에 대한 정확한 개념을 학습하고, 세션은 언제 만료되는지에 대해 알아봅니다.

사용자나 페이지뷰 지표의 개념은 쉽게 이해를 하시지만, 세션 지표는 정확한 개념을 이해하는데 있어 많은 분들이 햇갈려 하십니다. 지표를 사용할 때에는 정확한 개념을 알고 써야 분석 결과에 설득력이 있습니다. 만약 발표 자료를 열심히 만들어서 발표하는 도중에 누군가가 세션에 대해 물었다고 합시다. 이때, 발표자가 정확히 답변하지 못한다면 분위기는 어떨까요? 상상도 하기 싫습니다. 아무리 보고서 내용이 훌륭해도 청중은 보고서 결과를 신뢰하지 않을 것입니다.

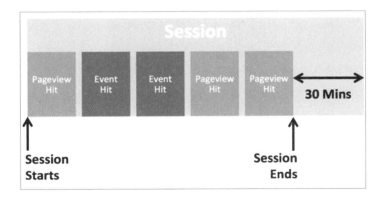

우선, 세션에 대한 개념부터 이해하고 넘어가겠습니다. 많은 분들이 페이지뷰가 발생하는 시점에 세션이 카운팅 된다고 알고 있지만 그렇지 않습니다. 세션은 웹 또는 앱 접속 후 처음으로 히트가 발생하는 순간 카운팅됩니다. 히트라 함은 이벤트 또는 페이지뷰가 될 수 있습니다. 세션은 최초 카운팅 되면 30분 동안 아무런 액션이 없을 경우 종료됩니다. 구체적인 예를 들어 보겠습니다.

영미는 10시에 웹사이트에 모바일 크롬 브라우저로 방문하고, 5분 동안 홈페이지를 탐색하다가 회의를 30분 동안 다녀왔습니다. 그런 다음 동일 기기의 브라우저로 홈페이지에 문의 글을 남겼습니다. 여기서 세션은 몇 번 발생했을까요?

네, 정답은 2회입니다. 10시에 방문해서 5분 동안 홈페이지를 탐색했지만, 회의에 가 있는 동안 30분이 지났으므로 1번째 세션은 종료가 됩니다. 그리고 다시 홈페이지에서 액션이 발생했으므로 세션은 다시 카운팅 되는 것입니다. 일반적으로 브라우저 쿠키를 삭제하는 경우를 제외하고, 세션이 종료되는 시점은 크게 3가지입니다.

☑ 구글 애널리틱스 세션은 언제 종료되는가

1. 30분 동안 아무런 액션이 없을 때
2. 자정이 지날 때 (밤 12시)
3. 다른 캠페인으로 웹사이트에 랜딩 될 때

여기까지가 많은 분들이 알고 계신 세션과 관련된 내용입니다. 하지만 실제 웹사이트에서 여러 상황에 부딪히다 보면 데이터를 어떻게 해석해야 할지 고민되는 경우가 많이 발생합니다.

아래 그림은 페이지 제목에 따른 사용자, 세션, 페이지뷰를 조회한 예시입니다. 일반적으로 서비스의 트래픽을 보면 세션이 사용자보다 높은 경향을 보입니다. 하지만 페이지별 트래픽을 보니 사용자가 세션보다 높습니다.

왜 이런 현상이 발생할까요?

Page Title ?	Users ?	↓ Sessions ?	Pageviews ?
	5,158 % of Total: 16.22% (31,810)	**2,666** % of Total: 5.80% (45,940)	**9,256** % of Total: 2.98% (310,197)
1.	**692** (9.88%)	**435** (16.32%)	**1,147** (12.39%)
2.	**515** (7.35%)	**464** (17.40%)	**785** (8.48%)
3.	**433** (6.18%)	**445** (16.69%)	**636** (6.87%)
4.	**384** (5.48%)	**15** (0.56%)	**508** (5.49%)
5.	**345** (4.93%)	**217** (8.14%)	**460** (4.97%)
6.	**343** (4.90%)	**35** (1.31%)	**445** (4.81%)
7.	**341** (4.87%)	**26** (0.98%)	**462** (4.99%)

▲ 페이지별 트래픽을 보면 세션이 사용자보다 적습니다.

세션은 랜딩 페이지에서만 카운팅 되기 때문입니다. 만약 A라는 페이지로 랜딩이 되고 B페이지로 이동한 뒤, 페이지를 종료했다고 가정해봅시다. 이럴 경우 GA로 데이터를 조회하면 아래와 같은 데이터가 확인됩니다.

- **A페이지:** 사용자 1, 세션 1, 페이지뷰 1
- **B페이지:** 사용자 1, 세션 0, 페이지뷰 1

B페이지는 최초 방문 페이지, 즉 랜딩 페이지가 아니므로 세션이 카운팅 되지 않습니다. 다시 말해, 세션이 사용자보다 무조건 크지 않다는 얘기입니다. 상황에 따라 세션이 클 수도 있고 작을 수도 있습니다.

Page Title ?	Unique Pageviews ?	↓ Pageviews ?	Page Value ?
	5,755 % of Total: 100.00% (5,755)	**6,661** % of Total: 100.00% (6,661)	**₩307** % of Total: 78.20% (₩392)
1. 구글 태그매니저+통합태깅 서비스 소개 - Entrench Consulting	**1,233** (21.42%)	**1,306** (19.61%)	₩15 (4.76%)
2. 인트렌치 컨설팅 - Entrench Consulting	**1,065** (18.51%)	**1,197** (17.97%)	₩361 (117.57%)
3. Firebase Analytics - Entrench Consulting	**567** (9.85%)	**610** (9.16%)	₩78 (25.30%)
4. [GTM 꿀팁] 네이버페이 추적하기 - Entrench Consulting	**458** (7.96%)	**543** (8.15%)	₩194 (63.36%)
5. Growth Hacking - 인트렌치 컨설팅 - Entrench Consulting	**391** (6.79%)	**421** (6.32%)	₩187 (60.88%)
6. 구글 태그 매니저(Google Tag Manager)란? - Tag Manager	**215** (3.74%)	**295** (4.43%)	₩98 (31.85%)
7. Blog - 인트렌치 컨설팅 - Entrench Consulting	**184** (3.20%)	**234** (3.51%)	₩652 (212.65%)
8. 파이어베이스 애널리틱스 – Tag Manager	**102** (1.77%)	**133** (2.00%)	₩265 (86.31%)

▲ 페이지별 트래픽은 순 페이지뷰, 페이지뷰 지표로 확인하세요.

페이지별 트래픽을 확인하려면 순 페이지뷰^{Unique Pageviews}와 페이지뷰 ^{Pageviews} 지표를 봐야 합니다. 추가로 말씀드리면 세션은 클릭 수가 아닙니다. 클릭 수는 페이지뷰 또는 이벤트 지표에 가깝습니다.

페이지를 종료하면 세션도 종료될까요? 아닙니다. 예를 들어 보겠습니다. A페이지로 랜딩이 된 후 브라우저를 닫고, 2분 뒤에 B페이지를 방문한다면 세션은 유지됩니다. 특정 페이지의 종료율^{Exit rate}은 세션이 종료되기 전 마지막으로 조회된 페이지라고 이해해야 합니다. 윈도우 창을 닫는다고 무조건 종료율에 포함되는 게 아닙니다.

지금까지 세션 지표에 대해 알아봤습니다. 많이 헷갈려하는 지표라 약간의 학습이 필요합니다. 분석 보고서를 작성할 때에는 명확한 단어를 선택해야 합니다. 작은 차이가 결국에는 완전히 다른 결과를 가져온다는 것을 꼭 명심하시기 바랍니다.

세션 시간이 0으로 나오는 이유는 뭘까

구글 애널리틱스는 마지막 페이지에 머문 시간을 무시합니다. 세션 시간이 0으로 측정되는 경우는 언제인지, 일정 시간이 지나면 이벤트를 강제로 실행시키는 방법에 무엇인지 학습합니다.

세션이 발생하면 최소한 1초는 머무를 텐데, 왜 GA에서 특정 방문의 세션 시간은 0으로 확인될까요? 대부분 세션 시간이 0으로 확인되는 경우는 세션이 1일 때가 많습니다. 정확한 이해를 위해서는 GA에서 세션 시간이 측정되는 원리를 이해해야 합니다.

Source / Medium	Acquisition			Behavior		
	Users	New Users	Sessions	Bounce Rate	Pages / Session	Avg. Session Duration
	17,397 % of Total: 100.00% (17,397)	14,933 % of Total: 100.19% (14,904)	21,804 % of Total: 100.00% (21,804)	42.54% Avg for View: 42.54% (0.00%)	4.41 Avg for View: 4.41 (0.00%)	00:02:37 Avg for View: 00:02:37 (0.00%)
1. away.vk.com / referral	1 (0.01%)	0 (0.00%)	1 (0.00%)	100.00%	1.00	00:00:00
2. google.co.in / referral	1 (0.01%)	1 (0.01%)	1 (0.00%)	100.00%	1.00	00:00:00
3. google.co.uk / referral	1 (0.01%)	1 (0.01%)	1 (0.00%)	100.00%	1.00	00:00:00
4. linkedin.com / referral	1 (0.01%)	1 (0.01%)	1 (0.00%)	100.00%	1.00	00:00:00
5. myactivity.google.com / referral	1 (0.01%)	0 (0.00%)	1 (0.00%)	100.00%	1.00	00:00:00
6. news.ycombinator.com / referral	1 (0.01%)	1 (0.01%)	1 (0.00%)	100.00%	1.00	00:00:00
7. Partners / (not set)	1 (0.01%)	1 (0.01%)	1 (0.00%)	100.00%	1.00	00:00:00

▲ 특정 소스의 세션 시간이 0으로 확인됩니다.

핵심은 GA가 마지막으로 조회된 페이지에 머문 시간은 세션 시간에 포함하지 않는다는 사실입니다. 아래 그림을 보면 1개의 세션에서 3개의 페이지뷰가 발생했습니다. 첫 번째, 두 번째 페이지에서 각각 5분을 머무르다가 3번째 페이지에서 20분을 머문 뒤 이탈했다면 세션 시간은 GA에서 얼마로 측정될까요?

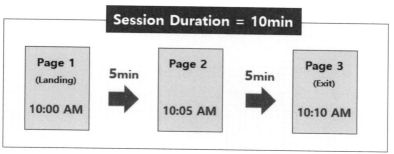

▲ 마지막 페이지에 머문시간은 세션 시간에 포함하지 않습니다.

10분(600초)으로 측정됩니다. 마지막 페이지에서 아무리 많은 시간을 머물러도 GA는 마지막 히트 전까지 시간만 합하여 세션 시간으로 계산합니다. 마지막 페이지 머문 시간을 세션 시간에 포함하려면 어떻게 해야 할까요? 완벽한 해결 방법은 아니지만 구글 태그 관리자를 통해 페이지에 일정 시간을 머물 경우, 이벤트를 강제로 발생시키는 방법이 있습니다.

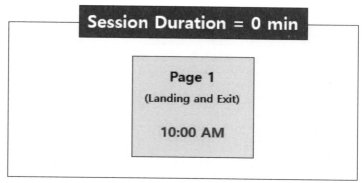

▲ 단일 페이지 방문 시 세션 시간은 0으로 측정됩니다.

특정 페이지에서 25분을 머무르다가 바로 이탈한 경우는 세션 시간이 얼마일까요? 네, 정답은 0입니다. GA는 단일 페이지에서 머문 시간을 측정하지 않습니다. 조금 이상하죠? 분명 방문을 해서 25분이나 머물렀는데 페이지에 머문 시간을 계산하지 않는다니요. 이와 같은 이유로 데이터는 보이는대로 믿으시면 안 되며, 지표를 사용할 경우 정확한 개념을 이해하셔야 합니다.

아래 그림은 구글 태그 관리자를 통해 특정 페이지에 2분 이상 머물면 강제로 이벤트 태그를 실행시키는 화면입니다. 태그 관리자에서 타이머 트리거 유형을 사용하면 특정 시간이 지났을 때, 태그를 실행시킬 수 있습니다. milliseconds는 1000분의 1초를 의미하므로, 120000은 2분을 나타냅니다. 페이지 URL이 정규식 '.*'를 만족하는 경우는 모든 페이지를 의미합니다. 위와 같이 설정하면 이전 대비 전체 이탈률이 다소 하락하게 됩니다.

▲ 페이지 머문 시간이 2분이 지나면 이벤트를 강제로 발생시키기

▲ 2분이 지나면 태그를 실행시키는 트리거 규칙

　이런 식으로 관리자가 지정한 시간이 지났을 때 이벤트를 수집하면 이를 세그먼트로 생성해서 구글 애즈 리마케팅 모수로 활용할 수 있습니다. 물론 세션 시간 목표를 설정해서 같은 방식으로 리마케팅 캠페인을 실행해도 됩니다. 이제 세션 시간이 0으로 조회되어도 당황하지 마시기 바랍니다. 데이터가 수집되는 원리를 알고 있으면 데이터를 제대로 해석할 수 있게 됩니다. 웹분석 도구마다 지표가 수집되는 원리는 다를 수 있지만 거의 비슷합니다. 이럴 때 궁금한 점을 가장 확실하게 확인하는 방법은 책도 좋지만 구글 애널리틱스 도움말 문서를 보는 것입니다. 직접 찾아보면서 공부를 하면 기억에도 오래 남게 마련입니다.

이탈률을 낮춰야 전환율이 개선됩니다

구글 애널리틱스 이탈율 지표의 정확한 의미에 대해 학습합니다. 이탈율 지표
는 분석에 있어 굉장히 중요한 지표입니다. 이탈이 줄어들면 전환율은 개선됩
니다.

GA에서 말하는 이탈률의 정확한 의미는 '단일 히트 세션'입니다. 세션(방문)에서 히트가 1회만 발생했다는 의미입니다. 즉, 히트가 2번 발생하면 이탈하지 않은 세션입니다. 당연히 이탈률에 영향을 주지 않습니다. 가장 일반적인 경우가 웹사이트 방문 후 다른 페이지를 탐색하는 경우입니다.

기획자 혹은 마케터는 방문자들이 웹사이트 랜딩 후 다른 페이지를 탐색하길 희망합니다. 하지만 실제 광고 혹은 자연 방문을 통해 방문한 사람들은 그들이 원하는 대로 행동하지 않습니다. 어쩌면 데이터 분석이 필요한 이유이기도 합니다. 웹사이트의 평균 이탈률은 보수적으로 잡아도 약 40%는 됩니다. 광고는 더 높을 것이고, 자연 방문은 그보다 낮을 것입니다. 쇼핑몰이든 금융사든 대략 저 정도 혹은 그 이상의 수치가 나옵니다.

사전적 의미로만 이해하면 웹사이트에 100명이 방문했을 때, 그 중 40명은 다른 페이지를 탐색하지 않고 페이지를 이탈했다고 이해할 수 있습니다. 하지만 실제로 그럴까요? 120% 그렇지 않을 가능성이 큽니다.

BE ENTRENCHED IN DATA-DRIVEN MARKETING.

Analytics Experts & Growth Hackers Company.

무료 상담 신청하기

▲ 클릭을 유도하는 버튼의 역할은 중요합니다.

대부분의 프로모션 페이지에는 CTA 버튼이 있습니다. 버튼을 클릭해서 상세 페이지로 연결되는 경우는 별도의 설정 없이도 이탈률 수치 정합성에 영향을 주지 않습니다.

외부 도메인으로 연결되는 경우는 다릅니다. 구글 애널리틱스를 분석 솔루션으로 활용하는 경우 해당 버튼에 클릭 이벤트 설정을 해줘야 합니다. 그래야 방문자가 해당 버튼을 얼마나 많이 클릭했는지 파악할 수 있습니다. GA는 클릭을 자동으로 수집하지 않기 때문입니다.

콘텐츠가 주를 이루는 블로그 서비스가 있다고 가정해봅시다. 페이스북 카드 뉴스 콘텐츠를 통해 웹사이트에 방문해서, 콘텐츠를 5분 동안 읽고 웹사이트를 종료했습니다. GA는 이러한 사용자를 이탈했다고 집계합니다. 앞부분에서 이탈률의 정의가 '단일 히트 세션'이라고 얘기했습니다. 하지만, 위 사용자는 웹페이지에 방문해서 페이지뷰가 1회 발생했고, 다른 페이지를 보지 않고 이탈했기 때문에 별도의 히트가 발생하지 않은 것입니다. 따라서 이러한 사용자가 많을수록 이탈률은 높아지게 됩니다.

하지만 다시 생각해봅시다. 과연 이 사람이 이탈했다고 보는 게 맞는 것일까요? 분명 콘텐츠를 5분 동안 봤고, 브랜드 혹은 상품에 대한 인지를 했다면 이 사람이 이탈했다고 보는 게 맞는 것인지 한번 생각해보시기 바랍니다. 저 같은 경우는 이러한 사람들을 이탈률 지표에 포함시키지 않습니다. 다시 말하면, 5분 동안 웹사이트에 접속해서 콘텐츠에 깊게 관여한 경우 별도의 히트를 날려서 이탈한 방문자가 아니라고 GA에 알려줘야 합니다.

그럼 어떻게 해야 할까요? '구글 태그 매니저'라는 솔루션을 활용해야 합니다. 구글 태그 매니저는 말 그대로 태그를 관리할 수 있는 구글에서 출시된 솔루션입니다. 태그에는 구글 애널리틱스 태그 혹은 광고 스크립트 태그가 있을 수 있습니다. 태그 매니저를 처음 접하시는 분들은 지금 드리는 얘기가 조금 어려울 수 있습니다. 간단히 설명드리면 구글 태그 관리자를 활용하면 데이터를 수집하고 관리하는 시간이 대폭 줄어듭니다.

당연히 프로세스가 줄어들게 되므로 원하는 데이터를 빠르게 확인할 수 있고, 간단한 태깅은 개발자 대신 직접 적용할 수 있습니다. 하지만 제대로 쓰려면 HTML과 자바스크립트에 대한 지식이 요구되고, 태그 매니저 사용에 대한 사내 가이드가 필요합니다. 다소 전문성이 요구되는 스킬이지만 태그 매니저의 매력에 빠지면 헤어 나올 수 없는 솔루션입니다.

방문자가 '페이지에 머문 시간이 3분 이상일 경우 이벤트를 발생시켜라'라는 로직을 태그 매니저에 설계해 놓으면, 위 트리거 조건을 만족시킬 때 태그 매니저는 실제 GA로 이벤트를 전송합니다. 그렇게 되면 방문자가 단일 페이지 방문 후 3분 이상 머무르고 이탈하더라도 이탈로 집계되지 않는 것입니다. 왜냐하면, 이탈률의 사전적 의미는 단일 히트 세션인데 히트는 2번 발생했기 때문입니다.

데이터 분석가가 되고 싶은 분들에게 가장 필요한 역량 중 하나가 바로 호기심입니다. 항상 '왜'라는 생각을 가지고 데이터를 들여다봐야 합니다. 원래 솔루션이 그러니까 그렇게 써야 한다는 건 굉장히 수동적인 자세입니다. 일본의 건축가로 유명한 안도 타다오가 이런 말을 했다고 합니다. 개인적으로 참 좋아하는 명언입니다.

원래 그런 것이란 없다. 설득을 위한 근거가 충분하다면 바꿔야
한다.

－안도 타다오 －

'왜'라는 생각이 들기 위해서는 사실 많은 고민이 필요합니다. 고민이 없
으면 의문도 생길 수 없습니다. 분석을 제대로 하려면 깊게 들여다봐야 합
니다. 지금까지 이탈률 지표에 대해 조금 자세히 알아봤습니다. 지표에 대한
사전적 정의를 알고, 그 지표를 비즈니스 개선에 어떻게 활용할지에 대한 고
민을 해보시기 바랍니다. 그런 고민이 많아질수록 여러분의 분석 역량은 높
아질 것입니다.

전환율은 랜딩 페이지에 달려 있다

랜딩 페이지는 웹사이트에 처음으로 도착하는 페이지입니다. 세션의 시작 단계이므로 랜딩 페이지 이탈을 막아야 전환을 높일 수 있습니다. 랜딩 페이지 분석 시 체크할 점은 무엇인지 학습합니다.

랜딩 페이지는 고객이 웹사이트에 방문 시 처음으로 방문하는 페이지를 의미합니다. 해외여행을 가면 현지에 비행기가 착륙할 때 랜딩한다고 표현합니다. 광고 용어를 일상 생활에 그대로 사용했다고 보시면 됩니다. 사람의 첫인상이 중요하듯이 서비스도 첫인상이 중요합니다. 첫인상에 따라서 다음 페이지를 계속 탐색할 것인지가 정해집니다. 당연히 첫인상이 좋지 않으면 사용자는 이탈하게 됩니다.

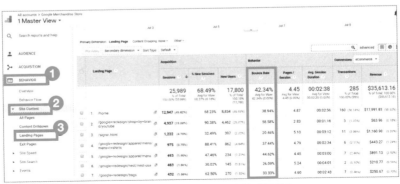

▲ 행동 〉 사이트 콘텐츠 〉 방문 페이지에서 이탈률 체크

서비스의 이탈률은 전체 세션을 기반으로 계산됩니다. 이는 각 랜딩 페이지의 이탈률이 전체 이탈률에 영향을 준다는 의미입니다. 광고를 집행하셨다면 랜딩 페이지별 이탈률을 반드시 체크하셔야 합니다. 일반적으로 배너 광고의 이탈률은 키워드 광고보다 높습니다. 그래서 광고 단가도 키워드 광고보다 낮습니다. 배너 광고를 보고 바로 구매를 하는 경우는 흔치 않습니다. 때문에 배너 광고의 성과는 브랜드 키워드 쿼리가 얼마나 증가했는지로 판단해야 합니다. 여기서 브랜드 키워드란 회사의 서비스 혹은 제품이 들어간 키워드를 의미합니다.

특정 랜딩 페이지의 이탈률이 높다면, 해당 페이지로 랜딩되는 광고 소재를 개선하시기 바랍니다. 유입이 전부가 아닙니다. 유입은 누구나 할 수 있습니다. 이탈을 최소화해야 일 잘하는 마케터입니다. 이탈을 낮추려면 어떻게 해야 할까요? CTA^{Click To Action} 버튼이 잘 보이는 곳에 위치하는지, 카피는 이상하지 않은지 등을 A/B 테스트를 통해 검증하시면 됩니다.

▲ 두 번째 측정 기준으로 페이지 제목 정하기

페이지 URL만 봐서는 어떤 페이지인지 알기가 어렵습니다. 이럴 땐 보조 측정기준에 '페이지 제목'을 적용하여 성과가 낮은 페이지를 확인하시기 바랍니다. 두 번째 측정기준에 소스/매체 측정기준을 적용하면 어떤 매체가 성과가 좋은지 파악할 수 있습니다. 랜딩 페이지의 전환/이탈률을 최적화하는 작업은 중요합니다.

랜딩 페이지 이후에 방문자가 어디로 이동하는지를 주의깊게 보시기 바랍니다. 데이터를 통해 무엇이 문제인지를 발견하고 이를 개선하기 위해 해야 할 일은 실험입니다. A/B 테스트를 통해 고객이 선호하는 카피와 화면 구성을 확인하시기 바랍니다. 이러한 과정은 그로스해킹의 일부입니다. 그로스해킹은 하루 아침에 이뤄지지 않습니다. 작은 노력과 반복적인 작업이 모여야 전환 및 이탈이 개선된다는 점을 명심하셔야 합니다.

15

데이터는 쪼개야 인사이트가 나온다

세그먼테이션은 특성 혹은 패턴이 유사한 고객을 묶어서 분석하기 위해 필요
합니다. 분석에 있어 가장 중요한 개념으로, 세그먼트를 사용해야 데이터에서
인사이트를 얻을 수 있습니다.

☑ 세그먼테이션은 분석에 신이 내린 선물이다.

세그먼트의 중요성은 아무리 강조해도 지나치지 않습니다. 웹 분석의
대가 '아비나쉬 카우쉭'이 말하길 세그먼테이션은 분석에 신이 내린 선물
이라고 했습니다. 세그먼트를 하지 않는다는 건, 바꿔 말해서 분석을 하지
않는다는 의미와 동일합니다.

세그먼테이션은 데이터를 세분화하는 기법입니다. 정확히 말하면 성격
혹은 특성이 비슷한 데이터를 묶어서 분석하는 방법입니다. 예를 들면, 장
바구니에 물건을 담은 사용자 혹은 특정 카테고리 상품을 구매한 사용자
등이 세그먼트의 예시입니다. 평균 데이터로 분석을 하기란 불가능합니
다. 평균은 말 그대로 평균입니다. 분석을 하려면 세그먼트를 생성해서 데
이터를 요리해야 합니다.

세그먼트는 많이 만들어봐야 합니다. 만들기 위해서는 고민이 필요합
니다. 과연 상품을 구매하는 사용자는 누구인지, 잠재 고객은 누구인지를
알아야 세그먼트를 생성할 수 있습니다. 그렇지 않고서 무턱대고 세그먼

트를 만드려 한다면 시간 낭비입니다.

모든 고객을 대상으로 물건을 팔아서는 안 된다. 아무에게도 팔지 않겠다는 얘기다.

-피터 드러커 -

세그먼트를 만들 때 너무 소수를 대표하는 세그먼트를 만들면 안 됩니다. 회원 등급 제도가 있다면 등급에 맞는 세그먼트를 생성해야 합니다. 등급이 없다면 임의로 여러분이 등급을 만들면 됩니다.

일반적으로 4단계의 등급이 있다고 가정합니다. 일반/관심/충성/열성 등급으로 세그먼트를 만들어보시기 바랍니다. 분명 각 등급당 지표가 다르게 나올 것입니다. 분석은 낮은 등급 고객을 상위 등급으로 올리기 위한 작업입니다. 그러기 위해 무엇이 문제인지를 파악하는 것만 알면 분석의 절반은 끝난 것이나 다름없습니다.

세그먼트를 가장 잘 만들 수 있는 사람은 서비스를 운영하고 마케팅하는 담당자입니다. 고객을 가장 잘 아는 사람이 적합한 세그먼트를 생성할 수 있습니다. 도메인 지식이 없는 전문가가 데이터만 들여다봐서는 한계가 존재합니다. 따라서, 외부 대행사에 모든 것을 맡기지 마시기 바랍니다. 그들은 여러분을 도와주는 분들이지 서비스 운영의 주체는 여러분인 것을 기억하시기 바랍니다.

☑ 세그먼트와 필터는 완전히 달라요.

구글 애널리틱스에서 세그먼트와 필터는 완전히 다른 개념입니다. 세그먼트는 필터처럼 데이터를 변경하는 것이 아니라, 기존 데이터를 분석에 활용하기 위해 동일한 성격의 데이터를 집합으로 묶어줍니다. 데이터를 영구적으로 수정하는 것이 아니라 수집된 데이터에서 세그먼트 조건에 맞는 데이터를 조회하는 개념입니다.

쇼핑몰에서 가장 중요한 고객은 바로 충성 고객입니다. 이들의 평균 구매액ARPPU을 늘리는 것이 마케팅 활동의 핵심이 되어야 합니다. 평균 구매액이 많은 방문자의 특징을 알기 위해서는 어떻게 어떻게 해야 할까요?

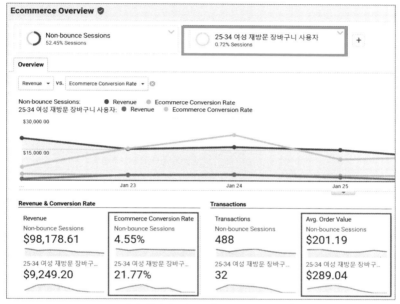

▲ 특정 사용자 세그먼트가 적용된 전자상거래 보고서

위 화면은 구글에서 제공하는 데모 쇼핑몰 사이트의 거래 데이터입니다. 25-34세 여성이면서 재방문을 했고, 장바구니를 이용한 사용자 세그먼트를 생성했습니다. 전환율과 평균 구매액을 보면, 이탈하지 않은 세션 사용자 대비 전환율과 구매액이 월등히 높은 것을 확인할 수 있습니다.

세그먼트를 이용한 리마케팅을 진행하면 이들과 유사 행동을 보이는 고객을 구글 애드워즈 광고에 모수로 활용할 수 있습니다. 당연히 일반 잠재고객 대비 광고에 대한 반응이 높게 나올 것입니다. 왜 세그먼트를 써야 하는지 이해가 되시나요?

세그먼트를 활용해서 데이터를 탐색해야 합니다. 그렇지 않고서는 인사이트를 도출할 수 없습니다. 데이터 분석을 통해 의미 있는 결과를 도출하고 싶다면, 반드시 세그먼트와 친해지셔야 합니다. 현업에서 일을 하는 실무자들이 GA를 사용하면서 가장 어려워하는 기능이 바로 세그먼트입니다.

GA의 첫화면에서 벗어나는 게 우선 필요합니다. 보고서의 가치를 높이려면 세그먼트를 사용하시기 바랍니다. 세그먼트는 가급적 User-ID 보기에서 생성하셔야 합니다. 요즘은 기기에 구분없이 결제를 하기 때문입니다. 제 경우만 봐도 모든 결제를 모바일에서 하고 있네요.

세그먼트는 구글 애즈에서 캠페인 집행을 위한 광고 모수로 활용할 수 있습니다. 구글 애널리틱스의 장점 중 하나입니다. 예를 들어 기획전 페이지로 방문자가 랜딩되는 경우, 페이지 스크롤을 50% 내린 고객과, 80% 내린 고객에게 다른 배너 광고를 보여주는 광고를 할 수 있습니다. 다만 잠재고객 기능은 구글 애즈를 활용하지 않을 경우 활용할 수 있는 부분이 적습니다. A/B 테스트 도구인 옵티마이즈 유료 버전에서 잠재고객의 타겟 용도로 사용할 수 있으나 유료 버전을 사용해야 하므로 제약이 따릅니다. 구글 애즈 광고를 집행하지 않고 계시다면 적은 예산으로로 집행을 하면서 데이터를 보면서 점점 예산을 증가시키는 전략을 짜시길 권장드립니다.

CHAPTER 16

캠페인 링크를 생성할 때 주의할 점

캠페인이란 특정한 목적을 가지고 운영되는 마케팅 활동입니다. 구글 애널리틱스를 통해 캠페인 데이터를 수집하려면 랜딩 링크 뒤에 별도의 UTM 변수를 붙여줘야 합니다. 캠페인 변수를 붙일 때 주의할 점에 대해 알아봅니다.

캠페인이란 특정한 목적을 가지고 운영되는 마케팅 활동을 의미합니다. 이를테면, 자사 회원에게 보내는 뉴스레터 혹은 검색엔진에서 특정 키워드를 검색했을 때 노출되는 키워드 혹은 배너 광고 등이 캠페인에 해당합니다. GA에서는 획득 메뉴 클릭 시 캠페인 보고서에 접근할 수 있습니다.

▲ 획득 메뉴에서 캠페인 데이터 확인히 가능합니다.

중요한 점은 구글 애널리틱스가 캠페인 데이터를 자동으로 추적하지 않는다는 것입니다. 때문에 마케팅 혹은 분석 담당자는 랜딩 페이지 링크 뒤에 캠페인 변수를 붙여서 해당 링크가 GA 캠페인으로 인지되게 해야 합니다. 어떻게 보면 번거롭지만, 매체별 정확한 성과 파악을 위해 반드시 필요한 작업입니다.

랜딩 페이지 링크 뒤에 캠페인 변수를 붙이는 일련의 작업을 캠페인 태깅이라 합니다. 캠페인 태깅을 어떻게 하는지에 따라 데이터 퀄리티가 결정됩니다. 바꿔 말해 데이터가 아름답게 수집될 수도 있고, 엉망으로 수집될 수도 있습니다. GA를 제대로 활용하는지를 판단하는 기준은 다양하다하지만, 그 중 하나는 수집된 캠페인 데이터의 정합성을 보는 것입니다.

GA 캠페인 링크 생성 URL

https://ga-dev-tools.appspot.com/campaign-url-builder/

랜딩 페이지 링크 뒤에 붙이는 필수 캠페인 변수값은 크게 3가지입니다. 반드시 3가지 변수가 최종 랜딩 링크에 존재해야 구글 애널리틱스는 캠페인으로 인지합니다. 이 중 하나라도 붙이지 않으면 캠페인 보고서에는 데이터가 수집되지 않습니다.

- utm_source (소스명) = 출처 (Where)
- utm_medium (매체명) = 매체 및 광고 형태 (How)
- utm_campaign (이름) = 목적 (What)

만약 위 3가지 변수에 추가로 데이터를 분류하려면 아래 캠페인 변수를 추가로 붙일 수 있습니다.

- utm_term (키워드명) = 유입된 키워드
- utm_content (광고 콘텐츠) = 콘텐츠 컨셉

쇼핑몰에서 진행되는 회원가입 이벤트 페이지를 페이스북 매체에 CPC 방식으로 광고한다고 가정해보겠습니다. GA에서 해당 데이터를 캠페인 보고서에서 확인하려면, 앞에서 언급한 것처럼 랜딩 링크 뒤에 캠페인 변수 형태로 붙여줘야 합니다. 개발팀에 요청하지 말고 마케팅 담당자가 직접 해야 합니다. 개발이 필요하지 않습니다. 아래 링크는 캠페인 변수를 붙여서 캠페인 링크를 생성한 예시 URL입니다.

www.myshop.com?utm_source=facebook&utm_medium=
contents&utm_campaign=201811-fb-event

만약 랜딩 링크 뒤에 캠페인 변수를 붙이지 않으면 어떻게 될까요? GA 는 사람이 아니라 알고리즘에 기반한 프로그램입니다. 따라서 방문한 사람이 페이스북에서 유입되었는지만 알 수 있습니다. 광고인지 오가닉인지 는 확인이 불가하며, 캠페인 이름 역시 파악할 수 없는 것입니다. 때문에 각 캠페인의 성격과 컨셉에 맞게 태깅을 해주는 것은 정확한 성과 파악을 위해 굉장히 중요한 작업입니다.

각 캠페인 변수명은 정하기 나름입니다. 정답이 따로 없습니다. 단, 변 수 네이밍에 대한 룰을 정하는 것을 권장드립니다. 그렇지 않으면 하나의 캠페인이라 할지라도 변수를 다르게 붙여주는 경우 캠페인 데이터가 다양 한 형태로 수집됩니다. 이는 데이터 정합성을 어긋나게 하며, 분석을 진행 할 때 데이터 클린징 작업에 소요되는 시간을 증가시킵니다. 따라서 내부 에 룰을 정하고, 마케팅 혹은 분석 담당자들이 정한 룰을 지키는 것을 가 급적 권장드립니다. 지금까지 구글 애널리틱스 캠페인에 대해 알아봤습니 다. 마케팅 활동에 따른 성과를 정확하게 파악하는 것은 마케팅 담당자의 숙명입니다. 하지만 광고 대행사 입장에서는 네이버 및 다음의 키워드 광 고 링크에 캠페인 링크를 붙이기엔 작업량이 너무 많습니다.

이런 이유로 최근에는 구글 태그 관리자의 맞춤 자바스크립트 기능을 활용해서 캠페인/소스/매체 값이 자동으로 분류되도록 작업을 합니다.

　이 책에서 해당 내용을 다루진 않지만 관심이 있으시다면 웹 서핑을 해 보시기 바랍니다. 캠페인 링크를 붙여서 유입되는 소스/매체 값은 지속적으로 관리를 해줘야 합니다. 관리되지 않는 데이터는 추후 분석을 진행할 때 추가적인 리소스가 투입된다는 점 꼭 기억하시기 바랍니다.

캠페인 유지 기간이 중요한 이유

구글 애널리틱스에서 매체별 성과를 정확하게 측정하기 위한 약간의 팁을 드리자면 캠페인 유지 기간을 조정하는 것입니다. 캠페인 유지 기간이란 무엇이며, 어떻게 수정해야 하는지 알아봅니다.

캠페인 유지 기간은 기본적으로 6개월로 설정되어 있습니다. 6개월 후에 특정 캠페인에 대한 기여를 중단한다는 의미입니다. GA에서는 캠페인 유지 기간을 최소 1분에서 24개월까지 조정할 수 있습니다. 캠페인 유지 기간은 속성 설정의 세션 메뉴에서 조정할 수 있습니다. 네이버 광고를 통해 웹사이트에 유입된 특정 사용자가 3개월 뒤에 직접 방문을 통해 상품을 구매한다고 가정해보겠습니다.

GA는 여기서 발생한 구매 성과를 직접 방문이 아닌 네이버 광고 캠페인에 할당합니다. 왜 그럴까요? 직접 방문 이전에 캠페인을 통해 방문한 이력이 있으면 GA는 캠페인에 성과를 먼저 부여합니다. 성과에 대해 우선순위를 두는 기간이 바로 캠페인 유지 기간입니다.

유지 기간이 6개월인 경우, 캠페인 광고를 통해 방문하고 3개월 후에 직접 유입으로 구매가 발생해도 직접 유입성과가 아니라 캠페인 광고에 성과를 부여하는 프로세스입니다.

캠페인 유지 기간이 1개월인데, 최초 네이버 광고 캠페인을 통해 방문하고 3개월 뒤에 직접 방문을 통해 구매하는 경우는 어떨까요?

이런 경우는 GA가 네이버 광고 캠페인에 성과를 할당하지 않습니다.

▲ 구글 애널리틱스 캠페인 만료 시간 설정하기

그럼 캠페인 유지 기간을 얼마로 설정하는 게 좋을까요? 정답은 없습니다. 하지만 한국의 온라인 광고 시장에서 네이버 광고가 차지하는 비율은 상당히 높습니다. 따라서 네이버 광고 비중이 높은 계정이라면 네이버 광고의 성과 유지 기간과 GA 캠페인 기간을 맞춰주는 게 좋습니다. 네이버 광고의 성과 유지 기간은 7~20일입니다. 이에 맞춰 GA도 캠페인 유지 기간을 6개월에서 1개월로 수정하면, 네이버 광고 시스템에서 확인되는 성과와 GA에서 확인되는 동일한 매체의 성과 차이를 줄일 수 있습니다.

캠페인 유지 기간이 6개월 일 때

구분	세션 1	세션 2	세션 3	세션 4
세션 발생 날짜	20180101	20180301	20180501	20180601
소스	google	naver	direct	google
매체	organic	organic	none	cpc
캠페인 유지 기간 종료일	20180701	20180901	20181101	20181201

쇼핑몰에서 캠페인 유지 기간이 6개월 일 때, 네이버 오가닉을 통해 방

문한 사람이(표 세션2), 2달 뒤에 직접 유입으로 재방문 후(표 세션3) 구입을 한다고 가정해보겠습니다. GA는 해당 사용자가 직접 유입을 통해 구매한 게 아니라, 네이버 오가닉을 통해 구매를 했다고 처리합니다. 캠페인 유지 기간이 6개월이기 때문입니다.

캠페인 유지 기간이 1개월 일 때

구분	세션 1	세션 2	세션 3	세션 4
세션 발생 날짜	20180101	20180301	20180501	20180601
소스	google	naver	direct	google
매체	organic	organic	none	cpc
캠페인 유지 기간 종료일	20180201	20180401	20180601	20180701

동일한 상황에서 캠페인 유지 기간을 1개월이라고 가정하면, GA는 해당 사용자가 직접 유입을 통해 구매를 했다고 처리합니다. 그래서 캠페인 유지 기간을 기본 6개월에서 1개월로 줄이는 것을 권장합니다. 캠페인 유지 기간이 6개월인 경우보다 1개월로 유지할 때가 더 정확한 결과를 보여주기 때문입니다.

판매 주기가 아무리 길어도 캠페인 유지 기간은 3개월을 넘기면 안 됩니다. 광고를 통해서 3개월 전에 접속한 뒤 직접 유입으로 재방문했을 때, 광고가 직접 유입에 기여를 했다고 평가할 수 있을까요? 아무래도 연관성이 떨어집니다. 간혹 특정 광고 솔루션에서 광고 성과 기여 기간을 굉장히 길게 잡는 경우가 있는데, 이는 분석하는 입장에서 보면 분명히 잘못된 알고리즘입니다. 캠페인 유지 기간 조정을 통해 보다 정확한 매체별 광고 성과를 측정하시기 바랍니다.

맞춤형 채널 그룹을 설계하는 방법

매체 그룹별 전환율이 궁금하다면 채널 그룹을 설정해야 합니다. 구글 애널리틱스에서 제공하는 기본 채널 그룹을 여러분의 서비스에 맞춰 조정한다면 마케팅 전략을 짜는데 많은 도움이 될 것입니다.

GA를 사용하는 목적 중 하나가 채널별 전환율을 파악하기 위해서입니다. 정확히 말하면 소스/매체별 전환율을 파악하여 마케팅 플랜을 세우는 것입니다. 그래야 한정된 예산에서 집중해야 할 매체를 선별할 수 있습니다. 아무리 상품이 좋다고 해도 이러한 일련의 작업은 필요합니다.

구글 애널리틱스에서 채널 보고서에 접근하려면 '획득 〉 모든 트래픽 〉 채널' 메뉴를 선택하면 됩니다. 우측에 채널별 지표를 아래 그림처럼 확인할 수 있는데, 채널은 추가/삭제를 할 수 있고 이름도 원하는 이름으로 변경할 수 있습니다.

예를 들면 Direct는 직접 유입 채널인데, 이를 한글 이름으로 변경할 수 있는 것입니다. 아래 그림을 보시면 'Brunch'라는 채널이 추가되어 있습니다. 해당 채널은 GA에서 기본으로 제공하지 않는 채널인데, 관리자가 서비스에 맞게 추가한 것입니다.

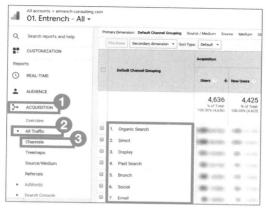

▲ 획득 〉 모든 트래픽 〉 채널 보고서

GA는 분석을 위해 사용하는 도구일 뿐입니다. 따라서 여러분이 GA에 맞추기보다는 서비스에 GA의 기능과 설정을 잘 녹여내야 합니다. 그럼 위와 같이 채널을 추가하거나 이름을 변경하려면 어느 메뉴로 접근해야 할까요?

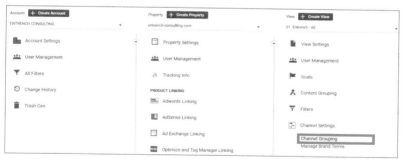

▲ 보기 설정 〉 채널 설정 〉 채널 그룹 메뉴를 클릭합니다.

보기View 설정의 채널 세팅 하위 메뉴인 채널 그룹 설정 메뉴를 클릭하시면 됩니다. 이름 그대로 특정 소스/매체를 채널로 분류한다고 생각하시면 됩니다. 여기서 주의할 점은 채널 그룹에도 우선순위가 있다는 것입니다. 채널 그룹이 상단에 위치할수록 트래픽 분류에 우선순위를 가지게 됩니다. 따라서 광고 관련 채널은 직접 혹은 자연 유입 채널보다 상단에 위치시키는 게 데이터의 정합성을 유지하는데 도움이 됩니다.

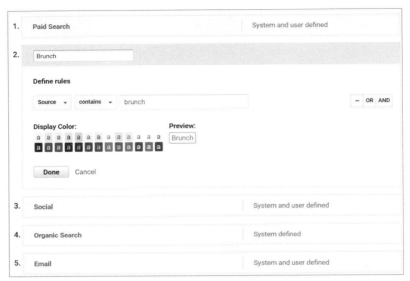

▲ 기본 채널 그룹의 이름을 변경하거나 추가합니다.

채널은 기본 채널 그룹이 있고, 신규 채널 그룹을 생성할 수 있습니다. 차이점은 샘플링 및 데이터 소급 적용입니다. 기본 채널 그룹은 데이터 샘플링이 걸리지 않지만, 신규 채널 그룹은 샘플링에 영향을 받습니다. 단, 신규 채널 그룹은 생성 시 이전 데이터도 소급 적용되는 장점이 있습니다. 당연히 기본 채널 그룹은 생성 시점부터 데이터가 분류됩니다.

채널	설명
직접	소스 다음과 정확하게 일치함: 직접 AND 매체 다음과 정확하게 일치함: (not set) OR 매체 다음과 정확하게 일치함: (none)
자연 검색	매체 다음과 정확하게 일치함: 자연 검색
소셜	소셜 소스 추천 다음과 정확하게 일치함: 예 OR 매체 다음과 정확하게 일치함: regex ^(social|social-network|social-media|sm|social network|social media)$
이메일	매체 다음과 정확하게 일치함: 이메일
제휴사	매체 다음과 정확하게 일치함: 제휴사
추천	매체 다음과 정확하게 일치함: 추천
유료 검색	매체 다음과 정확하게 일치함: regex ^(cpc|ppc|paidsearch)$ 및 광고 게재 네트워크 다음과 정확히 일치하지 않음: 디스플레이 네트워크
기타 광고주	매체 다음과 정확하게 일치함: regex ^(cpv|cpa|cpp|content-text)$
디스플레이	매체 다음과 정확하게 일치함: regex ^(display|cpm|banner)$ OR 광고 게재 네트워크 다음과 정확하게 일치함: 디스플레이 네트워크

▲ 구글 애널리틱스 기본 채널별 데이터 분류 기준

채널별 데이터 분류 기준을 정확히 알면 설계를 하는데 도움이 됩니다. 예를 들어 유료 검색 채널은 매체medium 값이 cpc, ppc, paidsearch 일 때 유료 검색 채널로 분류됩니다. 배너 광고를 할 때 medium 값을 cpc로 넣 으면 유료 검색 채널로 분류된다는 얘기입니다. 따라서 배너 광고를 할 때 캠페인 매체 변수에는 display 혹은 banner를 넣거나, 채널 그룹의 우선순 위를 유료 검색보다 상단으로 조정해야 합니다.

채널 그룹 설계는 데이터가 정상적으로 수집된다고 가정할 때, GA 활용 을 위해 가장 우선적으로 진행해야 할 작업입니다. 아직까지 GA에서 제공 하는 기본 채널만 활용하고 계셨다면, 이번 기회에 여러분의 서비스에 맞 는 채널 그룹을 설계해보시기 바랍니다.

주석을 기록하면 분석이 편하다

구글 애널리틱스에서 주석은 작업 내역과 웹사이트의 주요 이슈에 대한 히스
토리를 파악하기 위해 작업합니다. 주석을 기록하지 않으면 시간이 지난 뒤
어떤 이슈가 있었는지 빠르게 확인하기 어렵습니다. 주석을 기입할 때 Tip을
알아봅니다.

주석 기능은 왜 사용해야 하는지를 아는 게 중요합니다. 이전에도 말씀드
렸지만 분석을 위해 GA를 도구로 사용하는 것이지, GA를 익히는 것이 목적
이 되어서는 안 됩니다. 결론부터 말씀드리면, 주석을 남기는 것은 중요합니
다. 인간은 망각의 동물이기 때문에, 기록하지 않으면 기억에서 잊히게 마련
입니다. 따라서 주석을 기입해두면 나중에 분명히 도움을 얻을 수 있습니다.

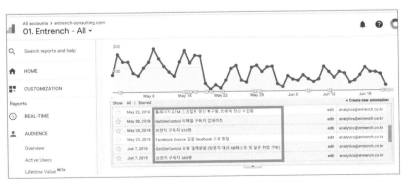

▲ 웹사이트 업데이트 혹은 주요 캠페인 성과에 대해 기록합니다.

위 그림은 GA 보기에 기록된 주석의 예시입니다. 웹사이트에 변화가 있거나 주목할만한 성과를 기록하고 있습니다. 그래야 나중에 분석을 할 때 데이터가 변화된 원인을 빠르게 파악할 수 있습니다. 물론 주석을 기록하지 않아도 변화의 원인을 파악할 수 있습니다. 하지만 주석 없이는 데이터가 변화된 원인을 찾는데 시간이 오래 걸릴 것입니다.

무언가를 하려면 준비가 되어 있어야 합니다. 요리도 재료를 손질하고 시작하면 그렇지 않을 때보다 쉬운 것처럼, 분석도 마찬가지입니다. 백지 상태에서 시작하면 분석도 어렵습니다. 평소에 꾸준히 주석을 기입해놔야 나중에 편리합니다.

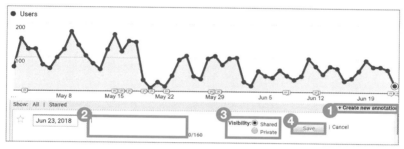

▲ 주석은 가급적 구체적으로 적어줍니다.

주석은 시계열 그래프 하단에 신규로 추가할 수 있습니다. 기입 시 그래프 하단에 메모처럼 아이콘이 뜨게 되는데, 공개/비공개 여부를 선택할 수 있습니다. 단, 공개로 작성하기 위해서는 보기에 공동작업 이상의 권한이 있어야 합니다. 공개를 선택하면 당연히 다른 분들도 여러분이 작성한 주석을 볼 수 있습니다.

필터를 적용하거나 의도치 않은 사이버 공격으로 웹사이트가 중단된 경우 주석은 필히 기입해야 합니다. 웹사이트가 리뉴얼되거나 마케팅 캠페인이 시작/종료되는 경우도 기입하면 좋습니다. 주석은 보기View 단위로 적용이 됩니다. 따라서 A 보기에서 작성한 주석은 B 보기에서 보이지 않습니다.

때문에 주석을 기입하는 보기를 정해놓고, 마케팅 및 개발 담당자들이 해당 보기에만 주석을 기입할 필요가 있습니다.

주석을 기입한다고 히스토리를 완벽하게 파악할 수 있는 건 아닙니다. 팁을 드리자면 주석과 맞춤 알림을 동시에 활용해야 합니다. 특정 이슈가 발생해서 주석에 기입했다면, 해당 이슈가 다시 발생할 경우 알림을 받을 수 있도록 별도 설정을 해주시면 좋습니다. 그렇지 않으면 동일한 이슈가 반복해서 발생하게 됩니다.

이번 글에서는 주석이 중요한 이유에 대해 알아봤습니다. 주석은 어느 한 사람이 기입하기보다는 분석 업무와 유관된 담당자들이 이슈가 있을 때마다 기입을 하시는 것을 권장드립니다. 단, 너무 작은 이슈까지 기입할 필요는 없습니다. 그렇게 하면 주석 목록이 많아져서, 이전에 기입한 중요한 주석을 놓치게 될 수 있습니다.

구글 오가닉 검색어를 확인하는 방법

구글 검색엔진은 자연(오가닉) 검색을 통해 유입된 검색어를 구글 애널리틱스
에서 보여주지 않습니다. 이를 확인하기 위해서는 구글 서치 콘솔을 등록해야
합니다. 서치 콘솔이란 무엇이며, 분석에 어떻게 활용할 수 있는지 알아봅니다.

구글 서치 콘솔 Google Search Console 을 왜 써야 하고 과연 적용하면 어떤 점이
좋은지를 알아보겠습니다. 만약 GA는 사용하고 있는데 서치 콘솔은 활용하
지 않고 계시면 이번 기회에 한번 적용해보시기 바랍니다.

2010년 이전에는 구글에서 자연 검색 키워드 정보도 제공했습니다. 하지
만, 어느 순간부터 해당 데이터를 제공하지 않습니다. 구글에서 검색 광고
가 아닌 자연 검색으로 유입되는 경우 키워드 값이 (not provided)로 표현됩
니다. 하지만 이를 확인할 수 있는 방법이 있습니다.

아래 홈페이지도 구글에서 자연 검색으로 유입되는 트래픽이 상당합니
다. 무려 90%가 구글 자연 검색으로 유입이 되고 있습니다. 아마 대부분
브랜드 키워드일 가능성이 높습니다. 브랜드 인지도가 클수록 해당 데이
터의 양이 많아집니다. 브랜드 키워드가 일반 키워드보다 전환이 높은 건
당연합니다. 과연 어떤 키워드로 유입이 될까요? 알고 싶다면 구글 서치
콘솔을 등록해야 합니다.

Keyword	Acquisition			Behavior
	Users ⃝ ↓	New Users ⃝	Sessions ⃝	Bounce Rate ⃝
	1,077 % of Total: 33.09% (3,255)	**1,026** % of Total: 33.50% (3,063)	**1,299** % of Total: 33.51% (3,877)	**51.42%** Avg for View: 68.82% (-25.27%)
1. (not provided)	**982** (90.01%)	937 (91.33%)	1,178 (90.69%)	52.46%
2.	**14** (1.28%)	13 (1.27%)	15 (1.15%)	46.67%
3.	**7** (0.64%)	6 (0.58%)	7 (0.54%)	14.29%
4.	**5** (0.46%)	5 (0.49%)	6 (0.46%)	16.67%
5.	**5** (0.46%)	4 (0.39%)	5 (0.38%)	40.00%
6.	**4** (0.37%)	4 (0.39%)	5 (0.38%)	60.00%
7.	**3** (0.27%)	2 (0.19%)	4 (0.31%)	25.00%
8.	**3** (0.27%)	3 (0.29%)	3 (0.23%)	66.67%

▲ 홈페이지 오가닉 키워드의 90%가 구글 자연 검색입니다.

구글 서치 콘솔에 등록하면 검색 트래픽 관련하여 확인 가능한 정보는 총 4가지입니다. 총 클릭수/총 노출수/평균 CTR/평균 게재순위입니다. 쉽게 말해 구글에서 여러분의 웹사이트로 유입되기까지 방문자가 구글과 서로 상호작용한 데이터를 확인할 수 있습니다. 노출부터 CTR(클릭률), 평균 게재순위까지 확인할 수 있습니다. 서치 콘솔 데이터를 GA와 연동하면 '획득 〉 서치 콘솔' 메뉴에서 데이터를 확인할 수 있습니다. 서치 콘솔이 등록되면 바로 데이터가 나오는 게 아니라, 2~3일 뒤에 확인됩니다.

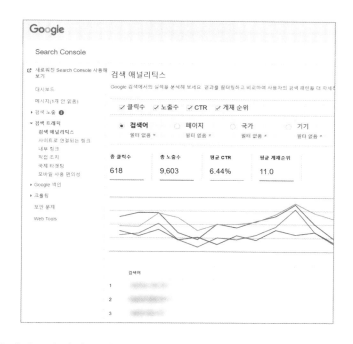

각 키워드별 전환율 및 목표 달성 여부까지 확인되지 않는 점은 다소 아쉽습니다. 때문에 완전한 데이터를 볼 수는 없지만, 그래도 구글 자연 검색 유입 비중이 높은 경우라면 분석가 입장에서는 목마른 정보입니다. 구글 서치 콘솔을 등록하는 방법은 간단합니다. HTML 파일을 업로드하거나 메타 태그를 등록하면 됩니다.

Queries	↓ Clicks	Impressions	CTR	Position
	26	240	10.8%	3.1
	12	1,228	1%	3.3
	10	74	13.5%	2.9
	8	42	19%	3.7
	5	18	27.8%	1
	5	11	45.5%	1

▲ 각 키워드별 클릭/노출/클릭율/게재순위 확인이 가능합니다.

만약 구글 검색 결과에서 노출이 많이 되고 게재 순위가 낮은 경우라면 해당 키워드 CPC 단가를 높여서 클릭을 유도하는 전략이 필요합니다. 국내에서는 SEO(검색엔진 최적화)의 중요성을 인지하지 못하는 경우를 많이 보게 되는데, SEO는 기본만 잘 지켜도 광고비를 획기적으로 줄일 수 있습니다. 그 중 하나가 서치 콘솔을 등록하고 데이터 모니터링하면서 광고 운영을 하는 것입니다.

▲ 검색에 최적화시켜야 유입을 증가시킬 수 있습니다.

모든 마케터들이 궁금해하는 게 돈을 쓰지 않으면서 유입을 많이 시키는 방법입니다. SEO의 기본을 웹사이트에서 지키고 있는지부터 체크하시기 바랍니다. 돈을 쓰지 않으면서 유입을 많이 시켜야 실력 있는 마케터입니다. 예산이 없다면 콘텐츠를 직접 생성하시기 바랍니다. 콘텐츠를 통해 오가닉 유입이 증가한다면 최소한의 예산으로 최대의 성과를 얻을 수 있습니다.

SEO는 쉽지 않은 작업입니다. 많은 관심과 모니터링이 필요합니다. 하지만 SEO가 최적화 된 웹사이트는 적지 않은 광고비를 아껴줍니다. 예산이 많아도 해야 하고, 돈이 없으면 무조건 해야 합니다. 제품이 좋아도 유입되지 않는다면 고객에게 팔 기회는 없습니다. 여러분의 브랜드가 애플이나 나이키가 아니라면 말입니다. 구글 서치 콘솔, 이제 활용할만한 가치를 느끼지 않으신가요?

필터 설계에 관한 다양한 팁

구글 애널리틱스로 정확한 데이터를 수집하기 위해 필터는 굉장히 중요한 역할을 합니다. 필터를 설정할 때 주의해야 할 점과 자주 사용되는 필터 패턴에 대해 알아봅니다.

필터는 왜 적용해야 할까요? 정확한 데이터를 수집하기 위해서입니다. 필터는 원하는 데이터만 추출하려는 목적으로도 사용됩니다.

GA를 사용하면서 필터 기능을 사용하지 않으면 데이터를 내려받아 다시 가공하는 작업이 필요합니다. 필터는 이러한 작업을 줄여주는 고마운 기능입니다. 단, 제대로 적용해야 효과를 볼 수 있습니다. 지금부터 GA 필터에 대한 모든 것을 파헤쳐 보겠습니다.

우선 주의할 점부터 말씀드리겠습니다. 필터는 기존 데이터에 소급 적용되지 않습니다. 필터를 생성해서 적용해도, 기존 데이터는 영향을 받지 않습니다. 필터 적용 이후 누적되는 데이터만 영향을 받습니다. '전 데이터는 적용이 안 되지?' 하고 고민하지 않으셔도 됩니다. 원래 그런 겁니다.

추가로 필터가 다수일 경우 적용 순서의 영향을 받습니다. 만약 필터가 2개 있다고 가정하면, 필터가 생성되는 시간 순서대로 적용이 됩니다. 굉장히 중요합니다. 꼭 기억해두시는 것을 권장드립니다.

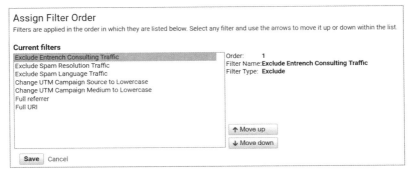

▲ 필터는 생성한 순서대로 적용되므로, 순서를 조정해야 합니다.

　일단 필터가 적용되는 경우는 크게 3가지입니다. 대부분 아래 3가지 경우에 포함이 됩니다. 텍스트 만으로는 설명이 힘드니, 구체적인 화면과 함께 설명드리겠습니다. 아래 필터 중 '내부 직원 및 봇 트래픽 제외'는 여러분 GA 계정에 필수로 적용해주시고, 나머지 2가지 경우는 상황에 따라 맞게 적용하시면 됩니다.

　내부 직원은 서비스를 관리하는 입장이다보니, 자신이 운영하는 서비스에 매일 방문을 합니다. 결제 또는 가입 테스트도 진행합니다. 이러한 데이터가 일반 사용자 트래픽과 함께 측정되면 정확한 사용자 트래픽을 분석하기 어렵습니다. 가급적 내부 직원 및 광고 대행사 트래픽 제외 필터는 꼭 적용하시기 바랍니다.

* GA 필터는 언제 적용하는가

- 업무 유관자 트래픽 제외 (내부 직원 및 대행사)
- 특정 도메인 혹은 기기별 트래픽 보기를 만들 때
- 수집되는 데이터 패턴을 조작할 때

▲ 필터는 보기(View) 설정 메뉴에서 조작할 수 있습니다.

1. 업무 유관자 및 봇(Bot) 트래픽 제외

순수 고객의 트래픽만 측정하기 위한 반드시 필요한 필터입니다. 업무에 유관된 직원의 트래픽을 제외하려면 IP 대역을 입력해줘야 합니다. IP 주소는 아래와 같이 네이버에서 'ip주소확인'이라고 입력을 하면 본인의 IP 주소를 확인할 수 있습니다. 혹은 내부 전산팀에 문의를 해서 직원 IP 대역을 알려달라고 합니다. 그렇게 전달받은 IP 대역을 필터에 넣어주시면 됩니다.

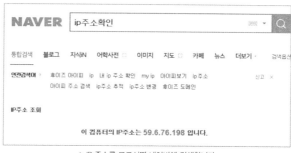

▲ IP 주소를 모르시면 네이버에 검색합니다.

아래 화면은 특정 웹사이트 내부 직원 트래픽 제외 설정 화면입니다. 필터 이름을 입력하고 데이터를 포함할지 제외할지를 결정하고, IP가 입력된 값과 같을 때 필터가 적용되도록 설정되어 있습니다. 필터 타입은 GA에서 제공하는 목록이 있고 Custom이라 하여, 제공 목록에 원하는 값이 없는 경우 직접 선택해서 적용할 수 있습니다.

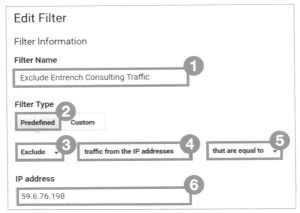

▲ 내부 직원 트래픽을 IP 주소로 제외하는 필터 설정

IP 대역이 구간대로 되어 있는 경우 아래 웹사이트에 접속하여 IP 대역을 입력합니다. 시작 및 끝 대역을 입력하고 정규식 생성 버튼을 누르면 정규식을 자동으로 생성해줍니다. 정규식에 대해 궁금하신 분들은 아래 포스팅을 먼저 보시는 것을 권장드립니다.

IP 대역 정규식 생성하기

http://www.analyticsmarket.com/freetools/ipregex

내부 트래픽과 별개로 스팸 트래픽을 제거하기 위해서는 보기^{View} 설정 접속 후 Bot Filtering 에 체크합니다. 웹사이트 규모가 큰 경우 생각보다 봇^{Bot}을 통해서 유입되는 트래픽이 많습니다. 작은 부분이지만 데이터를 관리하는 역할을 맡고 계시다면 이런 디테일에 신경 쓰셔야 합니다.

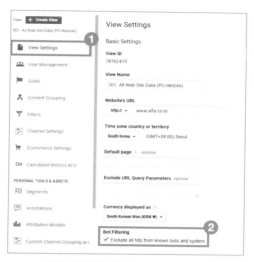

▲ 보기(View) 설정에 접속하여 Bot 트래픽을 제거합니다.

2. 특정 도메인 또는 기기 카테고리 보기를 만들 때

일반적으로 웹서비스를 운영하게 되면 기본 도메인이 있고, 추가로 서브 도메인이 존재합니다. 없는 경우도 있지만 서비스 규모가 큰 경우 서브 도메인이 여러 개 존재하게 됩니다. 이때, 기본 또는 서브 도메인 트래픽만 확인하고 싶은 경우 적용하는 필터입니다. 혹은 PC 및 Mobile 데이터를 구분해서 보기(View)에 데이터를 쌓을 때 사용합니다. 아래 구체적인 예시를 보겠습니다.

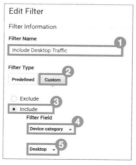

▲ PC 트래픽만 포함하는 필터 설정

PC^{Desktop} 트래픽만 포함하는 필터의 예시 화면입니다. 필터 이름은 Desktop 트래픽만 포함입니다. 타입은 Cutom 타입을 선택한 뒤 '포함'을 선택합니다. 마지막으로 기기 카테고리에서 Desktop(PC)를 선택합니다. 이렇게 되면 PC에서 접속된 트래픽만 보기^{View}에 누적됩니다. 모바일도 동일 방식으로 필터를 생성해서 별도의 보기를 생성해줍니다.

3. 수집되는 데이터 패턴을 조작할 때

GA를 제대로 활용하려면 여러분이 GA에 맞추려 하기보다는, GA가 여러분의 서비스에 맞추도록 됩니다. 데이터를 있는 그대로 수집하게 되면, 데이터를 다시 가공해야 되는 경우가 많이 발생합니다. 그래서 처음부터 원하는 형태로 데이터를 수집하면 업무 효율성을 높일 수 있습니다. 이번에 소개해드릴 필터는 바로 이런 경우 사용하시면 됩니다.

GA에서 캠페인 데이터를 수집하려면 랜딩 URL 뒤에 UTM 변수를 붙여줘야 합니다. 이때, UTM 변수를 대소문자 구분 없이 붙이게 되면 GA에서는 각각 다른 데이터로 인지하게 됩니다.

예를 들면 utm_source=NAVER, utm_source=naver를 GA는 다른 데이터로 인지합니다. 이런 경우 광고 대행사 담당자분께 UTM 값을 제대로 넣어달라고 요청할 수도 있지만, 아래 필터를 적용하면 문제가 바로 해결됩니다. 다른 UTM 변수도 같은 방식으로 적용하면 일관된 데이터를 수집할 수 있습니다.

▲ 캠페인 소스 변수 값을 소문자로 변경하는 필터 설정

필터는 보기^{View} 단위로 적용됩니다. 만약에 생성한 필터를 다른 보기에도 적용하고 싶다면, 각각의 보기에 들어가서 설정을 하셔도 되지만 그렇게 하지 마시고 한 번에 일괄 적용합니다.

방법은 계정 설정의 '모든 필터' 메뉴에 접속한 뒤, 해당 필터가 적용되었으면 하는 보기를 선택해서 '추가' 버튼을 눌러주시면 됩니다. 이렇게 하면 여러분의 소중한 시간을 아낄 수 있습니다.

▲ 계정 〉 모든 필터 메뉴 접속 시 다수의 보기에 필터 일괄 적용하기

지금까지 예시로 보여드린 필터 외에도 다양한 필터가 존재합니다. 하지만 위 필터만 제대로 적용하셔도 내부 직원 및 스팸 트래픽을 제거할 수 있고, 원하는 데이터만 추려서 수집할 수 있습니다. 필터가 한번 적용된 데이터는 수정이 불가합니다. 따라서 필터는 Test 보기에 먼저 적용해서 데이터에 이상이 없음을 확인한 다음 Master(보고용-) 보기에 적용하시기 바랍니다.

웹사이트 내부 검색어 확인하는 방법

쇼핑몰에 접속해서 검색 기능을 이용한 사용자는 일반적으로 구매 확률이 높습니다. 내부 검색어를 수집하는 방법과, 검색어 변수가 확인되지 않을 때 구글 태그 매니저를 활용한 내부 검색어 수집 방법을 학습합니다.

웹사이트 내부 검색어 추적은 온라인 쇼핑몰을 운영하는 경우 반드시 추적해야 합니다. 웹사이트 유입은 광고 성과를 통해 파악할 수 있지만, 내부 검색어는 광고 시스템에 집계되지 않는 데이터입니다.

고객의 관심사를 즉각적으로 확인할 수 있는 0순위 데이터는 바로 내부 검색어입니다. 그럼에도 불구하고 많은 웹사이트는 검색 기능이 눈에 띄지 않는 곳에 배치되어 있습니다. 이러한 경우 검색 기능을 쉽게 사용할 수 있도록 사용자 경험을 개선하는 작업이 필요합니다.

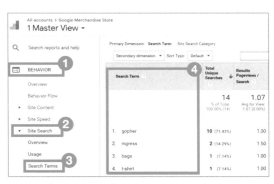

▲ 행동 〉 사이트 검색 〉 검색어 메뉴에서 데이터를 확인합니다.

내부 검색어 데이터를 살펴보면 계절성 혹은 특정 이벤트에 많은 영향을 받습니다. 예를 들면, 식료품 쇼핑몰에서는 발렌타인데이 혹은 빼빼로데이 전에 초콜렛이나 쿠키 관련 검색어가 많이 검색됩니다. 의류 쇼핑몰에서는 여름휴가 시즌 전에 수영복 혹은 래쉬가드 관련 검색량이 증가할 것입니다. 마케팅 담당자는 이런 내부 검색어 트랜드 추이와 검색엔진에서 유관된 키워드 쿼리(검색) 추이를 살피며 고객 니즈에 대한 빠른 대응이 요구됩니다.

☑ 키워드와 검색어는 다른 개념

구글 애널리틱스에서 키워드와 검색어는 다른 개념입니다. GA에서 키워드란 외부에서 웹사이트로 유입될 때 검색한 단어를 의미합니다. 반면에 검색어는 웹사이트에 접속 후 검색창에서 특정 상품을 찾기 위해 검색한 단어를 의미합니다. 단어를 검색한다는 의미에서 어떻게 보면 같을 수 있지만 키워드 데이터는 획득 메뉴에서 확인 가능하고, 내부 검색어는 행동 메뉴에서 확인할 수 있습니다.

웹사이트 내부 검색어 데이터를 수집하려면, 보기 설정 메뉴에 접속한 뒤 내부 검색 키워드 변수 입력 필드에 검색 키워드 변수를 입력하면 됩니다. 정상적으로 입력이 완료되면 GA 행동 메뉴의 사이트 검색 메뉴에서 검색창에 입력된 검색어를 확인할 수 있습니다. 그럼 검색 키워드 변수란 무엇을 의미할까요?

> www.myshop.co.kr?searchQuery = 초콜렛
> www.entrench.co.kr?searchKeyword = 분석

위 예시 URL에서 검색어 바로 앞에 붙는 문자열이 바로 검색 키워드 변수입니다. 키워드 변수가 위 예시와 같은 경우, 설정의 검색 키워드 필드에 searchQuery, searchKeyword를 입력하면 됩니다. 내부 검색어 변수는 웹사이트마다 다릅니다. 직접 내부 검색어를 입력한 뒤, 키워드 변수를 확인 후 입력하셔야 합니다.

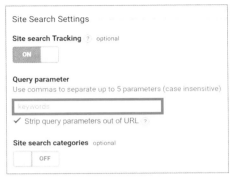

▲ 내부 검색 기능을 이용해 본 뒤, 매기변수를 직접 확인합니다.

☑ 검색을 해도 변수가 확인되지 않는다면?

검색을 해도 변수가 확인되지 않는 경우는 개발자가 웹사이트를 설계 및 개발할 당시 검색어 변수를 숨김 처리했기 때문입니다. 이를 전문용어로 post 방식이라 합니다. 반대로 검색어를 URL에 노출시키는 방식을 get 방식이라 합니다. post 방식으로 처리된 검색어를 GA로 수집하려면, 구글 태그 매니저를 활용하셔야 합니다.

▲ GTM에서 변수를 생성하여 가상 PV 전송하기

위와 같이 설정하면 GA로 가상 페이지뷰를 전송하게 됩니다. GA는 가상으로 수집된 페이지 URL에서 검색어 변수를 인지하게 되며, 검색어 보고서에 해당 데이터를 보여줍니다. 내부 검색어를 얻으려면 맞춤 HTML 변수를 선택하여 직접 코딩을 해야 합니다. 이는 개발팀 도움이 필요합니다.

일반적인 방법으로 데이터가 확인되지 않을 경우, 데이터를 수집하는 방법을 찾아야 합니다. 문제를 해결하는 가장 손쉬운 방법은 구글링(구글 검색)을 통해 이미 문제를 경험한 이들의 해결책을 학습하는 것입니다. 여기서 중요한 것은, 원하는 정보를 찾아서 적절히 적용하면 됩니다.

지금까지 웹사이트 내부 검색어를 구글 애널리틱스에서 확인하는 방법에 대해 알아봤습니다. 일반적으로 내부 검색 기능을 이용한 사용자는, 그렇지 않은 사용자 대비 평균 전환율과 구매액이 높습니다. 구글 애널리틱스 기본 세그먼트 목록에 검색 기능 경험자 세그먼트가 있으니 직접 데이터를 비교해보시기 바랍니다. 쇼핑몰에서는 방문한 고객들이 검색을 하도록 유도하는 전략이 필요합니다. 추천 검색어 혹은 연관 검색어 기능은 이러한 이유로 생성된 기능입니다.

기획에서부터 분석을 고려해야 한다

웹을 설계하고 기획하려면 분석에 관심을 가져야 합니다. 분석을 고려하지 않은 서비스 기획은 분석을 어렵게 하며, 이는 곧 서비스 품질과 연결됩니다.

우리는 잠재 고객을 대상으로 매출 또는 리드(영업 기회)를 얻기 위해 홈페이지를 구축합니다. 찾아보면 홈페이지를 쉽고 빠르게 구축 가능한 서비스가 많이 존재합니다. 때문에 전문적인 웹 기획자 혹은 디자이너 인력이 없어도 적은 예산으로 온라인에서 고객과 소통하는 채널을 개설할 수 있습니다.

단순히 온라인 채널을 오픈한다고 고객이 찾아올까요? 아닙니다. 고객에게 어필할 수 있는 상품 또는 콘텐츠를 올리고, 쉽게 찾아올 수 있도록 검색 엔진 최적화(SEO) 작업도 해줘야 합니다. 추가로 방문한 사용자를 분석하여 적절한 키워드/배너 광고도 집행해야 합니다.

무엇이든 처음이 중요합니다. 데이터 분석을 고려한 홈페이지를 구축하면 결과적으로 많은 이득이 있습니다. 실무를 하면서 모니터링을 해보면, 분석을 전혀 고려하지 않고 홈페이지가 구축되는 경우를 많이 접합니다. 이렇게 되면 분석을 위한 데이터 수집 및 분류에 어려움이 있고, 최악의 경우 홈페이지 계층 구조를 다시 설계하는 경우도 발생합니다. 즉, 불필요한 시간과 인력 리소스가 낭비됩니다.

1. 페이지 제목과 경로(URL)는 분석의 중요한 재료다.

쇼핑몰에서 장바구니에 접속하면 일반적으로 페이지 제목은 '장바구니', 페이지 경로는 URL 안에 'cart' 라는 단어를 붙이는 경우가 많습니다. 이러한 표기법은 잠재 고객이 상품 혹은 서비스를 검색했을 때, 경쟁사보다 검색 순위가 상위에 위치하도록 도움을 줍니다. 전문 용어로 이를 '검색엔진 최적화(SEO)' 라고 합니다.

페이지를 생성할 때 계층 구조 설계만 잘해도 광고에 사용되는 비용을 절감할 수 있습니다. 다시 말해, 제목과 경로만으로도 방문자가 보고 있는 페이지의 컨셉과 목적을 알 수 있어야 합니다. 만약 모든 페이지에 동일한 제목이 표기되거나, 경로(URL)에 텍스트가 아닌 숫자로 구성된다고 가정해봅시다. 사실 서비스를 이용하는 방문자 입장에서는 이런 부분을 크게 신경쓰지 않습니다. 원하는 화면이 나오기만 하면 그만이기 때문입니다. 방문자는 원하는 화면이 바로 나오지 않을 경우 이탈할 가능성이 점점 높아집니다.

하지만 방문자를 분석해서 매출 혹은 영업 기회를 얻어야 하는 실무자의 입장은 다릅니다. 위와 같은 표기법은 자칫하면 동료에 대한 불신을 키울 수 있는 빌미를 제공하기 때문에 그리 반가운 표기법은 아닙니다. 여러분이 웹 기획자 또는 디자이너라면 홈페이지를 개편하거나 새로운 페이지를 생성할 때, 반드시 페이지의 컨셉과 계층 구조를 고려한 설계가 되어야 합니다. 계층 구조를 담당하는 책임자를 두어 홈페이지 개편이나 신규 페이지 생성 시 검수 과정을 거치면 계층구조가 꼬이는 사고를 방지할 수 있습니다.

2. 배너 이미지 태그에 alt(대체 텍스트) 속성 값을 붙여주자.

홈페이지는 화면 상에서 다양한 텍스트와 이미지로 화면에 보여집니다. 하지만 실제로는 다양한 속성의 HTML 태그로 구성되어 있습니다. 배너 이미지 역시 img 라는 태그로 구성되어 있습니다. img 태그 안에는 alt 속성 값인대체 텍스트 값을 넣을 수 있습니다. alt 속성 값은 만약 이미지가 랜더링

되지 못할 때 화면에 나타나는 문자열을 지정하기 위해 사용됩니다.

그림이 서버에서 지워졌거나, 인터넷 속도가 느려서 그림이 보여지지 않는 경우, 이를 보완하기 위해 그림 대신 텍스트가 노출되는 것입니다. 시각 장애인 분들은 웹을 탐색하려면 음성 정보를 출력해주는 보조 기기를 사용합니다. 이 때 alt 속성 값으로 이미지의 의미를 이해하게 됩니다.

〈img src="이미지 경로" alt="대체 텍스트" style="width:너비값;height:높이값;"〉

alt 속성 값이 없다면 시각 장애인 분들이 웹에 노출된 내용을 이해하기 어렵습니다. 꼭 분석을 위해서 alt 속성 값을 넣어야 하는 게 아니라, 웹 접근성 준수를 위해서라도 반드시 필요한 것입니다.

분석적으로 접근하면 alt 값은 방문자가 이미지 클릭 시 수집 가능합니다. 만약에 이미지 태그에 alt 값이 없다고 가정해봅시다. 방문자가 이미지를 클릭해도 어떤 그림을 클릭했는지 알 수 없습니다. 데이터가 존재해야 수집이 가능한데, 데이터 자체가 없으니 수집을 못하게 됩니다.

반대로 이미지 태그에 alt 속성 값을 삽입하면 데이터를 수집할 수 있고 분석 활용도 가능합니다. 이미지 태그에 alt 속성 값이 필요한 이유에 대해 이해가 되시나요?

3. 동일한 서비스의 확장이라면 서브 도메인을 생성하자.

서비스 확장을 위해 신규 홈페이지 개설이 필요한 상황이라고 가정해보겠습니다. 이러한 경우 도메인을 신규로 개설하는 것보다는, 기존 도메인의 서브 도메인을 생성하는 게 좋습니다. 물론 서비스의 성향이 기존 서비스와 완전히 다른 경우에는 신규 도메인을 개설하는 게 좋습니다. 그렇지 않다면 서브 도메인을 생성하는 게 분석을 고려할 때 유리합니다.

서브 도메인은 도메인을 새로 구입하지 않아도 되기 때문에 비용 절감이 가능하며, 기존 서비스의 브랜딩을 확장할 수 있다는 장점이 있습니다. 이를테면 여행 상품을 판매하는 경우, 아래와 같이 서브 도메인을 생성한다고 가정해보겠습니다.

- travel.com (기본 도메인)
- air.travel.com (서브 도메인)
- hotel.travel.com (서브 도메인)
- package.travel.com (서브 도메인)

기본 도메인이 travel.com인 상황에서 항공, 호텔, 패키지 홈페이지를 각각 신규 오픈하는 경우, 기본 도메인 앞에 각 서비스의 특징을 나타내는 텍스트를 붙여서 서브 도메인을 생성합니다. 이렇게 하면 나중에 방문자 데이터를 분석할 때 통합적인 분석이 가능합니다.

만약 도메인이 다른 경우, 구글 애널리틱스를 예로 들면 크로스 도메인 설정을 해줘야 서비스 내 다른 도메인으로 이동하더라도 동일 방문자로 인식됩니다. 이러한 점을 고려하지 않고 무조건 기존 도메인과 다른 신규 도메인을 개설하는 경우, 추후 방문자의 행태 분석에 많은 작업이 소요됩니다. 때문에 새로운 서비스를 오픈하는 경우 유관 부서간 소통을 원활히 하는 것이 서비스 운영 및 분석에 많은 영향을 끼칩니다.

지금까지 홈페이지 및 신규 페이지 생성 시 분석을 고려한 설계가 왜 중요한지에 대해 알아봤습니다. 계층 구조에 빈틈이 없는 사이트는 방문자 입장에서 서비스에 대한 신뢰를 높입니다. 뿐만 아니라 지속 가능한 운영을 가능하게 하고, 리뉴얼을 해도 기존에 설계된 구조가 단단한 기둥 역할을 합니다.

서비스 운영과 분석은 어느 한 사람이 잘한다고 해서 할 수 있는 게 아닙니다. 각 구성원들이 분석에 얼마나 관심을 두느냐에 따라, 분석을 통해 얻을 수 있는 가치는 달라집니다. 결국 그러한 관심은 고객에게 전달되고, 좋은 인상을 남기는 서비스로 기억될 것입니다.

직접 만들어서 사용하는
계산된 측정항목

비즈니스 목표에 맞는 지표를 직접 설계하는 기능이 바로 계산된 측정항목입니다. 구글 애널리틱스에서 다양한 지표를 제공하지만, 서비스 성과 추적을 위해 원하는 지표를 직접 만들 수도 있습니다

계산된 측정항목은 측정항목을 사칙연산으로 계산하여 새로운 지표를 생성하는 기능입니다. 구글 애널리틱스에는 굉장히 많은 수의 지표가 있습니다. 하지만 모든 지표를 활용하진 않고 필요한 지표만 활용하게 됩니다. 예를 들면 사용자, 세션, 전환율, 이탈률과 같은 지표는 분석에 있어 굉장히 중요한 역할을 합니다. 고도화 된 분석을 하려면 데이터를 여러분의 것으로 만들어야 합니다. 마치 오케스트라 지휘자가 카리스마 있게 단원을 움직이듯이 여러분도 수집된 데이터를 활용해서 최선의 결과를 도출해야 합니다. 계산된 측정 항목 기능은 이를 위해 상당히 유용하게 활용됩니다.

특히 구글 데이터 스튜디오를 활용해서 대시보드를 설계할 때 계산된 측정항목이 많이 쓰입니다. 지표를 새로 만들 때 주의할 점은 여러분이 생성한 지표를 어떠한 이유로 생성하였는지, 지표가 도출된 정확한 계산 공식은 어떻게 되는지를 업무 유관자 분들께 공유하셔야 합니다. 지표는 많은 사람들이 객관적인 상황을 알 수 있게 하려고 생성된 개념이기 때문입

니다.

▲ 계산된 측정 항목은 보기(View) 설정 메뉴에서 확인 가능합니다.

Calculated Metric Name	External Name	Formatting Type
Avg User Duration	calcMetric_AvgUser...	Time
Checkout to Purchase Rate	calcMetric_EnteredC...	Percent
Conv Rate Per User	calcMetric_ConvRat...	Percent
Product Views Per Transaction	calcMetric_Product...	Float
Revenue Per User	calcMetric_Revenue...	Currency (Decimal)

▲ GA 데모 계정에 접속하면 예시 지표를 확인할 수 있습니다.

계산된 측정항목은 GA 접속 후 설정에서 보기 영역에서 접근 가능합니다. 영어로는 Calculated Metrics 라는 이름으로 노출되고 있습니다. GA 데모 계정을 통해 접속해 보면 위와 같이 이미 생성된 측정항목을 확인 할 수 있습니다. 혹시 데모 계정에 접근하는 방법이 궁금하신 분들은 아래 도움말 주소를 참고하시기 바랍니다.

※ 구글 데모 계정 접속하기 도움말

https://support.google.com/analytics/answer/6367342?hl=ko

데모 계정에서 계산된 측정항목 메뉴에 접속한 뒤 Revenue Per User

지표를 Revenue Per User 지표를 한번 클릭해보겠습니다. 말 그대로 해석하면 '사용자당 수익' 지표입니다. 공식으로 표현하면 수익을 사용자로 나눈 값입니다. 여기서 주의할 점은 지표 Type인 소수점, 점수, 통화, 시간, 백분율을 제대로 지정해야 합니다. 원하는 지표 Type 에 맞게 선택해 주시기 바랍니다.

Add Calculated Metric

Name

Revenue Per User

External Name

The external name is used to uniquely identify the calculated metri
symbols, and spaces are not allowed.

calcMetric_   RevenuePerUser

Formatting Type

Currency (Decimal) ▼

Formula

Start typing and you'll see a list of predefined metrics which you ca
minus operator as a negative is unsupported (i.e. A-B is supported,

{{Revenue}} / {{Users}}

▲ 사용자당 수익과 같은 지표를 생성할 수 있습니다.

이렇게 지표를 만들게 되면 맞춤 보고서나 대시보드에서 활용할 수 있습니다. 구글 시트에서 GA 데이터를 가져올 때 동일하게 활용 가능합니다. 별도의 계산식을 적용해서 2차 계산을 할 필요없이 바로 결과를 산출할 수 있으니 시간도 절약되고 업무 효율도 좋아지는 효과를 볼 수가 있습니다.

여러분 각자의 도메인 특성은 많이 다릅니다. 쇼핑몰은 쇼핑몰 나름대로의 지표가 있고, 콘텐츠 사이트는 그들 나름대로의 지표가 있습니다. 원하는 지표가 GA에 없으면 직접 만들어보시기 바랍니다. 계산된 측정항목으로 생성할 수 있는 지표를 몇 가지 더 알아보도록 하겠습니다.

1. 사용자 기반 전환율 (User Conversion Rate)

일반적으로 전환율이라 함은 해당 세션에서 목표가 발생했거나 구매가 이뤄졌을 때 카운팅됩니다. 따라서 사용자 기반으로 전환율을 계산하게 되면 실제 전환한 사람의 비율에 더 가까운 값을 얻을 수 있습니다. 물론 사용자가 쿠키를 지우거나 다양한 기기로 방문하는 경우를 따지면 100% 정확하진 않겠지만, 그래도 세션 전환율과 사용자 전환율을 비교해보면 그 안에서 또다른 인사이트를 도출할 수 있습니다. 가장 정확한 건 User-ID 기능을 적용해서 로그인 기반 사용자 전환율을 보는 것입니다. 자, 이제 계산식을 만들어보겠습니다.

{{목표 1 완료 수}} / {{사용자}} or {{거래수}} / {{사용자}}

기존 지표가 세션 기반이었으니 세션을 사용자로만 바꾸고 적절한 지표 이름을 지어주면 됩니다. 이렇게 만들어진 지표는 앞서 설명드린 바와 같이 대시보드나 맞춤 보고서에서 활용할 수 있습니다. 만약 2명의 사용자가 각각 5회의 세션을 일으키고, 각각 1회의 구매를 했다면 (단, 쿠키를 삭제하지 않고 동일 기기 사용 전제 하에) 아래와 같은 데이터가 산출될 것입니다.

- 세션 기반 구매 전환율 : 20%
- 사용자 기반 구매 전환율 : 100%

2. 무이탈 전환율 (Non-Bounce Conversion Rate)

이제 계산된 측정항목 기능에 대해 어느정도 감이 잡히시나요? 그럼 여기서 한번 더 데이터를 탐색해보겠습니다. 인사이트는 탐색하는 자의 것입니다. 즉, 세그먼트 하지 않으면 인사이트는 도출할 수 없다고 보시면 됩니다. 세그먼트를 사용하지 않는 분들은 GA의 겉부분만 본다고 해도 과언이 아닙니다.

일반적으로 산출되는 전환율에는 이탈한 세션도 포함이 되어 있습니다. 즉, 웹사이트에 방문해서 즉시 이탈한 사람들이 전환율 지표를 계산할 때 영향을 주는 것입니다. 하지만 그들은 빼고 지표를 볼 필요가 있습니다. 이탈하지 않은 세션의 전환율을 보는 것인데 이것을 '무이탈 전환율' 이라고 부릅니다. 그럼, 무이탈 전환율 지표의 공식을 만들어 보도록 하겠습니다.

{{목표 1 완료 수}} / ({{세션}} − {{이탈 수}}) or {{거래수}} / ({{세션}} − {{이탈 수}})

전환율을 구하는 공식의 세션 지표에서 이탈한 세션을 뺀 방문자로만 산출하는 것입니다. 이렇게 되면 매출에 직접적으로 기여한 세션의 데이터로만 결과를 산출하므로 비즈니스 측면에서 정확한 데이터를 얻을 수 있습니다. 결과적으로 기존 이탈률을 줄이고, 무이탈 전환율을 높이는 식으로 그로스해킹이 진행되어야합니다. 주의할 점은 지표 유형을 Percent로 해야 합니다.

이 외에도 비 반송율^{Non-Bounce Rate}, 세션당 가치^{Value of Sessions}와 같은 지표를 산출할 수 있습니다. 지표에 대한 고민은 혼자 하는 것보다 여럿이 모여서 하는 게 훨씬 많은 도움이 됩니다. 그렇게 하면 서로의 고민을 확인할 수 있고, 매출 개선을 위해 어떤 지표에 집중해야 하는지를 확연하게 알 수가 있습니다. 그러니 동료 분들과 더 많은 이야기를 나누시기 바랍니다. 잡담은 굉장히 생산적인 결과를 도출합니다.

CHAPTER 25

코호트 분석을
제대로 활용하는 방법

시간 흐름에 따라 세그먼트 된 데이터를 조회하려면 코호트 분석을 활용해야 합니다. 코호트 분석에서 포인트는 단순 재방문이 아닌 특정 액션을 한 고객의 재방문 데이터를 체크해야 한다는 것입니다.

동질 집단 분석은 서비스가 고객에게 얼마나 매력적인지를 판단할 수 있는 보고서 중 하나입니다. 동질 집단의 개념은 특정 기간 내에 공통된 특징을 가진 사용자 그룹입니다. 예를 들어, 장바구니에 상품을 추가한 여성 혹은 방문 후 이탈하지 않은 남성 사용자 집단이 동질 집단의 예시입니다. 동질 집단 분석 보고서는 잠재고객 메뉴에서 확인 가능합니다.

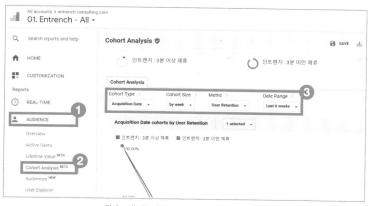

▲ 잠재 고객 메뉴에서 코호트 분석 데이터를 확인합니다.

분석을 할 때 유의하셔야 할 점은 데이터를 세분화하는 것입니다. 바꿔 말하면, 세분화시키지 않으면 분석이 아닙니다. 세그먼트 된 데이터로 분석을 하는 것과 평균 데이터로 분석을 하는 것의 차이는 굉장히 큽니다. 이를테면 회원 등급별 이탈률, CAC, LTV를 분석해 보면 충성고객과 비 충성고객의 차이가 확연히 드러납니다. 차이점을 발견했다면 분석의 절반은 달성한 것이나 다름없습니다. 무엇이 문제인지를 아는 게 분석의 목적이기 때문입니다.

※ CAC (Customer Acquisition Cost) : 고객유치비용, LTV (Life Time Value) : 평생고객가치

	Week 0	Week 1	Week 2	Week 3	Week 4	Week 5	Week 6
Non-bounce Sessions 50,971 users	98.64%	4.62%	2.85%	2.10%	1.48%	0.81%	0.10%
Feb 25, 2018 - Mar 3, 2018 8,753 users	98.40%	4.01%	2.54%	2.49%	2.16%	1.39%	0.10%
Mar 4, 2018 - Mar 10, 2018 8,204 users	98.10%	5.53%	3.04%	2.63%	1.95%	0.20%	
Mar 11, 2018 - Mar 17, 2018 8,390 users	98.22%	5.74%	4.59%	2.98%	0.31%		
Mar 18, 2018 - Mar 24, 2018 8,900 users	98.30%	5.84%	3.85%	0.39%			
Mar 25, 2018 - Mar 31, 2018 8,937 users	99.10%	5.16%	0.37%				
Apr 1, 2018 - Apr 7, 2018 7,787 users	99.76%	1.12%					
Made a Purchase 2,230 users	100.00%	27.62%	18.90%	15.25%	11.88%	9.12%	1.01%
Feb 25, 2018 - Mar 3, 2018 298 users	100.00%	23.83%	21.48%	19.80%	22.15%	17.11%	1.01%
Mar 4, 2018 - Mar 10, 2018 316 users	100.00%	36.71%	23.10%	20.57%	15.51%	1.58%	
Mar 11, 2018 - Mar 17, 2018 438 users	100.00%	34.47%	27.85%	19.41%	2.28%		
Mar 18, 2018 - Mar 24, 2018 410 users	100.00%	36.83%	24.15%	3.41%			
Mar 25, 2018 - Mar 31, 2018 496 users	100.00%	21.98%	2.42%				
Apr 1, 2018 - Apr 7, 2018 272 users	100.00%	6.62%					

▲ 비 이탈 세션 그룹과 구매자 그룹의 재방문 지표

캠페인을 진행하는 경우 동질 집단 분석 보고서에서 컨셉 혹은 혜택에 따른 재방문 및 매출 값을 확인 가능합니다. 역시 세그먼트를 생성해서 적용해야 확인할 수 있는 데이터입니다. 코호트 분석과 세그먼트는 짝꿍과 같은 존

재라고 생각하셔도 됩니다. 데이터를 분석하려면 집요해야 합니다. 코호트 분석을 통해 대단한 인사이트를 발견할 순 없지만, KPI의 보조 지표로 활용하기에는 무리가 없습니다.

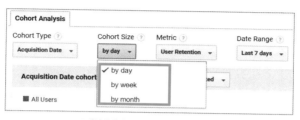

▲ 도메인 특성에 맞는 Cohort Size를 선택합니다.

주의하실 점은 데이터를 조회할 때 서비스 도메인에 맞는 동질 집단 크기 Cohort Size를 선택해야 합니다. 여기서 도메인이란 산업 혹은 서비스의 특성을 의미합니다. GA에서 조회할 수 있는 동질 집단 크기를 선택하고, 반드시 특정 액션을 수행한 그룹의 재방문율을 체크해야 합니다.

여행 서비스라면 일 단위로 재방문을 체크하기보다 주간 혹은 월간 단위로 방문자들이 퀵검색을 수행했는지를 조회하셔야 합니다.

반대로 웹툰 서비스의 경우 월별로 데이터를 조회하면 안 됩니다. 일별 혹은 주간 단위로 데이터를 조회해야 합니다. 여러분이 웹툰을 이용하는 패턴을 한번 생각해보시기 바랍니다. 웹툰은 보통 휴대폰으로 시간이 날 때 자신이 즐겨보는 작품이나 남들이 즐겨보는 작품을 봅니다. 일반 사용자를 충성 사용자로 전환시키기 위해 거의 매일 앱을 통해 푸시 알림이 날아오기 때문에 웹툰 사용자 데이터를 월별로 코호트 분석할 경우 큰 오류를 범하게 됩니다.

코호트 분석 보고서의 데이터는 제대로 해석하지 않으면 잘못된 액션을 도출할 가능성이 높고 조회되는 데이터 양이 많을 경우 샘플링 때문에 결과를 신뢰하기 힘들어 분석에서 자주 활용하는 보고서가 아닙니다. 때문에 여러 세그먼트를 적용해서 다양한 관점에서 데이터를 조회하는 작업이 필요합니다.

직접 유입 트래픽이
높은 이유는 무엇일까

데이터는 관리하지 않으면 효용 가치가 떨어집니다. 구글 애널리틱스의 직접
유입 트래픽도 마찬가지입니다. 직접 유입 트래픽의 의미와 데이터 정합성 관
리를 위한 팁을 알아봅니다

구글 애널리틱스 직접 유입 트래픽은 이전 페이지 경로가 없다는 것을 의
미합니다. 이전 페이지 경로가 없으니 직접 유입되었다고 판단하게 됩니다.
획득 메뉴에서 구글 애널리틱스는 구글 애드워즈 광고를 가장 우선적으로
분류하고, 캠페인 변수를 2번째로 분류합니다. 직접 유입 트래픽은 가장 나
중에 분류됩니다. 다시 말해, 알고리즘 순서도에 분류되지 않는 트래픽은 모
두 직접 유입으로 잡힌다고 이해하시면 됩니다. 그럼 과연 어떤 경우가 있을
까요?

※ 직접 유입 트래픽으로 분류되는 경우

- 웹문서 혹은 PDF 다운로드 링크 클릭 시
- 랜딩 링크에 캠페인 매개변수를 붙이지 않을 때
- 리퍼러Referral 정보가 유실되는 경우
- 서버 사이드Server-Side가 아닌 클라이언트 사이드Client-Side 리다이렉션 발생 시
- HTTPS 프로토콜에서 HTTP 프로토콜로 이동 시
- GA 코드 미설치 페이지에서 설치 페이지 이동 시
- 메시징Message 서비스를 통한 링크 클릭

직접 유입 트래픽이 모든 트래픽 중 80% 이상을 차지한다면, 랜딩 시 리다이렉션 과정이 있는지 확인합니다. 만약 서버 사이드 방식이 아니라 클라이언트 단에서 리다이렉션이 발생한다면 해당 트래픽은 직접 유입으로 분류됩니다. 클라이언트 단에서 리다이렉션이 발생하게 되면 이전 페이지 정보가 왜곡됩니다. 레퍼러 도메인이 동일하므로 직접 유입했다고 인식하는 것입니다. 이를 해결하기 위해서는 리다이렉션이 서버 단에서 이뤄지도록 개발팀에 수정 요청을 하셔야 합니다. 직접 유입 트래픽이 높게 확인되는 원인 중 대다수가 위와 같은 경우입니다.

☑ 정확한 캠페인 태깅과, 주기적인 데이터 정합성 검수 필요

직접 유입 트래픽 이슈를 해결하기 위해서는 캠페인 태깅을 정확하게 하고, 주기적으로 정합성 검수를 진행해야 합니다. 하지만 모든 데이터를 사람이 관리하는 건 불가능합니다. 따라서 맞춤 알림 기능을 활용하셔야 합니다. 맞춤 알림을 활용하면 관리자가 설정한 알림 조건이 충족될 경우 관리자에게 자동으로 이메일이 발송됩니다. 이를테면, 구글 애널리틱스 추적코드가 빠져서 세션이 0으로 측정될 경우 자동으로 이메일이 오기 때문에 빠른 대처를 할 수 있습니다. 맞춤 알림 기능에 대한 설명은 다음 챕터에서 설명드리겠습니다.

맞춤 알림을 활용한
데이터 자동 모니터링

문제를 해결하기 앞서 문제를 빠르게 발견하는 것은 굉장히 중요합니다. 수집되는 데이터의 양이 많기 때문에 사람이 모든 데이터를 실시간으로 모니터링하는 것은 불가능합니다. 자주 사용하는 맞춤 알림의 종류에 대해서 알아봅니다.

맞춤 알림은 이름 그대로 원하는 조건이 충족되었을 때 이메일로 알림이 오는 기능입니다. 여러분이 사용하시는 스마트폰의 캘린더 App에 일정을 등록하면, 시간이 되었을 때 알림이 오는 것과 동일한 기능이라고 생각하시면 됩니다.

맞춤 알림 기능은 왜 설정해야 할까요? 사람이 모든 데이터를 일일이 체크할 수 없기 때문입니다. 핵심 지표의 경우 일 단위로 체크할 수 있지만, 그 외 다른 지표 추이는 매일 체크하기 어려운 게 사실입니다. 이러한 경우 알림이 오는 조건을 설정하고 이메일로 알림을 받게 되면 보다 빠른 조치를 취할 수 있습니다.

만약, 전주 대비 PC 매출이 20% 이상 하락하면 알림이 오도록 설정했다고 가정해봅시다. 요즘 쇼핑몰 매출을 보면 대부분 모바일 매출이 PC보다 많습니다. 일반적으로 모바일 트래픽이 많기 때문입니다.

맞춤 알림을 설정하지 않았을 경우, 실제 PC 매출이 전주 대비 20% 하락하더라도 바로 발견하지 못할 가능성이 높습니다. 매일 기기별 매출을 확인하지 않는 이상 이를 발견하기란 쉽지 않습니다.

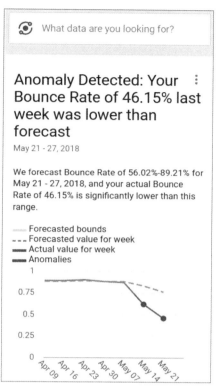

▲ 지능형 알림은 데이터 변화가 있을 때 알려줍니다.

맞춤형 알림을 설정하지 않을 경우 GA 지능형 알림이 데이터 변화를 감지할 수도 있습니다. 지능형 알림 인공지능의 학습 능력이 이전 대비 많이 좋아졌습니다. 위 화면을 보시면 이탈률Bounce Rate이 예상보다 적게 측정되고 있으니, 데이터를 다시 한번 체크해보라는 내용입니다.

기존에 진행하던 광고를 중단하고 최근 콘텐츠를 많이 작성했더니 이탈률이 많이 낮아졌습니다. 역시 광고보다는 제대로 된 콘텐츠가 웹사이트에 긍정적인 지표를 가져옵니다.

아쉽게도 아직은 지능형 알림이 한국어 서비스를 제공하지 않아 영어로 질문을 해야 하지만 문제는 언어가 아니라 무엇을 질문해야 할지 모른다는 것에 있습니다. 제대로 된 질문을 하지 못하면 분석의 깊이가 떨어질 수밖에 없습니다. 때문에 여러분의 서비스에 방문한 고객의 데이터에 많은 관심을 가져야 합니다.

맞춤 알림 기능은 데이터가 특정 조건과 일치할 때 빠른 대처를 위해 알림을 설정한다고 이해하시면 되겠습니다. 주의할 점은 너무 많은 알림을 설정할 경우, 정작 중요한 알림을 놓칠 수 있습니다. 알림이 자주 와서 알림에 무뎌지면 안 됩니다. 그럼 어떻게 해야 할까요?

정말 중요한 알림만 설정해야 합니다. 이를테면, GA 세션이 0으로 잡힌다거나 매출이 전주 대비 90% 이상 하락하는 경우입니다. 스크립트가 누락되거나 매출이 급락하는 것보다 중요한 알림이 있을까요?

▲ 맞춤 알림은 보기(View) 설정 메뉴에 있습니다.

GA에서 필수로 설정하면 좋은 맞춤 알림에 대해 몇 가지 알려드리겠습니다. 맞춤 알림은 위 화면에서처럼 보기View 설정 메뉴에 접속하면 추가할 수 있습니다.

1. GA 추적 코드 누락

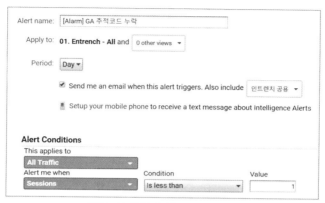

▲ 추적코드가 누락되면 데이터는 수정되지 않습니다.

GA 추적 코드가 누락되면 어떤 일이 발생할까요? 일단 데이터가 수집되지 않습니다. 당연히 매출 데이터도 측정되지 않습니다. 때문에 이런 상황이 오면 빠른 대처를 해야 합니다.

위 화면은 세션이 1보다 작을 때 이메일로 알림이 오도록 설정한 화면입니다. 하지만 이렇게 알림을 설정하더라도 트래픽은 당연히 매일 측정을 하셔야 합니다. 왜냐하면 알림도 하루 단위로 메일이 오기 때문입니다. 위와 같이 긴박한 이슈는 최대한 빠르게 발견하는 게 좋습니다.

2. 전일 대비 매출 90% 하락

▲ 매출 하락보다 중요한 알림은 없습니다.

쇼핑몰에서 매출보다 중요한 지표는 없습니다. 전일 대비 매출이 90% 하락했다면 둘 중 하나입니다. 결제 완료 페이지에 스크립트가 누락되었거나, 결제 프로세스에 심각한 오류가 발생한 경우입니다. 고객은 여러분이 생각하는 것보다 친절하지 않습니다. 에러는 서비스 담당자가 최대한 빨리 발견해야 합니다.

매출 지표가 전일 대비 90% 감소했을 때 이메일로 알림이 오는 설정 화면입니다. 쇼핑몰이라면 반드시 설정해야 하는 알림입니다. 물론 DB 접수 혹은 브랜드 홈페이지는 설정할 필요가 없습니다. 매출이 발생하지 않기 때문입니다. 매출이 없는 경우 목표 전환율Goal Conversion Rate 혹은 목표 가치 Goal Value로 지표를 대체하시기 바랍니다.

3. 에러 페이지 노출 빈도 상승 시

▲ 에러 페이지가 자주 노출되면 사용자는 실망하고 떠나게 됩니다.

여러분이 특정 웹사이트에 접속해서 페이지를 탐색하는데 에러 페이지가 노출되면 기분이 어떠실까요? 실망을 안고 다른 웹사이트로 이탈할 가능성이 큽니다. 때문에 에러 페이지 노출 빈도가 상승하면 알림을 통해 이를 빠르게 조치해야 합니다.

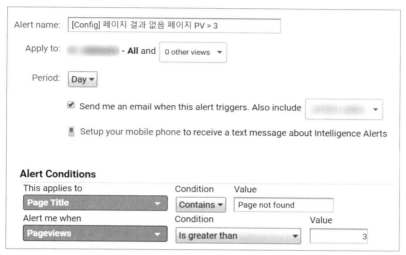

▲ 제목에 Page not found를 포함하고, PV가 3보다 클때 알림이 오는 설정

위 알림 설정 화면을 보시면 페이지 제목에 'Page not found'가 포함하고, PV가 3보다 클 때 알림이 오게 됩니다. 페이지 제목으로 에러 페이지를 구분할 수 없다면 다른 방법을 찾거나, 개발팀에 에러 페이지가 노출될 때 페이지 제목을 변경해달라고 요청하시기 바랍니다.

Custom Alerts

Dear Google Analytics User,

The following Google Analytics custom **alerts** have triggered. To see more details or to adjust your custom **alert** settings, please sign in to your Google Analytics account and access custom **alert** settings in Admin.

Date	Property	View	Alert Title
May 24, 2018			

▲ 맞춤 알림을 설정하면 그에 따른 이메일을 받게 됩니다.

맞춤 알림을 설정하면 위와 같은 이메일을 받게 됩니다. 알림의 제목만 봐도 어떤 내용인지 파악이 되어야 합니다. 알림을 설정할 때 목표와 관련된 알림인지 정말 중요한 알림인지 파악하기 쉽도록 말머리 기호를 붙이는 것을 권장드립니다.

Name	Period
[Alarm] GA 추적코드 누락	Day
[Alarm] 전주 대비 이탈율 10% 하락	Week
[Alarm] 키워드 광고 Daily 트래픽 1보다 작을 때	Day
[Config] 세션수 전주 대비 20% 증가	Week
[Config] 페이지 결과 없음 페이지 PV > 3	Day
[Goal] DB 문의 Value 전월 대비 20% 증가	Month
[Goal] 뉴스레터 구독 Value 전주 대비 20% 증가	Week

▲ 맞춤 알림 제목 앞에 말머리를 붙여줍니다.

절대적 수치보다는 비율을 사용하는 게 좋습니다. 물론 추적 코드 누락 알림은 비율을 사용할 수 없습니다. 하지만 세션이 전주 대비 20% 증가하는 알림의 경우 절대적인 수치보다 비율로 해야 전체적인 동향을 파악할 수 있습니다.

지금까지 GA 맞춤 알림 기능에 대해 알아봤습니다. 문제를 빠르게 발견하는 것은 중요합니다. 그렇게 해야 신속하게 대처할 수 있기 때문입니다. 하지만 너무 알림에만 의존해서도 안 됩니다. 핵심 지표는 매일 모니터링하고 핵심지표를 제외한 부분은 알림으로 모니터링해야 합니다.

자산 공유를 활용한 보고서 공유하기

구글 애널리틱스 맞춤 보고서 또는 세그먼트를 동료들에게 공유하기 위해서는 어떻게 해야 할까요? 맞춤 자산 기능을 활용해야 합니다. 링크가 공유되더라도 데이터는 공유되지 않는 점을 반드시 기억해주시기 바랍니다.

목표는 동일하게 적용해야 하는데, 보기Ｖｉｅｗ가 다수인 경우 특히 유용한 기능입니다. 자산 공유 기능이 없으면 동일한 작업을 계속 반복해야 할 텐데, 그렇게 하지 않아도 됩니다. 엑셀을 잘 활용하시는 분들은 남들이 1시간 동안 할 작업을 5분 안에 끝냅니다. 이와 비슷한 경우라고 보시면 됩니다.

☑ 맞춤 보고서나 세그먼트는 개인 계정 단위로 생성됩니다.

목표를 제외한 맞춤 보고서나 세그먼트는 개인 계정 단위로 생성되기 때문입니다. 다른 사람에게 결과물을 공유하려면 맞춤 자산 기능을 활용하거나 공유를 할 수 있는 링크를 받아야 합니다. 링크를 받아서 적용하더라도 보고서의 템플릿이 공유되는 것이지, 데이터는 공유되지 않습니다. 구글 애널리틱스 인증 시험을 응시하면 이러한 개념을 묻는 문제가 나옵니다. 위 내용을 확인하셨다면 정답을 맞힐 수 있겠죠?

문제: 맞춤 보고서를 공유하면 해당 보고서의 데이터가 공유된다.

(Sharing a Custom Report will share the data in that report)

정답 : 거짓 (False)

맞춤 보고서를 다른 사람에게 공유하려면, 아래 그림처럼 맞춤 보고서 목록에서 우측 드롭박스 클릭 후 공유Share 메뉴를 선택하면 됩니다. 그렇게 하면 공유할 수 있는 URL이 생성됩니다. 주소창에 링크를 붙여 넣고, GA 보기View를 연결하면 동일한 맞춤 보고서를 사용할 수 있습니다.

▲ 원하는 맞춤 보고서를 선택하고 공유 버튼을 누릅니다.

맞춤 보고서뿐만 아니라 대시보드, 세그먼트도 개인 계정 단위로 생성됩니다. 특정 사용자가 생성한 항목은 본인만 열람할 수 있는 것입니다. 자산 공유 기능은 GA 보기View 설정 메뉴에서 접근 가능합니다. 공유하려는 항목을 검색한 뒤 공유 링크를 받으면 됩니다. 여기서는 목표Goal도 공유할 수 있습니다. 때문에 보기View가 많은데 동일한 목표를 그대로 적용할 때 유용합니다.

▲ 보기(View) 설정 〉 '자산 공유'에서 검색합니다.

GA에 익숙하지 않은 분들이 원하는 데이터를 바로 조회하기란 쉽지 않
습니다. 만약 여러분이 데이터를 분석하고 관리하는 담당자라면, 자주 사
용되는 맞춤 보고서나 세그먼트를 별도의 구글 시트에 기입하고 주기적으
로 업데이트하는 게 좋습니다. 그렇게 하면 매번 다른 분들이 데이터를 요
청할 때 반복적인 작업을 하지 않아도 됩니다.

▲ 자산 갤러리에서 맞춤 보고서를 검색합니다.

GA는 전 세계 사용자들이 사용하는 도구이므로 이미 공유된 자산이 많
습니다. 자산 공유 메뉴에 접속해서 갤러리 메뉴를 선택하면 아래 그림처
럼 검색을 통해 사람들이 자주 인용한 맞춤 보고서나 대시보드 템플릿을
내려받을 수 있습니다. 대시보드를 설계할 때 남들이 설계한 화면을 보면
서 참고하시면 됩니다.

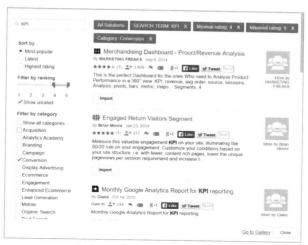

▲ 조건에 맞는 맞춤 보고서나 세그먼트 템플릿 내려받기

　지금까지 GA에 있는 공유 자산 기능에 대해 알아봤습니다. 앞서 말씀드렸지만 동일한 목표를 여러 보기에 동시에 적용할 때 시간을 많이 단축시킬 수 있고, 기존에 생성한 리마케팅 잠재고객 모수 조건을 다른 계정에 적용할 때도 유용하게 쓰입니다. 서비스 분석을 위해 자주 사용하시는 세그먼트나 맞춤 보고서가 있다면 동료 분들에게 자산을 공유해보시기 바랍니다.

특정 페이지 전후 이동 패턴 체크하기

구글 애널리틱스는 여러분이 특정 페이지에서 어디로 이동했는지를 데이터로 수집합니다. 페이지 전후 경로가 궁금하신다면 탐색 요약 기능을 활용해서 데이터를 조회해봅니다.

마케팅 캠페인 혹은 자연 유입을 통해 웹사이트에 고객이 방문하면 GA에서 유입된 트래픽과 이탈률 등의 데이터를 확인할 수 있습니다. 이때, 광고 집행 시 확인되는 클릭 및 노출 지표와 클릭 이후의 행동 지표를 반드시 같이 보아야 합니다. 그래야 액션을 위한 분석 인사이트를 도출할 수 있습니다.

광고를 통해 랜딩된 페이지에서 가장 중요한 지표는 이탈률입니다. 최초 랜딩 후 추가로 액션이 발생해야 기획이 잘 된 경우입니다. 지표가 좋지 않다면 즉각 랜딩 페이지 수정을 해야 합니다. 기획자와 디자이너, 개발자가 애써 페이지를 생성했는데, 이탈률이 90%가 넘는다면 비효율적으로 서비스를 운영하는 것입니다. 이를 수정하지 않는 것은 어떻게 보면 마케팅 담당자의 직무 유기입니다. 가장 권장드리는 방법은 페이지를 오픈할 때부터 A/B 테스트를 통해 고객의 반응을 살피고 수정하면서 랜딩 페이지를 최적화하는 것입니다.

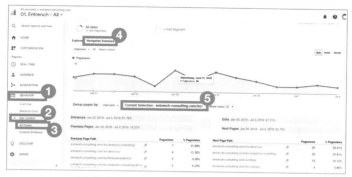

▲ 행동 메뉴의 모든 보고서에 접속한 뒤, 탐색 요약 Tab을 클릭합니다.

고객이 웹사이트 랜딩 후 다른 페이지로 이동 시, GA에서 해당 데이터를 보려면 어떻게 해야 할까요? 행동 메뉴에서 모든 페이지 보고서에 접속하면, 각 페이지별 트래픽을 확인할 수 있습니다. 여기서 특정 페이지 URL을 클릭하면 페이지 전후로 유입되거나 이탈한 경로 파악이 가능합니다.

Next Page Path	Pageviews	% Pageviews
entrench-consulting.com/ko/about-us/	20	29.41%
entrench-consulting.com/ko/analytics-consulting/	20	29.41%
entrench-consulting.com/ko/blog/	13	19.12%
entrench-consulting.com/ko/contact/	4	5.88%
entrench-consulting.com/ko/data-management/	4	5.88%
entrench-consulting.com/ko/growth-hacking/	2	2.94%

▲ 다음 페이지로 이동한 경로가 보여집니다.

만약 고객이 기획자가 의도한 방향으로 행동하지 않을 경우, 페이지를 수정할 필요가 있습니다. 페이지에서 가장 많이 이동하는 경로가 어디인지, 얼마나 많은 사람들이 이탈하는지 확인하시기 바랍니다. 이러한 정보를 탐색 요약Navigation Summary 보고서를 통해 고객이 어디로 이동했는지, 이탈한 사람은 얼마나 되는지 등을 분석합니다.

GROUP USING RULE DEFINITIONS			
+ **Create a rule set**			
1. ⠿ 블로그		User defined	✎ ×
2. ⠿ 컨설팅		User defined	✎ ×
3. ⠿ 회사소개		User defined	✎ ×
4. ⠿ 문의		User defined	✎ ×
5. ⠿ 메인		User defined	✎ ×

▲ 콘텐츠 그룹은 페이지를 카테고리 단위로 묶어줍니다.

데이터를 조회할 때 콘텐츠를 그룹 단위로 묶어서 조회하는 것도 가능합니다. 이를 위해서는 사전에 콘텐츠 그룹 설정을 해둬야 합니다. 콘텐츠 그룹 설정은 성격이 비슷한 콘텐츠를 하나로 묶는 개념입니다. URL 패턴 중 일부가 동일한 경우 콘텐츠 그룹으로 묶어서 분석하면, 전반적인 행동 패턴 흐름을 확인할 수 있습니다. 콘텐츠 그룹 설정 방법은 다음 글에서 좀 더 자세히 설명드리겠습니다.

분석을 잘하려면 집요해야 합니다. 핫자나 뷰저블 같은 히트맵 도구는 GA와 함께 활용하면 시너지가 큽니다. 정성적인 데이터를 정량적으로 시각화 할 수 있는 도구이기 때문입니다. 구글 애널리틱스 활용법에 대해 집중 설명드리지만, 툴에 갇히게 되면 분석을 위한 시야도 좁아집니다. 전환율 개선을 위해 적절한 도구를 찾고, 이를 혼합해서 활용하는 능력이 바로 마케터(그로스 해커)의 역량입니다.

CHAPTER 30

카테고리 행동 패턴은
어떻게 분석할까

콘텐츠 그룹은 페이지를 그룹 단위로 묶어서 고객의 행동 패턴을 분석하는 방법입니다. 페이지 URL 패턴이 복잡하거나 다양해서 이를 묶어서 분석할 필요가 있는 경우 유용합니다. 콘텐츠 그룹을 설계할 때 주의할 점에 대해 알아봅니다.

콘텐츠 그룹을 통해 데이터를 조회하면, 페이지 단위로 조회하는 게 아니라 특정 그룹 단위로 행동 패턴을 조회할 수 있습니다. 구체적으로 콘텐츠 그룹을 설정하는 방법과, 그룹을 설계하면 어떤 점이 좋은지 알아보겠습니다.

▲ 보기(View) 설정 메뉴에서 콘텐츠 그룹 메뉴를 선택합니다.

우선, 콘텐츠 그룹은 보기View 단위로 설정할 수 있습니다. 보기 설정 메뉴에 접속하면 콘텐츠 그룹 메뉴가 있는데 그룹은 총 5개까지 설정할 수 있습니다. 일단 그룹을 설계하려면 웹사이트 구조를 정확하게 파악하고 있어야 합니다. 어떤 카테고리가 있고, 결제를 위해서는 어떤 프로세스를 거쳐야 하며, 모바일과 PC의 URL 패턴은 어떠한지 등등 어느 누구보다 웹사이트를 꿰차고 있어야 합니다. 그렇지 않으면 콘텐츠 그룹을 설계하더라도 데이터가 제대로 분류되지 않을 것입니다.

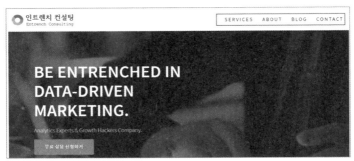

▲ GNB 메뉴에는 웹사이트 구조가 담겨 있어야 합니다.

웹사이트의 구조는 상단 Navigation 메뉴로 파악할 수 있습니다. GNB라고도 부르는데 각 카테고리별 URL 패턴에는 일정한 규칙이 있습니다. 예를 들어, 블로그 카테고리의 URL에는 blog 라는 단어가 있습니다. 만약 URL 패턴을 통해 해당 페이지의 컨셉 혹은 성격을 파악할 수 없다면 웹에 대한 설계가 다시 진행되어야 합니다.

GROUP USING RULE DEFINITIONS

+	Create a rule set	
1.	블로그	User defined
2.	컨설팅	User defined
3.	회사소개	

Define rules

| Page ▾ | matches regex ▾ | about-us\|author | | − | OR | AND |

Done Cancel

▲ 웹페이지 URL가 체계적으로 설계되면 분석이 수월해집니다.

그룹에 어떤 항목을 넣어야 할지 감이 잡히지 않으시면, GNB 메뉴를 그대로 넣습니다. 그리고 각 그룹에 속한 URL에서 발견한 공통 패턴을 입력 필드에 넣으면 됩니다. 그렇게 하면, GA에서 그룹 단위로 데이터를 조회할 수 있습니다. 이전 데이터에는 소급 적용되지 않고 설정한 이후부터 콘텐츠 그룹 데이터를 볼 수 있습니다.

▲ 페이지를 카테고리 단위로 분석할 수 있습니다.

콘텐츠 그룹을 설계하면 데이터는 행동 메뉴의 모든 트래픽 보고서에서 확인합니다. 방문자가 어느 카테고리를 많이 조회하는지 파악할 수 있습니다. 여기서 주의할 점은 콘텐츠 그룹에서 조회되는 (not set) 항목의 트래픽 비중을 3% 내외로 낮게 유지해야 합니다. 해당 항목은 말 그래도 분류되지 않은 데이터입니다. 가급적 방문한 데이터가 담당자가 설계한 그룹에 속할 수 있도록 해야 데이터 관리를 잘하는 것입니다.

Group pages by:	인트렌치 콘텐츠그룹 (Conte... ▼	Current Selection: 메인	Show rows: 10 ▼			

Entrances Jun 22, 2018 - Jul 5, 2018: 85.60%

Previous Pages Jun 22, 2018 - Jul 5, 2018: 14.40%

Exits Jun 22, 2018 - Jul 5, 2018: 71.47%

Next Pages Jun 22, 2018 - Jul 5, 2018: 28.53%

인트렌치 콘텐츠그룹 (Previous Content Group)	Pageviews	% Pageviews	인트렌치 콘텐츠그룹 (Next Content Group)	Pageviews	% Pageviews
메인	19	33.93%	컨설팅	39	35.14%
블로그	14	25.00%	회사소개	26	23.42%
컨설팅	13	23.21%	블로그	22	19.82%
회사소개	9	16.07%	메인	19	17.12%
문의	1	1.79%	문의	4	3.60%

▲ 특정 페이지 전후 이동 경로를 확인합니다.

추가로 탐색 요약Navigation Summary 기능을 활용하면, 특정 콘텐츠 그룹 전후 행동 패턴을 파악할 수 있습니다. 모든 사용자별 정확한 행동 패턴을 파악할 수 없더라도, 대략적인 줄기는 즉각 확인 가능합니다. 이를 통해 고객이 UX 기획자가 의도한 대로 행동하는지를 분석하고, 이를 서비스에 반영할 수 있습니다.

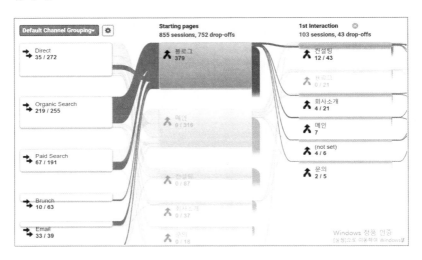

채널 단위로 행동 흐름 보고서를 조회하는 경우도 콘텐츠 그룹은 유용합니다. 위 그림을 보시면 해당 웹사이트는 자연 유입을 통해, 블로그 카테고리로 많은 유입이 발생하고 있습니다. 블로그 조회 후 다수의 이탈이 발생하고 있으니 연관된 콘텐츠를 추가로 노출하는 전략을 고민해 볼 수 있습니다.

지금까지 콘텐츠 그룹을 설정 방법과 데이터를 조회할 때 활용 예시에 대해 설명드렸습니다. 콘텐츠 그룹은 설계해놓으면 나중에 빛을 발하는 데이터입니다. 단, 데이터는 주기적으로 조회하면서 정확히 그룹 단위로 분류되게 해야 합니다.

샘플링은 해결책이 정녕 없는 건가요

샘플링은 통계학에서 분석을 위해 자주 사용되는 기법입니다. 구글 애널리틱
스 역시 조회되는 데이터의 양이 많을 경우 데이터에 샘플링이 적용됩니다.
데이터 샘플링 적용을 비하는 팁에 대해 알아봅니다.

샘플링은 통계학에서 널리 사용되는 분석 기법입니다. 일반적으로 대용
량 데이터를 분석하려면 굉장히 많은 시간이 소요되는 데샘플링은 데이터
가 처리되는 시간을 줄여줍니다. 또한 원본과 유사한 결과 데이터를 얻을 수
있습니다. 쉽게 말해, 원본 데이터의 일부를 가지고 전체 결과를 추산하는
방법입니다.

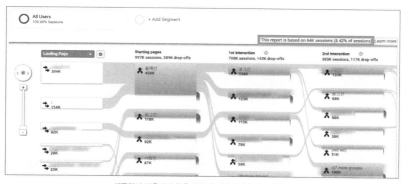

▲ 샘플링이 적용되면 우측 상단에 샘플링 비율이 표기됩니다.

샘플링을 적용되면 GA에서는 샘플링 비율이 표기됩니다. 위 그림의 오른

쪽 상단을 보면 노란색으로 샘플링 비율이 표기되고 있습니다. 전체 세션에서 약 8.4% 데이터를 가지고 행동 흐름 보고서를 보여주고 있습니다. 구글 애널리틱스 프리미엄(유료)을 사용하면 샘플링이 될 확률이 낮아지긴 하지만, 그렇다고 해서 샘플링이 걸리지 않는 건 아닙니다. 다시 말해, 유료를 사용해도 샘플링에서 벗어날 순 없습니다. 무료와 유료 제품의 샘플링 기준치는 아래와 같습니다.

- 애널리틱스 표준 : 속성Property 수준에서 사용 중인 기간에 세션 50만 회
- 애널리틱스 360 : 보기View 수준에서 사용 중인 기간에 세션 1억 회

▲ GA 속성 설정에서 기간별 Hit 볼륨을 확인합니다.

데이터에 샘플링이 적용되면 근사치의 결과를 얻을 수는 있지만, 100% 정확한 데이터가 아닙니다. 조회한 데이터의 양이 많은 경우, 두 번째 측정 기준을 적용하거나 세그먼트 혹은 맞춤 보고서로 데이터 조회 시 바로 샘플링이 걸립니다. 분석하는 입장에서 정확하지 않은 데이터로 분석하기란 사실 고민이 많이 되는 일입니다. 이를 해결하는 방법은 없는 걸까요?

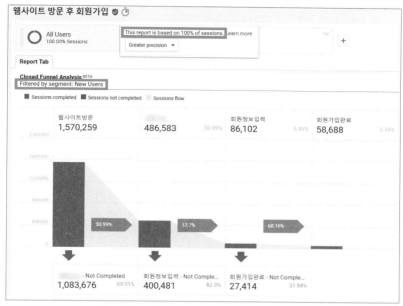

▲ 맞춤 패널에 세그먼트를 적용해도 샘플링이 걸리지 않는 GA 유료 버전

사실 유료 버전을 사용하면 행동 흐름 보고서를 제외하고는 샘플링에서 거의 자유롭습니다. 뿐만 아니라 퍼널Funnel을 설계해도 기존에 누적된 데이터가 소급 적용되므로, 무료로 사용할 때보다 훨씬 더 양질의 분석 결과를 얻을 수 있고 빅쿼리를 활용해서 질의Query를 날리면 원본 데이터를 자유자재로 내려받을 수 있습니다.

하지만 그렇다고 모든 계정이 유료 버전을 도입할 순 없습니다. 일단 비용 이슈가 큽니다. 1년에 최소 15만 달러에 해당하는 금액을 지불할 회사는 많지 않습니다. 때문에 무료를 사용하면서 최대한 샘플링을 피하는 방법을 찾아야 합니다. 완벽하게 해결하긴 어려워도 아래 3가지 방법을 따르면 샘플링에서 조금은 자유로워질 수 있습니다.

1. 높은 샘플링 정확도 적용하기

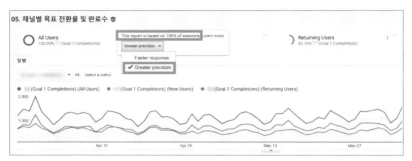

▲ 샘플링 정확도를 높게 적용합니다.

　샘플링되는 데이터 크기가 클수록 결과는 원본에 가깝습니다. 반대로 샘플링 데이터 크기가 작으면 원본과 차이가 날 가능성이 높아집니다. 따라서 빠른 결과를 확인하는 설정보다는, 정확도를 높이는 샘플링 설정을 유지할 경우 샘플링에서 조금은 자유로워집니다. (높은 정확도 설정을 유지해도 샘플링은 걸리곤 합니다.)

2. 샘플링 가능성 애초에 차단하기

　구글 애널리틱스에서 샘플링이 걸리는 대표적인 경우는 세그먼트를 적용하거나 맞춤 보고서 데이터를 조회하는 경우입니다. 따라서 자주 조회하는 맞춤형 데이터가 있는 경우, 해당 데이터 조회만을 위한 보기View를 별도로 생성하면 됩니다.

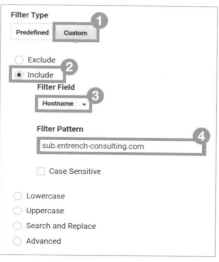

▲ 서브 도메인 트래픽만 수집하는 필터를 적용하는 예시

그러면 필터링된 데이터가 수집되므로 샘플링이 걸릴 확률이 줄어듭니다. 물론 세그먼트나 맞춤 보고서로 조회하는 경우 샘플링은 걸릴 수 있지만, 가능성이 확실히 줄어듭니다. 위 그림은 서브 도메인 트래픽만 유입되도록 보기 필터를 적용한 예시입니다. 저렇게 설정하면 'sub.entrench-consulting.com' 도메인으로 시작하는 데이터만 수집이 됩니다. 따라서 서비스의 일부 데이터만 수집되므로 샘플링이 걸릴 확률이 낮아집니다.

3. 애널리틱스 캔버스 3rd Party 도구 활용 (Analytics Canvas)

샘플링이 걸리는 이유는 조회한 기간의 데이터의 양이 많기 때문입니다. 따라서 데이터를 분할해서 조회하면 샘플링이 걸리지 않게 됩니다. 이러한 작업을 도와주는 도구 중 하나가 바로 애널리틱스 캔버스입니다. 무료는 아닙니다. 유료입니다. 기능에 따라 비용이 월 49$부터 499$까지 다양합니다.

다시 말해, 업무 생산성을 도와주는 도구입니다. 무료 기간이 있으니 한번 체험해보고 사용하는 것도 나쁘지 않을 듯합니다. (단, 사용 방법은 다소 어렵고 한글 지원이 되지 않습니다.)

지금까지 구글 애널리틱스 샘플링과 이를 피할 수 있는 완벽하지 않은 해결책을 소개드렸습니다. 서비스의 트래픽은 높은데 예산이 충분하다면 구글 애널리틱스 프리미엄을 사용하시기 바랍니다. 하지만 트래픽은 많지만 예산은 부족한 경우라면, 일단 무료를 최대한 활용하고 샘플링을 피해서 분석하는 방법밖에 없습니다. 구글 애널리틱스를 메인 분석 도구로 활용할 것이라면 말입니다. 유료를 사용해서 라이센스 비용 이상의 매출을 창출할 수 있다면 유료 사용을 적극 권장드립니다.

샘플링 때문에 분석을 못하겠다 라는 건 비겁한 변명입니다. 완벽한 데이터란 있을 수 없습니다. 비즈니스의 상황과 데이터의 추이를 보면서 적절한 도구를 찾는 게 그로스 해커의 역할입니다.

데이터 분석과 요리의 공통점

재료가 좋고 설계가 훌륭하면 맛있는 결과물이 나옵니다. 데이터 분석과 요리의 공통점 3가지에 대해 알아봅니다. 뭐든 정성과 시간이 들어가야 받는 사람이 감동하는 법입니다.

여러분은 평소에 요리를 즐겨하시나요? 저는 퇴근 후 혹은 주말에 요리를 자주합니다. 지난 주말, 요리를 하기 위해 재료를 씻고 다듬는데, 문득 데이터 분석과 요리가 비슷하다는 생각을 하게 되었습니다. 고민해보니 비슷한 점이 꽤 많았습니다. 과연 어떤 공통점이 있을까요?

1. 재료가 좋아야 결과물도 좋다.

맛있는 요리가 탄생하려면 일단 재료가 좋아야 합니다. '생각의 기쁨'이라는 책의 저자 유병욱 님은 책 속에서 '좋은 고기는 양념을 치지 않는다.'라는 문장을 좋아한다고 언급했습니다. 정말 재료가 좋지 않으면 양념을 많이 치게 됩니다. 좋지 않은 것을 숨겨야 하기 때문입니다. 좋은 재료는 양념을 굳이 하지 않아도 맛있는 경우가 많습니다.

데이터 분석도 동일합니다. 분석을 하기 위한 재료, 즉 데이터의 질이 좋아야 합니다. 데이터의 질을 좋다는 것은 바꿔 말하면, 불필요한 데이터가 섞이지 않았다는 의미입니다. 분석을 할 때 데이터를 내려받아 바로

32 _ 데이터 분석과 요리의 공통점 · **129**

분석을 하는 경우는 없습니다. 데이터를 정재하는 데이터 클린징 작업이 필요합니다. 요리를 하기 위해 마트나 시장에서 재료를 구매하면 깨끗이 씻고 상처가 난 부분은 도려냅니다. 데이터 분석도 동일한 과정을 거치게 됩니다.

정확하지 않은 데이터로 분석을 하게 되면 결과물도 신뢰하기 힘듭니다. 이런 상황에서는 데이터 분석을 하기 전에 데이터 정합성을 높이는 작업에 우선순위를 두는 게 좋습니다. 정합성이 확보된 상태에서 분석을 진행해도 늦지 않습니다. 오히려 잘못된 데이터로 엉뚱한 액션을 하는 건 결과적으로 볼 때 옳은 방향이 아닙니다.

2. 설계를 잘하면 작업이 순조롭다.

데이터 분석을 하기 위해서, 데이터 기획 역량이 필요하다고 이전 글에서 말씀드렸습니다. 데이터를 기획한다는 것은, 가설을 검증하기 위해 어떤What 데이터를 어떻게How 수집하는지를 말합니다.

요리도 마찬가지입니다. 재료를 구입하고 바로 조리를 하는 것보다는, 레시피를 찾아보고 본인만의 레시피를 정한 뒤 재료를 정갈하게 다듬은 후에 요리를 하는 게 좋습니다. 그래야 맛있는 요리가 탄생합니다. 결과물이 어느 한순간에 뚝딱 나오는 건 영화나 드라마에서나 가능한 일입니다.

3. 정성을 들여야 먹는 사람이 감동한다.

마지막으로 요리와 데이터 분석은 정성이 들어가야 합니다. 먹는 사람을 생각하면서 만드는 요리는 태도부터가 다릅니다. 엄마들이 아기에게 좋은 음식만 먹이려는 것과 비슷합니다. 재료가 아무리 좋아도 요리사와 분석가의 역량에 따라 결과물은 큰 차이를 보이게 됩니다.

경험이 없는 신입사원은 아무리 이론을 빠삭하게 알고 있어도, 고객을 설득할 수 있는 보고서를 작성하기란 쉽지 않습니다. 이는, 경험이 없기 때문입니다. 모든 분야가 그렇겠지만 데이터 분석은 머리만 똑똑하다고 잘할 수 있는 분야는 아닙니다.

요리도 많이 해봐야 실력이 늡니다. 경험이 없는 요리사가 특급 주방장의 레시피를 그대로 따라 해도 결정적으로 맛에서 차이가 납니다. 맛의 차이는 경험의 차이에서 옵니다. 얼마나 많은 경험을 해봤는지가 실력을 결정합니다. 역량을 키우려면 많이 해보는 방법 외에는 없습니다.

처음에는 남들이 하는 것을 보고 그대로 따라해보고, 실력이 어느 정도 늘면 본인만의 레시피를 시도해야 합니다. 시도하지 않으면 얻을 수 있는 결과물은 없습니다. 제가 좋아하는 소설가 김연수 님은 산문집 '소설가의 일'에서 경험과 시도에 대해 이렇게 언급했습니다.

> **아무런 일도 하지 않는다면, 상처도 없겠지만 성장도 없다. 하지만 뭔가 하게 되면 나는 어떤 식으로든 성장한다. 심지어 시도했으나 무엇도 제대로 해내지 못했을 때조차도 성장한다.**
>
> 소설가 김연수

경험상 많은 기업에서 데이터를 쌓고는 있지만, 쌓은 데이터로 분석적 시도를 하는 경우는 많지 않은 듯합니다. 고객을 이해한 상태에서 세그먼트를 생성하고, 새로운 분석적 접근을 해봐야 인사이트를 얻을 수 있습니다. 아무리 인공지능이 발달해도 분석을 통한 인사이트 발견은 사람의 몫이 될 가능성이 큽니다. 때문에 기업은 도구가 아닌 사람에 투자해야 합니다. 지금까지 요리와 데이터 분석의 공통점에 대해 글로 정리했습니다. 위에서 언급한 3가지 중에서 개인적으로 정성이 필요하다는 것을 강조하고 싶습니다. 정성이 들어가면 뭐든 결과물이 좋은 것 같습니다.

정규식을 알아야
데이터 조회가 편하다

구글 애널리틱스에서 자주 활용되는 필수 정규식을 학습합니다. 필수 정규식만 알아도 원하는 데이터를 자유자재로 추출하는데 어려움이 없을 것입니다.

정규식에 대해 간단히 말씀드리면 문자열 규칙입니다. 원하는 데이터를 추출할 때 사용합니다. '특정 문자를 표현하기 위한 암호'라고 생각하시면 좀 더 이해가 쉽습니다. 수십 가지의 정규 표현식이 있지만, 그 많은 정규식을 모두 알 필요가 없습니다. GA에 정말 필요한 부분만 알고 계시면 됩니다. GA에서 대표적으로 정규식을 활용하는 경우는 아래와 같습니다.

• Mobile 기획전 유입 사용자와 거래수 파악
• PC 도메인 트래픽만 추출해서 View로 구성할 때
• 목표 URL 특정 부분이 동일 패턴으로 구성될 때

바로 본론으로 들어가겠습니다. GA에서 대표적으로 활용되는 정규식 5가지입니다. 이것만 완벽하게 파악하시면 웬만한 데이터는 정규식으로 추출할 수 있습니다.

.* ☞ 모든 문자열

.*은 만능이라고 생각하시면 됩니다. 어떠한 문자열이 와도 .* 표현식은 해당 문자열을 만족시킵니다.

a|b ☞ a 또는 b

'|' 표현식은 '또는'이라는 의미입니다. 이를테면, 'a|b|c'는 'a' 또는 'b' 또는 'c'를 의미합니다. 키보드에서 '|'를 입력하려면 `Shift`+`\`(Enter 키 바로 상단)'를 입력하시면 됩니다.

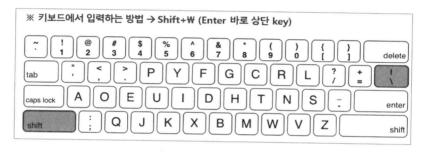

\ ☞ 특수문자를 일반 문자로 치환

'\'는 특수문자가 올 때 사용하시면 됩니다. 예를 들어 '/' 또는 '?'와 같은 문자열입니다. 정규식에서 이와 같은 특수문자를 바로 쓰면 안 됩니다. '\/', '\?'처럼 특수문자 앞에는 '\(Escape)'를 사용해주셔야 합니다.

^ ☞ 문자열의 시작

'^'는 문자열의 시작을 의미합니다. 모바일 도메인은 보통 앞에 m 문자열이 붙게 마련입니다. 'm.naver.com'과 'www.naver.com'이 있을 때 'm.naver.com'만 정규식으로 표현하려면 '^m.naver.com' 이렇게 써주시면 됩니다. 그러면 'm.naver.com' 트래픽만 추출하게 됩니다.

$ ☞ 문자열의 끝

'$'는 문자열의 끝을 의미합니다. 특정 문자열로 끝나는 데이터만 추출할 때 사용하시면 됩니다. 'm.naver.com'과 'm.naver.com/music'이 있을 때 'm.naver.com'만 정규식으로 표현하려면, 'm.naver.com$' 이렇게 써주시면 됩니다. 그러면 'm.naver.com'으로 끝나는 트래픽만 추출합니다.

필수 정규식은 여기까지만 아시면 됩니다. 말씀드린 5가지 정규식만 자유자재로 쓰셔도, GA에서 데이터 추출하는데 큰 문제가 없습니다. 정규식의 기본을 익히고 추가로 하나씩 학습한다면 정규식을 가장 빠르게 습득하실 수 있을 겁니다. 'rubular.com' 웹사이트를 브라우저에 즐겨찾기합니다. 여러분이 생성한 정규식을 검수할 수 있는 서비스입니다.

정규식을 직접 만들어보고, 일치하는지 테스트 해봅니다. 직접 해보는 방법 외에 정규식을 익힐 수 있는 방법은 없습니다. 정규식을 알면 목표를 설정하거나 필터를 적용할 때 활용할 수 있고, 데이터를 정확하게 추출할 수 있습니다. 지금까지 GA에서 활용되는 필수 정규식을 알아봤습니다.

추천 제외 목록에
도메인을 추가하세요

구글 애널리틱스에서 매체별 성과를 정확하게 파악하려면 추천 제외 목록 설정을 반드시 필요합니다. 결제 도메인을 제외하지 않으면 광고를 해도 정확한 성과 파악이 불가합니다. 추천 제외 목록에 대해 자세히 알아봅니다.

우리는 매출을 올리거나 회원가입, 앱설치를 늘리기 위해 광고를 합니다. 다양한 매체에 여러 가지 소재로 사람들을 유혹합니다. 그리고 매체별 성과를 파악해서, 성과가 좋은 매체에 예산을 좀 더 배분합니다. 이를 업계 용어로 '퍼포먼스 마케팅'이라고 합니다. 데이터 기반의 마케팅으로 포장되어 있습니다.

GA를 많이 사용하는 이유 중 하나가 바로 매체별 광고 성과를 파악할 수 있기 때문입니다. 하지만 정확한 매체별 성과 확인을 방해하는 요소가 있다는 사실을 알고 계신가요? 모르신다면 이번 포스팅에 주목하실 필요가 있습니다. 굉장히 중요합니다.

그 범인은 바로 PG사 추천 트래픽입니다. 일반적으로 쇼핑몰에서 상품을 선택하고 구매를 할 때 카드로 결제를 합니다. 무통장입금보다는 거의 카드 결제를 많이 합니다. 이때, 결제를 위해 다른 도메인으로 갔다가 원래 웹사이트로 돌아오게 됩니다.

결제가 진행되는 외부 도메인을 PG사 도메인이라 합니다. 영어로 Payment Gateway라고 합니다. 한국에서는 대표적으로 inicis.com 또는

easypay.co.kr 가 있습니다. 그럼 왜 PG사 도메인이 정확한 광고 성과 파악을 막는 걸까요? 구글 애널리틱스는 마지막으로 잡힌 트래픽 소스에 성과를 부여합니다. 단, 직접 유입 트래픽이 전환의 마지막 경로인 경우는 예외입니다. 직접 유입 트래픽이 전환 경로의 마지막에 위치한 경우 이전 소스에 전환 성과를 부여합니다. 예를 들어, 네이버에서~성과가 잡힙니다. 만약 PG사 도메인을 속성 설정의 추천 제외 목록에서 삭제하지 않는다면 어떻게 될까요? 전환 성과가 PG 도메인 소스로 잡히게 되므로 정확한 성과 파악이 되지 않습니다.

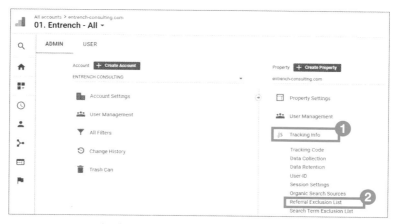

▲ '설정 〉 속성 〉 추적정보 〉 레퍼러 제외 목록' 메뉴에 접속합니다.

이런 문제를 해결하려면 속성 설정에서 추적정보 메뉴에 있는 추천 제외 목록 메뉴에 접속해서 PG사 도메인을 추가해야 합니다. 영문으로 'Referral Exclusion List'입니다. GA는 세션이 만료되지 않아도 기존 세션과 다른 트래픽 소스에서 사용자가 유입되면 새로운 세션을 시작합니다.

여기서 추천 제외 목록에 PG사를 추가한다면, PG사 도메인이 추천 Referral으로 수집되지 않습니다. 즉, 실제 유입된 트래픽 소스의 정확한 광고 성과를 파악할 수 있다는 얘기입니다. 절대로 놓치면 안 되는 구글 애널리틱스 설정입니다.

▲ PG사 도메인을 추천 제외 목록에 추가해줍니다.

결제뿐만 아니라 회원가입 시 신용평가 도메인을 들렀다가 가입이 완료되는 경우에도 위와 같이 동일한 작업을 해줘야 합니다. 대표적으로 siren24.com 이 있습니다. 요즘에는 간편 가입 기능이 보편화돼서 신용평가 도메인을 거쳐서 오는 경우가 많지 않지만, 만약 회원가입이 KPI로 잡혀 있는 경우라면 반드시 체크해보셔야 합니다.

▲ 가입에 따른 성과가 신용평가 도메인으로 잡히고 있습니다.

위 화면은 GA 전환 메뉴의 다채널 유입경로 보고서에서 회원가입 시 거쳤던 소스/매체 값을 나타난 것입니다. 마지막 값이 전부 신용평가사 도메인으로 잡히고 있습니다. 네이버, 페이스북을 통해 가입을 해도 결국 이들의 성과는 정상적으로 측정되지 않는 것입니다. 정확한 분석 결과는 제대로 된 데이터 수집에서부터 시작된다는 것을 명심하시기 바랍니다.

구글 데이터 스튜디오,
아직도 사용하지 않으세요?

구글 애널리틱스에서도 대시보드 기능을 제공하지만 데이터 스튜디오만큼 유용하진 않습니다. 데이터 스튜디오의 대표적인 장점 5가지를 소개합니다. 아직도 구글 애널리틱스 대시보드를 사용하신다면 이번 기회에 갈아타시기 바랍니다.

대시보드는 서비스의 핵심 지표를 비롯한 전환 관련 지표 추이를 한눈에 파악할 수 있어야 합니다. 한정된 공간에 모든 지표를 담아서는 안 되며, 무엇보다 가독성이 높아야 합니다.

구글 애널리틱스에도 대시보드 기능이 있습니다. 하지만 기능도 다소 제한적이고, 뭔가 2% 부족한 느낌입니다. 그래서 가급적 데이터 스튜디오 사용을 권장드립니다. 왜냐하면 GA 대시보드와 비교했을 때 다양한 장점이 있기 때문입니다. 데이터 스튜디오의 장점은 과연 무엇일까요?

1. 사용 비용 무료, 다양한 템플릿도 공짜

구글 데이터 스튜디오는 구글에서 만든 데이터 시각화 도구입니다. 일단 비용이 들지 않습니다. 가장 큰 장점입니다. 심지어 생성할 수 있는 대시보드 개수에도 제한이 없습니다. 처음에는 5개만 생성할 수 있었으나, 최근에 무제한으로 변경되었습니다. 다른 데이터 시각화 툴은 무료 사용 시 기능이 제한적입니다. 하지만 데이터 스튜디오는 모든 기능을 무료로 사용할 수 있습니다.

▲ 굳이 비싼 돈 들이지 않아도 데이터 시각화 가능합니다.

만약 팀장님으로부터 KPI 대시보드를 생성하라는 미션이 떨어졌다고 가정해봅시다. 빈 공간에 무엇부터 해야 할지 고민이 되지 않으실까요? 이럴 땐 남들이 만들어 놓은 것을 따라하면서 약간의 커스터마이징을 해주는 게 가장 좋습니다.

데이터 스튜디오는 다양한 마케팅 대시보드 템플릿을 제공합니다. 여러분께서 하실 일은 GA에 로그인하고 데이터를 연결만 하면 됩니다. 물론 약간의 편집 작업은 필요합니다. 여러 가지 템플릿의 위젯을 혼합해서 사용하면 디자인 감각이 없어도, 가독성이 높은 대시보드 설계가 가능합니다.

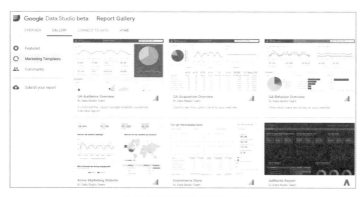

▲ 디자인 감각이 없으셔도 걱정하지 마세요

2. 페이지당 최대 50개 위젯 생성 가능

구글 애널리틱스는 하나의 대시보드에서 사용 가능한 위젯이 12개로 제한됩니다. 위젯이 많다고 좋은 것은 아닙니다. 그만큼 보는 이의 시선이 분산됩니다. 만약 12개 이상의 지표를 표현하려면, 대시보드를 추가로 만들어야 합니다. 뿐만 아니라 GA는 대시보드 안에서 필터 기능을 활용할 수도 없습니다.

반면에 데이터 스튜디오는 위젯 개수에 제한이 없습니다. 하나의 대시보드는 최대 8개의 페이지를 생성할 수 있습니다. 그렇다고 너무 많은 위젯과 페이지를 추가하진 말아야 합니다. 대시보드를 설계하는 목적은 빠른 현황 파악입니다. 가능한 최소한의 지표를 넣고 관리해야 합니다.

3. 다수의 보기(View) 및 커넥터 활용 가능

데이터 스튜디오에서 생성한 대시보드의 위젯은 독립적으로 설계할 수 있습니다. 각 위젯마다 다른 GA 보기View를 연결할 수 있다는 의미입니다. 계정Account과 속성Property이 달라도 가능합니다. 웹사이트를 여러 개 관리하더라도 1개의 대시보드에서 KPI 지표를 한 번에 볼 수 있다는 의미입니다.

애드워즈나 페이스북 데이터 역시 커넥터를 통해 연동할 수 있습니다. 무려 90개가 넘는 커넥터를 제공합니다. 반면에 GA는 종속된 보기에서만 데이터를 연결해야 하며, 다른 매체 데이터는 연동이 불가합니다. 따라서 대시보드를 유연하게 활용하려면 데이터 스튜디오를 써야 합니다.

▲ 구글 애드워즈 및 문서를 비롯해 유튜브까지 연동 가능합니다.

4. GA 로그인 없이 대시보드 열람이 가능

데이터 스튜디오는 GA에 로그인하지 않아도 공유 링크를 통해 대시보드 열람이 가능합니다. 보통 상위 직급자 분들은 대시보드를 직접 수정하는 일이 없습니다. 이런 경우 대시보드를 조회만 가능하도록 링크를 전달합니다. 인터넷만 되는 환경이라면 즉시 대시보드 열람 가능합니다. 모바일에서도 대시보드 열람이 되므로 이동 중에 핵심 지표 및 매출 추이를 확인할 수 있습니다.

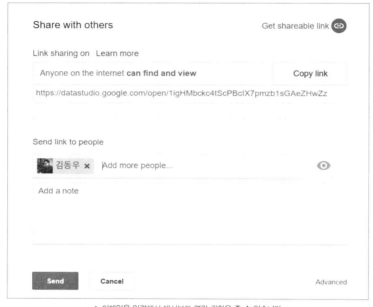

▲ 이메일을 입력해서 대시보드 열람 권한을 줄 수 있습니다.

5. 오프라인 데이터를 대시보드에 연결

구글 데이터 스튜디오는 구글 태그 관리자처럼 GA와 완전히 다른 도구입니다. 만약 구글 시트에 정리된 오프라인 데이터가 있다면 데이터를 대시보드에 연결하여 아래처럼 그래프 및 테이블 형태로 데이터를 표현할 수 있습니다. 온라인과 오프라인 데이터를 하나의 장표에서 볼 수 있기 때문에, 서비스의 전반적인 현황을 파악하는데 도움을 줍니다. 대시보드를 통해 모든 것을 파악하기는 어렵습니다. 하지만 성과를 시각화하여 의사결정을 위한 시간은 줄일 수 있습니다.

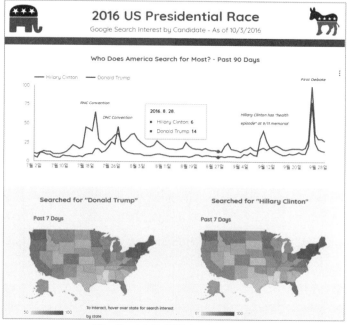

▲ 구글 트랜드 데이터를 활용한 미국 대선 관련 대시보드

지금까지 데이터 스튜디오의 다양한 장점에 대해 설명드렸습니다. 대시보드는 한번 생성했다고 끝이 아닙니다. 서비스 핵심 지표 추이를 체크하면서, 추가 혹은 수정할 위젯은 없는지 끊임없이 고민해야 합니다. 작은 화면에서도 핵심 지표 추이 파악이 되도록 직관적이어야 합니다. 활용되지 않는 대시보드는 의미가 없습니다. 시각적으로 화려한 대시보드보다 실무 활용에 중점을 두고 대시보드를 설계하시기 바랍니다.

구글 애널리틱스 자격증에 도전하자

구글 애널리틱스에 대한 이해도를 시험으로 평가받고 싶다면 인증 시험에 도전해보세요. 시험 합격보다는 정확한 개념 이해가 중요합니다. 시험에 응시하는 방법과 합격을 위한 팁을 소개합니다.

구글 애널리틱스 인증 시험GAIQ에 대해 알고 계신가요? 구글 애널리틱스를 사용하시는 분들은 한 번쯤 들어 보셨을겁니다. 구글은 사용자들을 대상으로 애널리틱스 툴에 대한 이해도를 높이기 위해 인증 시험을 도입했습니다.

시험은 영어로만 응시할 수 있으며, 총 70문제 중 80%를 맞춰야 합격입니다. 응시 시간은 90분이며, 합격 시 1년간 인증 자격이 유지됩니다. (합격 시 완료 ID 부여됨) 문제는 모두 객관식이며, 토익처럼 문제은행 방식입니다. 따라서 탈락을 하고 재시험을 보더라도 동일한 문제를 풀 가능성이 높습니다.

축하합니다.

● ● ●

2018년 5월 11일에 완료된

Google Analytics Individual Qualification

완료 ID 8928527 · 만료일 2019년 5월 11일

● ● ●

You understand advanced Google Analytics concepts.

Google

▲ 인증 시험 합격 시 인증서를 확인할 수 있습니다.

    합격 인증을 받았다고 해서 구글 애널리틱스 전문가가 되는 건 아닙니다. 하지만 문제의 대부분이 GA의 다양한 기능 활용에 대해 묻고 있습니다. 따라서 인증 시험에 통과했다는 것은 GA를 활용하기 위한 기본 개념을 어느 정도 이해하고 있다는 의미입니다.

    제가 만약 대학을 갓 졸업한 인턴을 뽑는다고 하면, 후보자 중 GAIQ를 보유한 분들에게 조금 더 관심이 갈 듯 싶습니다. 물론 분석 역량은 GAIQ 취득 여부와 완전 별개입니다. 사실 신입으로 입사하시는 분들에게 기대하는 역량은 높지 않습니다. 대화가 통하는 게 중요한데, 그러기 위해 개념을 이해하고 있는 분이 오시면 좋지 않을까 싶습니다.

    불과 몇 개월 전까지만 하더라도 한국어 응시가 가능했습니다. 지금은 무조건 영어로만 응시를 해야 합니다. 영어에 자신 있는 분들은 바로 보셔도 되고, 아닌 분들은 구글 번역 서비스를 적극 활용하면 됩니다. 만약 시험에 탈락하더라도 구글 계정을 새로 만들면 재응시 가능합니다.

　GA에 대해 어느 정도 알고 있다 할지라도 정확한 개념을 묻기 때문에 정답이 헷갈리는 경우가 종종 있습니다. 정답을 맞히는 게 중요한 게 아니라, 정확한 개념을 이해하는지가 중요합니다. 구글 애널리틱스 인증 자격 시험에 응시하고 자격증을 취득해보시기 바랍니다.

구글 태그 매니저란 무엇일까요

구글 태그 매니저란 무엇이며, 왜 사용해야 하는지에 대해 학습합니다. 분석 담당자와 개발 부서의 병목 현상을 구글 태그 매니저를 통해 해결해보시기 바랍니다. 태그는 그릇, 트리거는 태그가 발동하는 시점에 대한 개념을 정확히 이해합니다.

구글 애널리틱스가 구축된 웹사이트가 많아지면서 구글 태그 매니저에 대한 관심도 높아지고 있습니다. 일단 무료입니다. 단, 구글 계정은 있어야 합니다. 구글 태그 매니저를 사용해서 GA를 웹사이트에 도입하면, 그렇지 않을 때보다 구축 기간이 획기적으로 단축됩니다.

구축하는 기간이 단축되는 이유가 뭘까요? 태그 매니저가 마케팅 부서와 개발 부서의 병목 현상을 어느 정도 해결해주기 때문입니다. 개발자와 마케터는 서로의 입장을 좀처럼 이해하기 어렵습니다. 마케터 입장에서는 개발자에게 업무 요청을 한지 꽤나 되었는데 아직 작업이 안 되었다고 하고, 개발자는 기존에 밀린 업무도 많은데 마케터가 GA 관련 업무를 자꾸 넘겨주는 상황이 반복됩니다.

이러한 이슈를 조금은 해결해주는 게 바로 구글 태그 매니저입니다. 이번 글에서는 구글 태그 매니저의 개념과 장점에 대해 설명드리겠습니다.

☑ 구글 태그 매니저가 정확히 뭔가요?

구글 태그 매니저(GTM)는 말 그대로 태그를 관리할 수 있는 도구입니다. 데이터 혹은 스크립트를 이전보다 편하게 수집하고 관리하기 위해 만들어진 도구입니다. 많은 분들이 GTM이 GA에 종속된 도구라고 생각하는데, GTM은 구글 애널리틱스에 종속된 도구가 아닙니다. 구글 태그 매니저로 GA의 모든 것을 해결할 수 없습니다.

예를 들어, 목표를 설정하거나 필터 작업은 여전히 GA에서 해주셔야 합니다. 단, GTM에서 GA 태그를 통해 GA 추적 코드를 대체하는 건 가능합니다. 같이 사용하면 좋은 도구지 GTM이 만능은 아니라는 의미입니다.

▲ GA와 마찬가지로 GTM을 쓰려면 스크립트를 넣어야 합니다.

일단 사용하려면 GTM 스크립트를 웹사이트에 삽입해야 합니다. GA와 마찬가지로 공통 헤더 영역에 위 그림의 상단에 있는 스크립트를 넣고, 〈body〉 태그를 시작하는 시점에 하단 스크립트를 넣으면 됩니다. GTM은 다양한 유형의 태그를 트리거 기반으로 관리할 수 있는 도구입니다.

여기서 많은 분들이 태그와 트리거가 무엇인지 궁금해합니다. 처음부터 모든 것을 완벽하게 알기란 불가능합니다. 이번 글에서는 기본 개념만 잡는다고 생각하시기 바랍니다.

☑ 태그는 What, 트리거는 When

태그Tag는 데이터 혹은 스크립트를 담기 위한 그릇입니다. 여기서 데이
터란 구글 애널리틱스 페이지뷰 혹은 이벤트가 되거나 페이스북 픽셀 같
은 스크립트가 될 수도 있습니다. '그릇(태그)에 뭔가(데이터 or 스크립
트)를 담는 것이 태그라는 요소다'라고 이해하시면 됩니다.

▲ 태그로 GA 데이터를 수집하고 광고 스크립트를 관리합니다.

위 그림은 태그 유형 목록입니다. GA, 애드워즈도, AB 테스트 도구인 구글 옵티마이즈, 페이스북 픽셀 스크립트 삽입을 위한 Cutom HTML이 있습니다. 이처럼 GTM은 GA에 종속된 도구가 아닙니다. 데이터 수집 및 관리를 위한 컨트롤 타워라고 생각하시면 됩니다. 사용해보면 아시겠지만 굉장히 유연하면서 모듈 형식으로 구성되어 있습니다. 때문에 태그와 트리거의 재사용성이 굉장히 높습니다.

트리거Trigger는 태그가 언제 실행되는지를 정의합니다. 만약 쇼핑몰에서 물건을 장바구니에 담는 시점에 광고 스크립트가 실행되어야 한다면, 트리거 조건은 '장바구니 버튼을 클릭할 때'가 됩니다. 트리거가 발동되는 시점에 태그에 담긴 광고 스크립트가 실행되는 것입니다. 만약 트리거 조건이 '모든 페이지'라면 광고 스크립트는 모든 페이지에서 실행될 것입니다. 그럼 태그 매니저는 왜 써야 하는 걸까요?

☑ 구글 태그 매니저를 쓰면 업무 생산성이 증가합니다

만약 장바구니에 물건을 담을 때 페이스북 픽셀이 실행돼야 한다고 가정해봅시다. 먼저 태그 매니저를 사용하지 않는 경우 업무 프로세스는 대략 다음과 같습니다.

우선 마케터 혹은 분석가는 문서로 위 내용을 정리해서 개발팀에 전달합니다. 개발팀은 일정을 확인하고 고객이 장바구니 버튼을 클릭하는 시점에 전달받은 스크립트를 개발 소스에 반영합니다. 정확히 작동하는지 테스트도 합니다. 이러한 프로세스가 매끄럽게 진행된다면 다행입니다만, 실무에서는 보통 그렇지 않은 경우가 많습니다.

그래서 태그 매니저 사용을 권장드리는 겁니다. 태그 매니저를 사용하면 마케터가 직접 태그 매니저에서 위 작업을 수행할 수 있습니다. 단, 웹이 작동하는 방식에 대한 이해는 필요하므로 HTML이나 CSS요소에 대한 개념을 잡고 계시면 도움이 됩니다. 완벽하게 알지는 못해도 기본 개념을 잡고 계셔야 합니다. 그래야 정확한 데이터를 수집할 수 있기 때문입니다.

무료 온라인 강의를 시간 되실 때 한번 보시기 바랍니다.

태그를 반영하기 전에 제대로 테스트를 해야 합니다. 태그 매니저에서는 미리보기 기능을 제공합니다. 반드시 꼼꼼히 테스트를 해서 이상이 없는지를 확인하고 반영하셔야 합니다.

분석하는 입장에서 말씀드리면, 태그와 트리거를 구성하고 설계하는 작업에 집중하셔야 합니다. 전략을 짠다고 생각하시면 됩니다. 분석 혹은 마케팅 활용을 위해 특정 데이터를 수집해야 하는데 태그와 트리거를 어떠한 이름으로 생성하며, 테스트는 어떻게 진행할 것이며, 수집된 데이터를 어떻게 활용할 것인지를 지휘하셔야 합니다. 마치 오케스트라를 이끄는 지휘자처럼 말입니다.

전략을 짜는 게 어렵지 태그 매니저는 전략을 실행하는 도구입니다. 물론 공부가 많이 필요합니다. 위와 같이 데이터 분석에 관한 전략을 짜는 분들을 요즘에는 그로스 해커Growth Hacker라 칭합니다. 이번 글을 요약하자면 아래와 같습니다.

> *** 태그는 그릇, 트리거는 태그를 언제 실행할지 결정**
>
> - 태그 매니저와 구글 애널리틱스는 별개의 도구
> - 태그 매니저를 잘 활용하면 업무 생산성이 증가

지금까지 태그 매니저란 무엇이며, 왜 사용해야 하는지에 대해 간략하게 설명드렸습니다. 다음 글에서는 태그와 트리거를 사용해서 구글 애널리틱스 이벤트를 수집하는 과정과 변수에 대한 내용을 설명드리겠습니다.

구글 태그 매니저로
구글애널리틱스 추적하기

최근에 구글 애널리틱스가 설치된 웹사이트를 보면 대부분 구글 태그 매니저로 구글 애널리틱스 데이터를 수집합니다. 구글 태그 매니저를 사용하면 태그와 트리거 1개로 구글 애널리틱스 데이터를 수집할 수 있습니다.

구글 태그 매니저는 태그와 트리거 요소를 활용해서 데이터 수집을 관리할 수 있는 도구입니다. 구글의 제품이므로 사용하려면 구글 계정이 있어야 합니다. GA와 마찬가지로 태그 매니저 전용 스크립트를 웹사이트에 심어야 합니다. 모든 페이지에서 스크립트가 확인되도록 공통 헤더와 바디 시작 부분에 넣어줍니다. 웹사이트에서 발생한 데이터를 수집하려면 구글 애널리틱스 추적코드를 심는 게 일반적이지만, 구글 태그 매니저를 활용하면 굳이 추적코드를 웹사이트에 삽입하지 않아도 됩니다.

☑ 사용자 변수에서 GA 속성 변수 생성

구글 태그 매니저 변수를 생성하는 이유는 재사용성 때문입니다. 다시 말해 한번 생성되면 다시 사용할 수 있다는 의미입니다. GA 속성 ID 변수를 생성해놓으면, GA 태그를 생성할 때마다 속성 ID를 입력할 필요가 없습니다. 그냥 생성한 변수를 호출하면 됩니다.

구글 태그 매니저 접속 후 사용자 변수를 생성한 다음 구글 애널리틱스 세팅 유형을 선택하고, 여러분이 관리하는 GA의 속성 ID를 아래 그림의 Tracking ID 필드에 입력합니다. 속성 ID는 GA 속성 설정에서 확인 가능합니다.

▲ 태그를 생성하기 전에 GA 속성 변수를 만들어줍니다.

☑ GA 기본 페이지뷰 생성 태그 생성

속성 ID 변수를 만들었으면, 방문자가 웹사이트에 접속 시 페이지뷰를 수집하기 위한 태그를 생성합니다. 태그 이름에는 반드시 태그 유형을 명시해야 합니다. 이를테면, 페이스북 같은 경우 태그 이름에 'FB'라고 입력하는 식입니다. 그런 다음 '페이지뷰' 태그 유형을 선택하고, 앞에서 생성한 속성 ID 변수를 연결합니다. 모든 페이지에서 기본 페이지뷰 태그가 실행되어야 하기 때문에 당연히 트리거는 '모든 페이지뷰' 트리거를 연결해야 합니다

▲ GA 추적 태그를 생성한 뒤, 생성한 변수를 연결합니다.

    태그와 트리거 설계를 완료하면 미리보기 모드를 통해 생성한 태그가 정상 호출되는지 확인합니다. 미리보기 모드에서 태그가 실행된다고 바로 컨테이너를 제출하면 안 됩니다. GA 실시간 보고서에서도 페이지뷰가 제대로 수집되는지 체크하시기 바랍니다.

    꼼꼼하게 체크한 뒤에 실서버 반영을 하셔야 정확한 데이터 수집을 할 수 있습니다. 태그에는 노트 기능이 있습니다. 노트에는 태그 작업 히스토리를 적어두시면 나중에 협업을 하거나 작업 내역을 파악할 때 유리합니다.

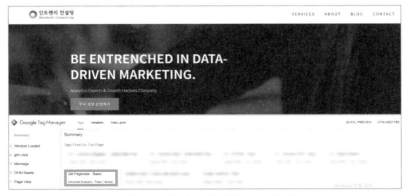

▲ 미리보기 모드에서 태그가 정상 작동하는지 체크합니다.

구글 태그 매니저를 사용하면 GA 추적 코드를 웹사이트에 심을 필요가 없습니다. GA 뿐만 아니라 광고 성과 측정 스크립트도 태그 매니저로 관리합니다. 몇 번의 클릭으로 스크립트를 일관성 있게 관리할 수 있습니다. 여러분이 삽입해놓고 관리되지 않는 스크립트가 상당히 많을 겁니다. 개발팀에서는 웹사이트에 구글 태그 매니저 스크립트만 넣어주시면 됩니다. 단, 분석 담당자는 웹사이트에 작업 내역을 반영할 때 꼼꼼히 테스트를 하셔야 합니다. 테스트 없는 반영은 구글 태그 매니저에 대한 신뢰를 떨어뜨립니다. 태그와 트리거 및 변수를 실서버에 반영할 수 있는 컨테이너 제출 권한은 구글 애널리틱스와 마찬가지로 관리자에게만 부여하시기 바랍니다.

구글 태그 매니저에서 생성한 작업물을 미리보기 모드에서 테스트 할 때 주의할 점은 여러 종류의 브라우저에서 테스트를 진행해야 합니다. 뿐만 아니라 PC 및 Mobile 기기에서 화면을 확인해서 레이아웃 상에 오류가 없는지를 체크하시기 바랍니다. 컨테이너를 반영할 때에는 반드시 작업 히스토리를 남기셔야 합니다. 구글 태그 매니저는 혼자 사용하는 도구가 아니기 때문에 여러분이 작업 히스토리를 남겨야 다른 사람이 이전에 어떤 작업이 발생했는지를 확인하면서 안정적으로 데이터를 관리할 수 있습니다.

CHAPTER
39

구글 태그 매니저로 이벤트 수집하기

이벤트를 수집하기 위해 개발 소스를 수정하지 않으려면 구글 태그 매니저를 사용해야 합니다. 분석 담당자는 개발 소스를 만질 가능성이 적기 때문에 가급적 구글 태그 매니저 사용을 적극 권장드립니다

우선 구글 애널리틱스 이벤트에 대한 개념을 이해하셔야 합니다. 이벤트는 페이지뷰와 다릅니다. GA로 수집되는 데이터를 통틀어 히트^{Hit}라 부릅니다. 히트 안에는 페이지뷰, 이벤트, 전자상거래 데이터가 포함됩니다. GA 추적 코드가 설치된 웹사이트에 접속하면 기본적으로 페이지뷰 히트가 전송되지만, 이벤트 데이터를 전송되지 않습니다.

이벤트 히트 데이터는 별도로 추적해야 합니다. 링크를 다운로드하거나 동영상 재생, 마우스 스크롤 등이 이벤트로 수집할 수 있는 데이터입니다. 다시 말하면, 데이터를 수집하기 위한 기획(설계)이 필요합니다. 데이터 분석 이전에 설계가 필요하다는 말씀을 이전에 드렸습니다. 설계가 완벽해야 데이터가 제대로 수집됩니다.

* 구글 애널리틱스 이벤트 구성 요소

이벤트 카테고리, 이벤트 액션, 이벤트 라벨, 이벤트 값

1개의 이벤트 데이터에 수집 가능한 항목은 총 4가지입니다. 만약 링크 다운로드 이벤트를 수집한다고 가정할 경우, 데이터는 아래와 같이 수집할 수 있습니다. 이벤트 카테고리는 이벤트로 수집할 수 있는 데이터 중 가장 상위 개념입니다. 이벤트 카테고리 하위에 이벤트 액션과 이벤트 라벨이 위치합니다. 동영상을 재생하는 경우 이벤트 카테고리에는 어떤 값을 수집해야 할까요? 비디오인지 혹은 AARRR에서 어떤 단계에 해당하는지를 기입합니다. 그리고 이벤트 액션에는 실제로 발생한 액션을 넣어줍니다. 동영상을 재생하는 액션이므로 Play라는 단어를 넣습니다. 한글로 넣어도 무방합니다. 이벤트 라벨에는 영상의 제목을 넣어주는 게 좋겠죠? 보통 변수를 생성해서 값을 유동적으로 받는 경우가 많습니다.

- **카테고리**: Video 또는 Engagement 또는 Activation
- **액션**: Play
- **라벨**: 영상명

GTM으로 GA 데이터를 수집하려면 태그가 있어야 합니다. 태그는 그릇이라고 말씀드렸습니다. 뭔가를 담아야 합니다. 그릇에 GA 이벤트 혹은 페이지뷰 데이터를 담는다고 생각하시면 됩니다. 우선 태그의 이름을 입력합니다. 이름을 잘 짓는 것은 중요합니다. 이름 맨 앞에 어떤 데이터를 담는지를 적어주시면 됩니다.

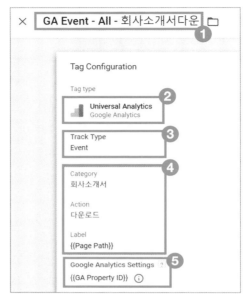

▲ 태그 이름을 정하고 GA 이벤트 유형을 선택합니다.

GA로 이벤트를 보내야 하는데 회사소개서를 다운로드하는 경우이므로, 'GA Event - All - 회사소개서다운'으로 정했습니다. GTM을 운영하는 담당자가 여럿 되는 경우, 네이밍을 통일시키지 않으면 유지보수에 굉장히 많은 리소스가 소요됩니다.

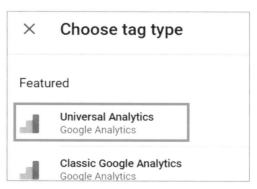

▲ 구글 애널리틱스 유니버설 버전 유형을 선택합니다.

태그 유형은 Universal Analytics를 선택합니다. Classic Google Analytics은 Universal로 업그레이드되기 전에 사용되던 GA입니다. 따라서 최신 GA를 사용하고 계시면 Universal을 선택하시면 됩니다. 이전 버전을 사용하고 계시다면 가급적 Universal 버전으로 업그레이드 하시기 바랍니다.

▲ 테스트가 완료되면 제출(Submit) 버튼 클릭

태그 추적 유형은 이벤트를 선택합니다. 만약 페이지뷰를 가상으로 수집하는 경우 페이지뷰 유형을 선택하면 됩니다. 이벤트를 선택하면 하단에 이벤트 변수를 넣을 수 있습니다. 위에서 말씀드린 카테고리/액션/라벨 값을 넣는 겁니다.

카테고리/액션/라벨에 적절한 값을 넣어줍니다. 이벤트 값은 계층 구조로 카테고리가 가장 상위 계층이며 액션과 라벨 순입니다. 이벤트 라벨명에만 다른 영역과 다른 형태로 값이 들어가 있습니다. 이를 변수라 합니다.

변수는 태그와 트리거를 구성하는 요소입니다. GTM에서 기본으로 제공되는 변수가 있고, 사용자만의 변수를 정의할 수도 있습니다. 화면에 보이는 {{Page Path}}는 기본 변수입니다. Page URL에서 기본 도메인 이후의 경로를 가져옵니다. 회사소개서를 어떤 페이지 경로에서 많이 다운로드하는지 파악하려고 위와 같이 설정했습니다.

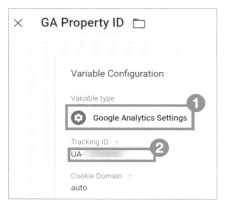

▲ GA 속성 변수 설정하기

이벤트로 전송할 데이터 요소를 정했습니다. 이제 GA 속성 변수 세팅을 해야 합니다. 위 화면은 GA 속성 ID를 변수로 생성한 화면입니다. 이렇게 속성 ID를 변수로 생성하면, 필요할 때마다 변수를 호출해서 사용할 수 있습니다. 그렇지 않으면 매번 속성 ID 값을 입력해야 하므로 번거롭습니다. GTM이 모듈형이고, 재사용성이 높다는 게 이런 의미입니다. 변수 유형을 GA 세팅으로 선택하고, 추적 ID를 입력해줍니다.

▲ 클릭 트리거 유형 설정하기

태그가 실행되려면 트리거가 있어야 합니다. 태그와 트리거는 측정기준과 측정항목 같은 존재입니다. 짝꿍이라 떨어지면 안 됩니다. 트리거 명을 입력해주시고 태그와 마찬가지로 네이밍 규칙을 정합니다. 일반적으로 어떤 액션을 한다는 것을 이름으로 파악할 수 있게 정하시면 됩니다.

버튼을 클릭할 때 이벤트가 트리거 돼야 하므로 트리거 유형은 '모든 요소 클릭'으로 하고, 클릭되는 텍스트 값이 '다운로드' 혹은 '서비스 소개서'일 때 정규식으로 매칭 되도록 정의했습니다. 여기서 'Click Text' 또한 기본 변수입니다.

GTM을 활용해서 GA 이벤트를 수집하는 설정이 끝났습니다. 이제 데이터가 제대로 들어오는지 테스트를 해야 합니다. GTM은 미리보기 기능을 제공합니다. 아래 그림에서 PRVIEW 버튼을 클릭하고, 웹사이트에 접속하면 미리보기 모드가 실행됩니다.

▲ GTM 미리보기 모드로 테스트합니다.

우측 상단에 있는 미리보기 버튼을 누르고 웹사이트에 접속하면 페이지 하단에 미리보기가 뜹니다. '소개서 다운로드' 버튼을 클릭합니다. 만약 트리거 조건이 정상적으로 세팅되었다면 하단 미리보기 영역에 태그가 실행Fire됩니다. 태그가 실행되지 않으면, 트리거 조건이 잘못 설정된 경우입니다. 이 때는 트리거 설정 화면으로 가서 무엇이 잘못되었는지 체크합니다.

▲ 태그가 적용된 페이지 접속 시 미리보기 모드가 실행됩니다.

GA 실시간 보고서를 보니 이벤트 데이터가 정상적으로 유입되고 있습니다. 테스트를 마쳤으니 반영을 해줍니다. 미리보기 모드로 실행했기 때문에 본인의 데이터만 쌓이는 것입니다. 다른 사람들이 버튼을 클릭해도 미리보기 상태일 때는 데이터가 수집되지 않습니다.

▲ 실시한 이벤트 보고서에서 수집되는 데이터 확인

미리보기 우측에 있는 제출 버튼을 클릭하면 실서버에 작업한 내용이 반영됩니다. GTM 작업 내용을 제출할 때 어떠한 작업을 수행했는지 히스토리로 기입해둡니다. GA의 주석과 비슷한 기능이라고 생각하면 됩니다.

▲ 테스트가 완료되면 제출(Submit) 버튼 클릭

　지금까지 구글 태그 매니저를 활용해서 GA 이벤트를 수집하는 방법을 알아보았습니다. 만약 위 과정을 GTM을 사용하지 않고 진행한다면, 개발 소스를 수정하는 작업이 필요합니다. 하지만 GTM을 사용한다면 태그와 트리거의 조건을 정의하여 테스트를 마친 뒤, 바로 데이터를 확인할 수 있습니다. 제대로 활용하면 마케팅 부서와 개발 부서 모두 원윈Win-Win 할 수 있게 도와주는 도구입니다.

　다만 테스트는 꼼꼼히 진행하시기 바랍니다. 제출SUBMIT 권한도 데이터 관리 직무를 가진 분들에게만 부여해야 합니다. 그렇지 않으면 데이터 관리에 있어 일관성이 깨집니다. 자동차도 관리를 하지 않으면 망가지는 것처럼 데이터도 동일합니다. 데이터를 일관성 있게 수집하고 관리하는 일은 굉장히 중요하지만 어렵습니다. 가급적 내부에 담당자를 지정하는 것을 권장합니다.

가상 페이지뷰 수집이 필요한 이유

퍼널을 설계하기 알아야 할 가상 페이지뷰에 대한 개념을 학습합니다. 구글 태그 관리자를 활용해서 가상 페이지뷰를 수집하는 경우 주의할 점은 무엇인지 알아봅니다.

많은 분들이 가상 PV를 구현하는 과정에서 GTM이 어렵다고 합니다. 기본적인 원리만 익히면 가상 PV를 구현하는 과정도 그리 어렵지 않습니다. 가상 PV는 무엇이며, 어떤 경우 사용해야 하는지 알아보겠습니다.

☑ 가상 페이지뷰는 무엇인가?

가상 페이지뷰는 가상으로 생성한 페이지뷰입니다. 따라서 실제로 존재하지 않는 가상의 URL 패턴입니다. 회원가입을 할 때, 다음 단계로 넘어 갔음에도 불구하고 페이지 URL 패턴이 변하지 않는 경우가 있습니다. 이미 모달 팝업이 뜨는 경우도 별도의 URL이 생성되지 않습니다. 각 단계별 전환율을 측정하려면 단계가 넘어가는 시점에 가상 PV를 생성해서 카운팅해야 합니다.

> *** 가상 PV를 통해 설계한 회원가입 퍼널 예시**
>
> **1단계** : www.myshop.com/step-01 (실제 URL)
> **2단계** : www.myshop.com/virtual/step-02 (가상 PV)
> **3단계** : www.myshop.com/virtual/step-03 (가상 PV)

　가상 PV는 퍼널 설계를 위해 생성합니다. 퍼널을 설계하려면 각 단계를 URL 패턴을 입력해야 합니다. 이벤트를 생성할 경우 URL 패턴이 아니라 이벤트 카테고리, 이벤트 액션, 이벤트 라벨 값을 입력해야 되지만 퍼널 설계가 필요한 상황이라면 이벤트가 아닌 가상 PV를 생성해야 합니다.

☑ 가상 페이지뷰 생성 시 주의할 점은?

　가상 페이지뷰 URL을 생성할 때 URL 패턴을 어떻게 정해야 하는지 많은 분들이 질문을 주십니다. 결론부터 말씀드리면 페이지 URL 패턴만으로 해당 페이지의 성격과 콘셉을 알 수 있어야 합니다. 이때, 페이지 패턴 시작 부분에 '/virtual' 값을 붙여주는 것을 권장합니다. 그래야 나중에 가상 PV만 검색하거나 필터링할 때, 쉽게 데이터를 분류할 수 있습니다. 추가로 팁을 드리자면 가상 페이지의 제목도 함께 넣는 것을 권장드립니다.

☑ 가상 페이지뷰는 어떻게 생성하는가?

　가상 페이지뷰를 만들기 위해서는 신규 태그를 생성해야 합니다. 태그의 이름을 정하고 GA 태그 및 페이지뷰 유형을 선택합니다. 이전에 이벤트를 생성할 때 만들어 놓은 GA 속성 변수를 선택한 뒤, 추가 설정에서 페이지 URL 패턴과 제목을 입력하면 됩니다. 그 후 해당 태그가 언제 실행되는지를 명시하는 트리거를 생성해서 연결해주면 가상 PV 생성이 완료됩니다.

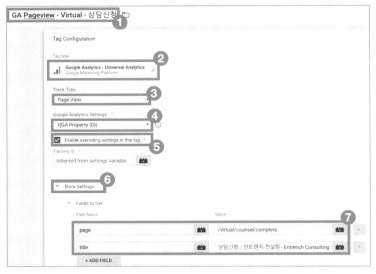

▲ 가상 PV를 수집하는 구글 태그 매니저 태그 설정

미리보기 모드에서 생성한 가상 PV 태그가 정상적으로 실행되며, 실시간 콘텐츠 보고서에 데이터가 유입되는지 확인합니다. 여기에 데이터가 확인되지 않으면 트리거 조건이 잘못 설정된 것입니다. 가상 페이지뷰가 정상적으로 수집되면 아래와 같이 GA 실시간 보고서에 데이터가 잡힙니다. 페이지 제목의 패턴도 가급적이면 다른 페이지의 패턴과 유사하게 맞춰주는 것을 권장드립니다.

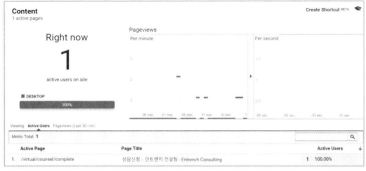

▲ GA 실시간 보고서에 가상 PV가 수집되는 화면

지금까지 구글 태그 매니저를 활용하여 가상 PV를 수집하는 방법을 설명드렸습니다. 가상 PV는 퍼널 분석을 위해 설계한다는 점을 반드시 기억하시길 바랍니다. 분석의 핵심은 퍼널을 설계하고 각 단계별 전환을 관리하는 것입니다. 가상 PV에 대한 개념은 서비스 분석 담당자라면 반드시 알아야 할 개념입니다. 구글 태그 매니저를 활용하여 가상 PV 태그를 생성하는 경우 페이지 URL만 입력하지 마시고, 반드시 페이지 제목도 입력해주세요. 페이지 제목은 누가 봐도 해당 페이지가 어떤 Task를 수행하는지를 알 수 있도록 지어주서야 합니다.

CHAPTER 41

구글 태그 매니저로
페이스북 기본 픽셀 삽입하기

페이스북 픽셀, 이제 여러분이 직접 삽입할 수 있습니다. 구글 태그 매니저를
활용한 페이스북 기본 픽셀 삽입 방법과 주의해야 할 점에 대해 학습합니다.

페이스북 픽셀을 웹사이트에 심으면, 페이스북이나 인스타그램 광고
시 웹사이트에 방문한 사람들에게만 광고를 노출할 수 있습니다. 불특정
다수에게 타겟팅을 하는 것보다, 이미 관심이 있는 분들에게 상품 광고를
하게 되므로 일반 광고 대비 성과가 좋습니다. 이러한 광고 형태를 리타겟
팅이라고 하는데, 픽셀을 웹사이트에 심어야 가능한 방법입니다.

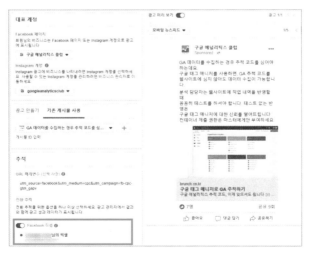

▲ 픽셀을 통해 쌓인 모수로 리타겟팅 광고를 집행합니다.

페이스북 광고는 대표적으로 노출 혹은 클릭 대비 과금되는 광고 형태가 있습니다. 광고를 집행한 경험이 없다면 일단 일정한 예산을 집행합니다. 뭐든 경험해봐야 전략을 짤 수 있습니다. 결과를 보면서 전략을 수정하는 게 가장 좋습니다.

페이스북 매체의 성과를 높이려면 단가를 낮추기 위해 끊임없이 모니터링하고, 콘텐츠에 대한 고민을 해야 합니다. 콘텐츠로 유입된 고객은 이탈률이 낮습니다. 광고는 기본적으로 이탈률이 60% 이상입니다. 소재가 좋을수록 이탈률은 낮아지긴 합니다. 하지만, 가장 좋은 건 콘텐츠의 자발적인 바이럴입니다.

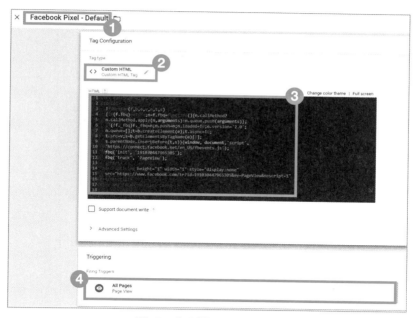

▲ 맞춤 HTML 태그를 활용해서 픽셀을 삽입합니다.

페이스북 픽셀을 구글 태그 매니저로 적용하는 방법은 간단합니다. 새로운 태그를 생성해서 유형을 맞춤 HTML으로 선택하고, 광고 관리자에서 내려받은 픽셀 코드를 넣은 뒤, 모든 페이지 트리거를 적용하면 됩니다. 위 과정을 진행하는 게 5분도 소요되지 않습니다.

▲ 기본 픽셀 태그가 정상적으로 실행되는 화면

픽셀을 적용했다면, 미리보기 모드를 실행시켜 태그가 정상적으로 실행되는지 체크합니다. 태그가 정상적으로 실행되면, 크롬 브라우저에서 'Facebook Pixel Helper' 확장 프로그램을 설치합니다. 확장 프로그램 아이콘을 클릭하면 페이스북 픽셀이 제대로 설치되었는지 체크 할 수 있습니다.분석을 하기 위해 데이터를 수집하거나 관련된 작업을 하는 경우 IE는 많은 제약이 따릅니다. 웬만하면 크롬 브라우저를 사용하시기 바랍니다.

▲ 페이스북 픽셀 헬퍼로 크로스 체크하기

구글 태그 매니저를 활용한 페이스북 기본 픽셀 삽입은 어려운 작업이 아닙니다. 픽셀을 삽입할 때에는 픽셀 자체에 오타 혹은 불필요한 문자가 포함되지 않았는지 체크하셔야 합니다. 체크를 하지 않고 컨테이너를 제출하면 웹사이트에 해당 문자가 고스란히 노출되어 방문자에게 불쾌한 UX를 제공하게 됩니다. 따라서 태그를 반영하기 전에 충분한 테스트가 필요합니다.

구글 태그 매니저로
페이스북 전환 픽셀 삽입하기

전환 픽셀은 기본 픽셀보다 난이도가 높지만 구글 태그 매니저의 기본 원리만
이해하면 적용할 수 있습니다. 태그 시퀀싱 기능을 통해 기본 픽셀 이후에 실
행하는 방법에 대해 학습합니다

페이스북 전환 픽셀은 구매 가능성이 높은 고객에게 맞춤형 광고를 제
공하기 위해 필요합니다. 기본 픽셀이 1단계 잠재고객이라면, 전환 픽셀은
2단계 잠재고객이라고 할 수 있습니다. 구글 태그 매니저로 전환 픽셀을
삽입하는 방법도 기본 픽셀과 동일한 방법으로 삽입을 해주시면 됩니다.

1. 페이스북 픽셀 관리자에서 이벤트 선택

전환(이벤트) 픽셀을 삽입하기 전에 우선 웹사이트에서 발생하는 이벤
트의 종류를 파악해야 합니다. 쇼핑몰이라면 물건을 검색하고 조회한 뒤,
장바구니에 물건을 담습니다. 이런 경우 '검색/조회/장바구니' 이렇게 3가
지 이벤트를 픽셀 모수로 수집할 수 있습니다. 여러분이 호텔 예약 사이트
에서 특정 호텔을 검색하고 이탈했는데, 다른 웹사이트에서 해당 호텔 배
너가 보이는 게 다 이런 작업이 되어 있기 때문입니다.

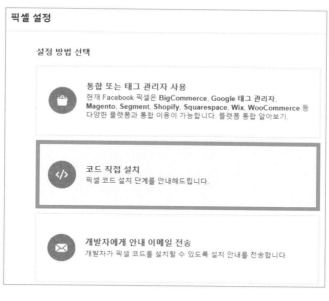

픽셀 설정

설정 방법 선택

통합 또는 태그 관리자 사용
현재 Facebook 픽셀은 BigCommerce, Google 태그 관리자,
Magento, Segment, Shopify, Squarespace, Wix, WooCommerce 등
다양한 플랫폼과 통합 이용이 가능합니다. 플랫폼 통합 알아보기.

코드 직접 설치
픽셀 코드 설치 단계를 안내해드립니다.

개발자에게 안내 이메일 전송
개발자가 픽셀 코드를 설치할 수 있도록 설치 안내를 전송합니다.

비즈니스에 중요한 이벤트 카테고리를 선택하고 해당 이벤트를 추적할 방법을 선택하세요.

구매
잠재 고객 확보
등록 완료
결제 정보 추가
장바구니에 담기
위시리스트에 추가
결제 시작
검색
콘텐츠 조회

▲ 어떤 이벤트를 추적할지 페이스북 픽셀 관리자에서 확인

2. 맞춤 HTML 태그에 전환 픽셀 담기

픽셀 관리자에서 특정 이벤트의 스크립트를 복사합니다. 구글 태그 매
니저를 열고 맞춤 HTML 태그를 생성해서 담아줍니다. 특정 액션을 했다
는 것을 광고 모수로 쌓을 수 있습니다. 뿐만 아니라 전환 값 변수를 추가

하면 상품의 이름과 가격이 얼마인지도 수집할 수 있습니다. 이 부분을 처리하기 위해서는 자바 스크립트 지식이 있어야 합니다.

▲ 각 이벤트 마다 코드가 다르므로 원하는 이벤트 픽셀 복사

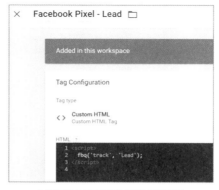

▲ 맞춤 HTML 태그에 전환 픽셀을 넣어줍니다.

3. 태그 시퀀싱으로 기본 픽셀을 먼저 실행

전환 픽셀은 기본 픽셀보다 항상 뒤에서 실행돼야 합니다. 구글 태그 매니저를 사용하지 않고 소스 코드를 직접 넣는 경우에도 마찬가지입니다. 구글 태그 매니저는 태그 실행 순서 처리를 할 수 있게 태그 시퀀싱 기능이 있습니다. 체크 박스 한 번으로 태그가 실행되는 순서를 정의할 수 있습니다.

▲ 태그 시퀀싱에서 기본 픽셀이 먼저 실행되게 합니다.

4. 이벤트 액션을 트리거로 정의하기

기본 픽셀은 모든 페이지에서 실행되어야 하지만, 전환 픽셀은 특정 이벤트 시점에 실행되어야 합니다. 트리거를 생성하고 조건을 정의합니다. 트리거 조건 설정을 위해서는 웹 작동 구조에 대한 기본 지식이 필요합니다. 그로스 해커가 되고 싶으시다면 웹에 대한 공부를 하셔야 합니다. 모든 것을 알진 못해도 기본은 알아야 합니다.

▲ 이벤트 발생 시점을 트리거로 정의합니다.

5. 미리보기 테스트 및 픽셀 Helper 체크

태그와 트리거를 설계했다면 미리보기 모드에서 이벤트 실행 시점에 태그가 정상 작동하는지 체크합니다. 여기서 끝이 아닙니다. 픽셀 Helper 로 전환 픽셀이 제대로 실행되는지 크로스 체크합니다.

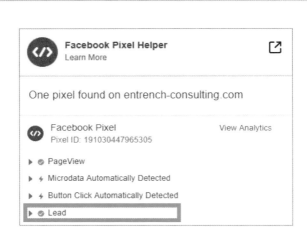

▲ 픽셀 헬퍼 프로그램으로 전환 이벤트가 작동하는지 체크합니다.

페이스북 전환 픽셀을 구글 태그 매니저로 적용하는 방법을 말씀드렸습니다. 고객의 행동을 분석하고 매출을 올리기 위해 가장 필요한 것은 고객을 이해하는 것입니다. 전환 픽셀을 무조건 설치해야 하는 건 아닙니다. 기본 픽셀 만으로도 고객을 다시 잡을 수 있습니다. 하지만 전환 픽셀을 사용하면 좀 더 세분화된 타겟팅이 가능합니다.

CHAPTER
43

실무자들이 자주 하는
구글 애널리틱스 질문 Best 20

사람들이 궁금해하는 문제들은 거의 비슷합니다. 구글 애널리틱스와 구글 태
그 매니저 관련하여 자주 하시는 질문들만 모아서 해결책을 정리했습니다.

강의를 듣거나 책을 봐도 막상 실무에 적용하려면 갑자기 튀어나오는
갖가지 문제들로 인해 벽에 부딪히는 경우가 많습니다. 이럴 때 보통 친한
동료에게 자문을 구하거나, 커뮤니티에 질문을 던지거나, 구글링을 통해
질문에 대한 해답이 있는지 탐색합니다. 일반적으로 성과 측정에 대한 질
문이 많습니다. 그럼, 어떤 질문을 많이 하시는지 알아볼까요?

1. 목표 설정을 하려는데, 목표 생성 버튼이 보이질 않네요.

목표는 보기Vⁱᵉʷ 단위로 생성할 수 있습니다. 보고서 데이터는 확인되
는데 보기 설정에서 목표 메뉴 접속 시 목표 생성 버튼이 보이지 않는다면
수정권한이 없기 때문입니다. 목표를 생성하거나 수정하려면 보기에 수정
권한이 있어야 합니다. 분석 업무에 많이 관여된 분들에게는 수정권한을
부여해야 합니다.

▲ 목표는 수정 권한이 있어야 생성 및 수정이 가능합니다.

2. 대행사에서 만든 GA 계정 권한을 이관하려는데 권한이 없다고 합니다.

　계정 사용자 관리 권한이 없기 때문입니다. 대행사에 연락해서 사용자 관리 권한을 달라고 요청하셔야 합니다. GA 혹은 GTM계정을 생성할 때 항상 인하우스에서 먼저 계정을 생성한 뒤, 대행사에 권한을 부여해야 합니다. 또한 반드시 프로젝트가 종료된 경우 대행사에 권한을 회수해야 합니다. 그렇지 않으면 데이터 보안에 문제가 발생하게 됩니다.

▲ 계정 사용자 관리 권한이 없는 경우 노출되는 화면.

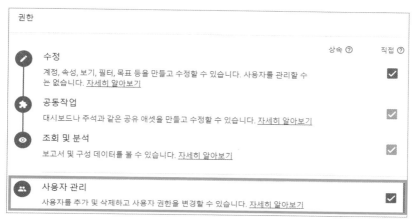

권한

		상속 ⑦	직접 ⑦
수정	계정, 속성, 보기, 필터, 목표 등을 만들고 수정할 수 있습니다. 사용자를 관리할 수는 없습니다. 자세히 알아보기		☑
공동작업	대시보드나 주석과 같은 공유 애셋을 만들고 수정할 수 있습니다. 자세히 알아보기		☑
조회 및 분석	보고서 및 구성 데이터를 볼 수 있습니다. 자세히 알아보기		☑
사용자 관리	사용자를 추가 및 삭제하고 사용자 권한을 변경할 수 있습니다. 자세히 알아보기		☑

▲ 계정 사용자 권한이 있으면 마스터가 될 수 있습니다.

3. 매출 성과가 PG(결제 대행) 도메인으로 잡히는데 해결책이 없나요?

광고를 했으면 해당 매체를 통해 얼마나 구매가 되었는지 파악이 되어야 합니다. 만약 성과가 결제 대행사 도메인을 잡힌다면 속성 설정 메뉴에 접속해서 추천 제외 목록에 결제 대행사 도메인을 추가합니다. 추천 제외 목록에는 웹사이트 기본 도메인이 디폴트로 추가되어 있습니다. 여기에 추가 버튼을 눌러서 결제 대행사 도메인을 추가하시면 됩니다. 그래야 매체별 성과가 정상적으로 잡히게 됩니다.

네이버 광고
(성과 매체로 잡히지 않음)

PG 도메인
(성과 매체로 잡힘)

구매

▲ 레퍼러 제외 목록에서 PG 도메인을 제거하세요.

4. GA 인구통계 보고서는 실제 데이터인가요?

결론부터 말씀드리면 구글에서 쿠키를 기반으로 예측한 데이터입니다.

인구통계 기능은 속성 설정의 데이터 수집 메뉴에서 광고 보고서 기능을 켜게 되면 확인 가능한 데이터입니다. 해당 데이터는 브라우저 쿠키가 클릭하거나 방문한 광고 혹은 웹사이트의 정보를 기반으로 성별과 연령대, 관심사를 추정합니다. 따라서 100% 정확한 데이터가 아니며, 회원의 정확한 성별과 연령대를 파악하려면 맞춤 측정기준을 써야 합니다.

▲ 인구통계 보고서 데이터는 추정한 결과입니다

5. 네이버 페이 성과는 어떻게 추적하나요?

많은 쇼핑몰에서 네이버 페이를 연동하고 이를 통해 발생하는 매출 비중이 상당합니다. 하지만 GA는 네이버 페이를 통해 구매된 매출을 전자상거래 태깅을 적용해서 파악하기가 어렵습니다. 왜냐하면 네이버 페이를 클릭하는 순간 웹사이트 도메인이 네이버 페이 도메인으로 변경되기 때문입니다. 하지만 클릭되는 시점에 상품명과 가격은 구글 태그 매니저를 활용해서 추적할 수 있습니다. (단, 클릭이 발생하는 시점에 데이터를 수집하는 것이기 때문에 구매까지는 추적할 수 없습니다.)

▲ GTM으로 네이버 페이 구매 시점에 상품명과 가격을 수집합니다.

6. 도메인이 다른 2개의 웹사이트를 1개의 GA 속성으로 관리하고 싶어요.

우선 도메인이 무엇인지 알아야합니다. 도메인은 문자로 표시된 인터넷 주소입니다. 네이버에 접속할 때 IP 주소를 입력해서 접속하지 않고 www.naver.com을 입력합니다. IP 주소는 기억하기 힘들기 때문에 아스키 문자로 IP 주소를 대체하는 게 바로 도메인입니다. '. com', '. net', '. kr'이 대표적인 도메인 예시입니다.

도메인이 다르다는 것은 도메인의 몸통 부분이 다르다는 의미입니다. 몸통 부분이 같으면 동일한 도메인이라고 이해하세요. 예를 들어 보겠습니다. news.naver.com, music.naver.com의 도메인은 같습니다. 이들은 서브 도메인이라고 부릅니다. 몸통은 같지만 앞에 붙은 news, music 문자에 따라 서비스가 갈리기 때문입니다.

도메인이 다른 경우는 www.naver.com, www.daum.net과 같이 몸통

부분이 다른 경우입니다. GA 속성이 1개인데 서로 다른 도메인의 데이터를 하나의 데이터 통 안에 담으려면 크로스 도메인 설정이 필요합니다.

크로스 도메인 설정을 하면 동일한 사용자가 A 도메인에서 B도메인으로 이동해도 동일한 사용자로 인식합니다. 크로스 도메인 설정을 하지 않으면 어떻게 될까요? GA는 동일한 사용자가 다른 도메인으로 이동할 때, 다른 사용자로 인식합니다. 이렇게 되면 사용자 숫자가 부풀려지므로 정확한 데이터가 쌓이지 않습니다.

신규 서비스를 출시할 때 도메인 주소를 분석을 고려해서 설계하셔야 합니다. 그렇지 않으면 불필요한 리소스가 낭비됩니다. 프로모션을 위한 페이지를 기획한다면 반드시 URL 패턴이 기본 도메인과 일치하는 방향으로 설계를 하시고, 도메인이 달라지는 경우에는 크로스 도메인 설정을 통해 데이터를 통합 관리하시기 바랍니다. 참고로 크로스 도메인 설정은 구글 태그 관리자로 설정 가능합니다.

7. 매출 데이터가 갑자기 측정되지 않네요!

먼저, GA 혹은 GTM 추적 코드가 누락되었는지 확인해보아야 합니다. GA로 데이터를 수집하기 위해서는 추적 코드가 기본적으로 있어야합니다. 가장 먼저 하실 일은 구매완료 페이지에 추적 코드가 있는지 체크하시고 개발 팀에 구매 프로세스 페이지에 별도의 작업이 있었는지 확인해보아야 합니다.

8. 블로그에서 유입된 전체 URL을 보고 싶어요.

블로그를 통해 유입된 경우 GA는 해당 블로그 링크를 모두 보여주지 않고 일부만 보여줍니다. 하지만 마케팅 담당자는 어떤 블로그 게시물이 인기가 많은지 확인하고 싶어합니다. 이런 경우, 별도의 필터를 적용해야 합니다. 'Full Referral'라는 이름으로 필터를 아래와 같이 생성합니다. '맞춤 정의'라는 측정기준에 이전 페이지 주소(Referral)를 수집하는 방식입니다.

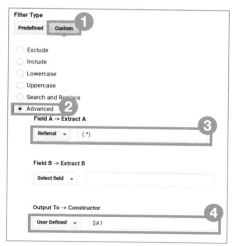

▲ 전체 레퍼러를 수집하는 필터 설정

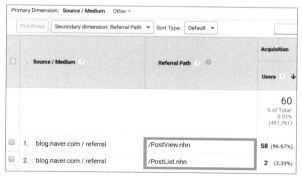

▲ Full Referral 필터를 적용하지 않은 경우

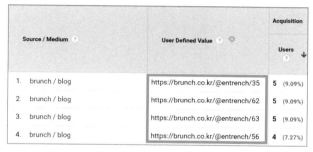

▲ Full Referral 필터를 적용한 경우

9. 신규 및 재방문 개념이 너무 헷갈립니다.

GA가 사용자를 판별하는 기준은 고유한 브라우저 쿠키 ID입니다. 쿠키 ID는 기기 및 브라우저 단위로 발행되므로, 1명의 사람이 여러 기기와 브라우저에서 방문한다면 다수의 사용자로 인지됩니다. 위 내용을 이해하면 신규 및 재방문에 대한 개념을 잡기 조금은 수월합니다. 신규 방문자는 추적 코드가 설치되고, 처음 확인된 쿠키 ID를 의미합니다. 재방문자는 이전에 수집된 GA 쿠키 ID와 일치하므로 쿠키를 삭제하게 되면 신규 사용자로 인지됩니다.

예를 들어 보겠습니다. 영미가 휴대폰으로 1일 전에 쇼핑몰에 처음 방문해서 장바구니에 물건을 담고 다음 날 재방문해서 물건을 구매한 경우를 가정해볼께요. GA에서 전체 데이터를 조회하면 신규 방문 1, 재방문 1로 조회됩니다. 동일 기기의 브라우저로 접속한다는 가정 하에 말입니다. 이런 경우 전체 사용자 수는 쿠키가 동일하므로 1이 됩니다.

10. SEO 개선하는 방법 좀 알려주세요.

SEO는 검색엔진 최적화를 의미합니다. 쉽게 말해, 검색엔진이 당신의 웹사이트를 쉽게 검색할 수 있게 작업을 해줘야 한다는 의미입니다. 검색엔진 최적화에 가장 중요한 요소는 페이지에 담긴 내용과 제목입니다.

GA에 대해 글을 쓰고, 검색이 되게 하려면 제목과 본문에 GA 관련 단어가 들어가야 한다는 얘기입니다. 그렇다고 해당 단어를 복사 + 붙여넣기로 도배된 경우 검색 알고리즘이 자동으로 배제시킵니다.

본문에는 이미지보다는 텍스트를 넣고, 이미지를 넣을 경우 해당 이미지가 어떤 이미지인지 Alt값을 넣어서 웹 접근성에 위배되지 않게 해야 합니다. 태그 기능이 있다면 태그를 넣어서 키워드 검색 시 노출이 될 수 있게 해주면 금상첨화입니다.

굉장히 손이 많이 가는 작업이며, SEO를 잘하기 위해서는 챙겨야 할 점이 많습니다. 하지만 SEO는 광고보다 강력한 힘을 발휘합니다. 광고비를 절약하고 건강한 웹사이트를 만들기 위해서는 SEO에 집중하시기 바랍니다.

11. 광고 랜딩 링크에 UTM 코드가 누락되면 어떻게 되나요?

랜딩 링크에 UTM 코드가 존재하지 않으면 GA는 캠페인으로 인지하지 않습니다. UTM 코드를 붙였는데 캠페인 데이터가 수집되지 않는다면 UTM 코드가 제대로 삽입된 상태인지 체크하셔야 합니다. GA에서 캠페인으로 인지되기 위한 필수 UTM 변수는 총 3가지입니다. 캠페인 이름, 소스, 매체에 대한 값을 랜딩 URL 뒤에 붙어야 합니다. 위 3가지 변수 중 하나라도 누락되면 캠페인 데이터는 들어오지 않습니다.

12. 재구매를 파악하는 방법이 있을까요?

재구매 사용자는 GA로 어떻게 조회할 수 있을까요? 사용자당 거래수가 1보다 커야 합니다. GA는 다양한 조건의 사용자 특성을 세그먼트로 생성할 수 있습니다. 일반적으로 회원의 등급은 특정 기간의 구매건수에 따라 분류됩니다. 만약 등급 체계가 구축되지 않은 상태라면, 구매 건수에 따라 회원의 등급을 분류하시기 바랍니다. 이를테면, 3개월 안에 구매 건수가 5회 이상이면 VIP 등급으로 보는 식입니다.

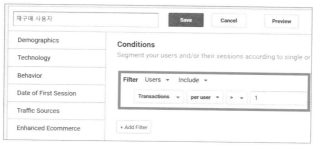

▲ 사용자당 거래수가 1보다 크면 재구매 사용자

13. 서치 콘솔에서 Query 데이터가 Other로 분류되는 경우는 뭔가요?

서치 콘솔을 적용하면 구글 오가닉 검색어를 알 수 있습니다. 하지만 적용을 해도 모든 검색어를 보여주지 않습니다. 서치 콘솔은 구글 오가닉 검색어 중에서 개인정보가 포함된 검색어 혹은 검색량이 매우 적은 경우 'Other'라는 이름으로 묶어서 보여줍니다. 구글 오가닉 검색어 비중이 높아진다는 것은 긍정적인 신호입니다. 광고에 돈을 쓰지 않아도 무료 유입 트래픽이 많아진다는 의미입니다. 여기서 멈추지 마시고 오가닉 키워드가 구체적으로 무엇인지 서치 콘솔을 통해 체크하시기 바랍니다.

▲ 구글 서치 콘솔을 통해 오가닉 검색어를 확인합니다.

14. 필터를 적용하면 소급 적용되나요?

필터는 생성해서 적용하는 시점부터 적용됩니다. 따라서 이전 데이터에는 필터가 소급 적용되지 않습니다. 모바일 도메인 유입 필터를 적용했는데, PC 데이터가 실시간 보고서에서 확인되는 경우가 간혹 있습니다. 이런 경우는 필터 적용 이전에 접속한 사용자가 웹사이트를 아직 이탈하지 않았기 때문입니다. 30분 뒤에 다시 실시간 보고서를 확인해보시면, 모바일 도메인 트래픽만 확인이 되실 겁니다.

15. GA와 애드워즈 연동 시 주의할 점이 있나요?

GA와 애드워즈를 연동하려면 둘 다 수정 권한이 있어야 합니다. 그렇지 않으면 연동이 되지 않습니다. 애드워즈와 연동을 하면 GA 데이터를 기반으로 잠재고객을 생성하여 광고를 집행할 수 있습니다. 이를 통해 보다 정확한 타겟팅 광고를 설계할 수 있습니다. 연동 버튼이 활성화되지 않았다면 수정 권한이 있는지 체크해보시기 바랍니다.

16. 프로모션 분석을 위해 랜딩 링크에 UTM 코드를 심었는데 데이터가 안 잡혀요.

구글 애널리틱스 추적 코드가 제대로 삽입되었는지 확인해봅니다. UTM 코드를 제대로 삽입해도, 해당 페이지에 GA 추적 코드가 없다면 데이터는 수집되지 않습니다. GA 캠페인 데이터가 수집되려면 캠페인 '이름/소스/매체'에 해당하는 3가지 UTM 값이 랜딩 링크 뒤에 존재해야 합니다. 변수에 한글을 붙이는 경우 인코딩 된 값을 넣지 않으면 데이터가 깨진 값으로 수집될 가능성이 높습니다. 가급적 캠페인 URL 생성기를 활용해서 캠페인 링크를 생성하시기 바랍니다.

17. 웹사이트에 생성된 URL 개수가 너무 많고 복잡해요. 패턴을 단순화하고 싶어요.

웹사이트 URL 개수가 불필요하게 많다면 '찾기 및 바꾸기' 필터 기능을 활용하여 URL 패턴을 단순화 해야 합니다. 실제 URL 패턴이 변경되는 게 아닙니다. GA로 데이터가 수집되고 보고서에 보여지는 패턴이 단순화됩니다. 단, 기존에 수집된 데이터에는 필터가 소급 적용되지 않습니다. 해당 필터를 사용하면 호스트 이름을 통합할 수 있고, 경로명도 직관적으로 변경 가능합니다.

18. 전체 이탈률이 5%로 확인됩니다. 너무 낮은 거 아닌가요?

결론부터 말씀드리면 너무 낮은 게 맞습니다. 흡입력이 양호한 웹사이트의 이탈률은 20~30% 입니다. 다시 말해 전체 이탈률이 5%라면 정상이 아닐 가능성이 높습니다. 이탈률의 정의부터 다시 확인해볼까요? 이탈률을 조금 유식하게 표현하면 '단일 히트 세션'입니다. 히트가 한 번만 발생했다는 의미입니다. 전체 이탈률이 실제로 5%면 방문자들에게 최상의 경험을 제공하는 이상적인 웹사이트입니다. 하지만 전 세계에서 평균 이탈률이 5%인 웹사이트는 거의 존재하지 않는다고 보셔도 됩니다. 이런 경우는 GA 추적 코드가 중복으로 삽입되어, 히트가 2번 발생하는 경우가 대부분입니다. 만약 여러분 웹사이트의 이탈률이 10% 미만이라면, GA 데이터의 정합성을 의심하시기 바랍니다. 데이터 정합성에 오류가 없다면 여러분이 운영하는 서비스의 이탈률의 전 세계 최상위권 수치입니다.

19. Zum 검색엔진 트래픽이 Referral로 잡히는데 Organic으로 수정하고 싶어요.

Zum 검색엔진은 Organic 트래픽으로 수집되어야 하지만, GA는 이를 Referral 트래픽으로 수집합니다. 따라서 이를 수정하려면 별도의 설정이 필요합니다. 속성 설정에서 오가닉 검색 소스에 Zum 검색엔진을 추가하면 됩니다. 설정이 완료되면 Zum 검색엔진을 통해 데이터가 유입될 경우 Organic 트래픽으로 수집됩니다.

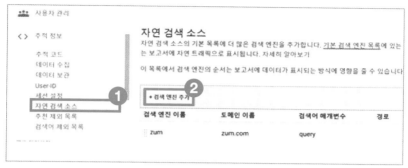

▲ 속성 설정 〉 추적정보 〉 자연검색에서 Zum 검색엔진 추가

20. 특정 페이지의 세션이 0, 페이지뷰가 3입니다. 세션이 어떻게 0 으로 나올 수 있나요?

세션은 웹 또는 앱 접속 후 처음으로 히트가 발생할 때 측정됩니다. 다시 말해, 특정 페이지의 세션과 PV를 조회했는데, 해당 페이지로 랜딩 된 경우가 없다면 세션이 0으로 측정될 수 있습니다. 단, 해당 페이지로 랜딩되지 않았더라도 세션 만료 시간이 지나 세션이 추가로 발생하는 경우는 세션이 카운팅 됩니다. 세션이 0으로 나오는 페이지는 많을 수도 있고 적을 수도 있습니다. 세션의 개념을 정확히 이해하시고 분석을 하시는 것을 권장드립니다.

마케터가 알아야 할 분석 용어집

업무를 잘 하는 마케터는 업계 용어에 대해 알고 있어야 합니다. 광고 및 분석 업무를 진행할 때 알아두면 좋은 단어에 대해 알아봅니다.

혼자 일을 하는 것이라면 용어는 사실 몰라도 업무에 지장을 주지 않습니다. 하지만 우리는 혼자하는 일보다 같이하는 일이 훨씬 많습니다. 회의를 한다거나 광고주를 만났는데 상대방이 하는 말을 알아듣지 못한다면 커뮤니케이션에 지장을 줍니다. 심각한 수준이라면 상대방에게 신뢰를 주지 못하게 됩니다. 예를 들면 아래와 같은 상황입니다. 광고주 직원과 광고 대행사에 신입으로 입사한 직원과의 전화 통화 상황입니다.

- 광고주: 이번달 성과 보고서 잘봤어요. 그런데 전월에 비해 CAC가 많이 떨어졌네요? MAU는 큰 폭으로 상승했구요. 혹시 전월 대비해서 캠페인에 어떤 변화가 있었나요??

- 신입 담당자: 아하, 이번달에 젊은 여성 타겟으로 페이스북 리타겟팅 동영상 광고를 한 게 주효했던 것 같아요. (그런데 CAC가 뭐지...어디서 들어 봤는데...ㅜㅜ)

- 광고주: 아, 정말요?? 저희 지금 LTV가 3만원 정도 되나요?? KPI 달성하려면 CPI는 지금보다 더 낮춰야 할 것 같아요. 좋은 방법이

없을까요??

- 신입 담당자: (멘붕 초기 단계에 진입) 아...어떤 캠페인이 좋을지 머리 굴리고 있는데요. 이번주 안으로 정리해서 한번 보여드릴게요.(아...KPI는 알겠는데 LTV는 뭐지...?? CPC는 알겠는데 CPI는 또 뭐야...이거 용어를 모르니까 대화가 되질 않네...ㅠㅠㅠ)
- 광고주 : 네, CVR 최대한 높여서 이번달에 최대 매출 찍어 봅시다. 리타겟팅 광고의 영향인지 Organic 트래픽도 덩달아 오르고 있네요. 물론 전반적으로 Bounce Rate가 높아지긴 했지만요. 지난주 ASO 작업 후 앱 업데이트가 이번주 반영되었어요. 그래서인지 앱 다운로드 수가 엄청나게 늘었네요~!!

광고주와 전화 통화에서 다행히 대행사 신입 직원이 위기를 잘 모면한 것 같습니다. 상대방의 언어를 이해하지 못해서 업무에 지장이 생기는 경우가 잦다면 대부분의 광고주는 이렇게 생각할겁니다.

'이런 직원이 우리 회사의 광고 대행을 담당하고 있다니 담당자 바꿔주면 안되나?! 대행사를 바꿔야 하나?!'

이런 상황이 발생하지 말란 법은 없습니다. 마케터는 끊임없이 공부해야 합니다. 그게 마케터의 숙명입니다. 실무에서 자주 쓰이는 용어는 정해져 있습니다. 아래 용어들만 알아도 회의에서 상대방이 하는 말을 못 알아듣는 경우는 없습니다.

다시 한번 말씀드리지만 모르는 건 부끄러운 게 아닙니다. 모르면서 알려고 하지 않는 게 부끄러운 겁니다. 자주 보다 보면 자연스럽게 익히게 되는 용어들입니다. 굳이 외우려고 하지 마세요. 그렇게 외워도 안 보면 금새 잊어버립니다. 예전과 다르게 요즘 시대의 지식이란, 정보가 어디 있는지 빠르게 찾고 그것을 활용하는 능력입니다. 지표와 익숙해지려면 관련된 글이나 보고서를 많이 보시기 바랍니다.

ARPU (Average Revenue Per User)

특정 기간 동안 1명의 사용자가 지불한 평균 금액입니다. 보통 '알푸'라고도 많이 부릅니다. 게임이나 쇼핑몰에서 굉장히 중요한 지표입니다. 통신사에서도 많이 쓰입니다. ARPU가 높다는 건 굉장히 긍정적인 의미입니다.

LTV (Life Time Value)

고객 생애 가치 지표입니다. 쉽게 말해 고객이 우리 서비스에 접속해서 이탈하기까지 전체 기간을 기준으로 했을 때 생산해 낸 수익이라고 보시면 됩니다. LTV가 1만원이라면 기간을 전체로 했을 때 신규 고객이 유입 후 이탈할 때까지 총 1만원의 수익을 우리에게 안겨준다 라고 이해하시면 됩니다. 고객 획득 비용을 LTV보다 낮게 유지하는 게 중요합니다.

CAC (Customer Acquisition Cost)

신규 고객 획득 비용입니다. 1명의 고객을 우리 서비스로 유입시키기 위해 사용한 금액이라고 보시면 됩니다. 쉽게 생각하면 투입된 광고비 대비 유입된 신규 사용자 수라고 생각하시면 됩니다. 광고비에 1만원을 써서 5명의 신규 사용자가 유입되었다면 CAC는 2,000원입니다. CAC를 낮추는 방법으로 가장 많이 쓰이는 건 앱스토어 최적화가 있고, 분석 툴을 활용한 데이터 분석을 통해 효율이 낮은 채널을 버리거나 예산을 줄이는 등의 작업이 필요합니다.

ASO (App Store Optimization)

앱스토어 최적화 입니다. 앱스토어 검색 시 자사의 앱이 상위에 랭크되도록 하는 작업을 말합니다. 이를 위해 제목, 아이콘, 설명 등을 최적화하는 작업이 필요합니다. 이를테면, 앱 아이콘의 테두리 색상을 변경하면서 어떤 색상이 반응이 좋은지 A/B 테스트를 하는 방법이 있습니다.

DAU (Daily Active User)

앱 분석을 할 때 DAU는 빠지지 않고 등장하는 단어입니다. 즉, 하루에 얼마나 많은 유저들이 앱을 사용하고 있는지는 나타내는 단어입니다. DAU가 높다는 건 그만큼 재방문 유저가 많다는 것을 의미합니다. '유지가 획득을 이긴다'라는 말이 있습니다. 충성 고객을 만드는 게 신규 유입을 증가시키는 것보다 중요하다는 의미입니다. 마케터에게 DAU를 높이고 유지하는 건 숙명같은 일입니다. 어느 순간이 되면 정체기가 오는데 이를 극복하기 위해 다방면의 노력이 필요합니다.

MAU (Montly Active User)

동일한 의미로 MAU가 있습니다. 네, 맞습니다. 월 기준으로 얼마나 많은 유저들이 앱을 사용하는지를 나타냅니다. 국내 쇼핑몰 트래픽을 비교하는 기사를 보시면 MAU를 기준으로 순위를 결정합니다. 페이스북의 MAU는 얼마일까요? 자그만치 10억명 입니다. 카카오톡 MAU가 약 4,200만명(2016년 11월 기준)이니까 참 대단한 수치라고 할 수 있습니다.

UV (Unique Visitor)

사용자 수라고 많이 쓰입니다. 조회 기간에 방문한 유니크한 사람의 수라고 이해하면 되겠습니다. 구글 애널리틱스에서는 사용자 라는 지표가 바로 UV와 동일한 의미입니다. 클릭 UV라는 말을 쓰시는 분이 간혹 있는데 그런 지표는 없습니다. 데이터를 분석하는 분이면 이를 혼동해서 사용해서는 안됩니다.

CPI (Cost Per Install)

1개의 앱이 설치되는데 사용된 광고 비용을 말합니다. 당연히 낮을수록 좋습니다. 낮게 유지하려면 어떻게 해야 할까요? 앱스토어 최적화 해야 합니다. 가장 좋은 건 입소문 입니다. 앱이 좋다고 입에서 입으로 전해지면 CPI는 급격하게 하락합니다. 광고비를 아끼는 가장 현명하면서도 어려운 방법이 바로 입소문입니다. 주로 모바일 게임 쪽에서 CPI 용어가 많이 사용됩니다.

CVR 또는 CR (Conversion Rate)

전환율을 의미합니다. 전환율은 무조건 측정해야 합니다. '너네 회사 전환율이 얼마니?'라는 질문에 담당 기획자 또는 마케터라면 바로 답변을 할 수 있어야 합니다. 그만큼 중요한 지표입니다. 기획 끝나고 운영은 신경쓰지 않는 분들이 간혹 있는데 서비스가 성장하려면 기획과 운영이 맞물려 돌아가야 합니다.

전환율은 목표에 따라 달라집니다. 쇼핑몰이라면 구매완료가 되고 보험사의 경우 상담신청 버튼을 클릭하는 게 전환율 달성의 기준이 됩니다. 전환율을 0.5%만 올려도 그에 따른 매출은 엄청난 성장을 합니다. 일반적인 커머스 사이트의 평균 전환율이 1.2% 정도라고 합니다. 사고자하는 게 명확히 정해진 상품일수록 전환율이 높습니다. 이거 사야지 라고 마음 먹으면 보통 사는 경우가 대부분입니다. 패션보다는 생활용품 카테고리 상품의 전환율이 높은 이유입니다. 여러분 사이트의 전환율은 얼마인가요?

Bounce Rate (이탈률)

이탈률이란 고객이 웹사이트 또는 앱에 접속 후 아무런 액션을 하지 않고 나간 비율을 의미합니다. 광고를 많이 하면 이탈률이 일반적으로 상승곡선을 보입니다. 이탈률은 낮을수록 좋고 이상적인 숫자는 20% 내외입니다. 이탈이 60%를 넘어가면 이를 낮추기 위해 메인 리뉴얼을 한다거나 다양한 미끼 상품을 던집니다. 이벤트 페이지의 경우 '이탈률이 높다'는 것은 그만큼 '페이지의 흡입력이 떨어진다'라고 이해하시면 되겠습니다. 그럼 어떻게 해야 할까요? 화면 구성을 일부만 변경을 주거나 A/B 테스트를 하는 등의 시도를 해봐야합니다.

ARPPU (Average Revenue Per Paying User)

특정 기간 동안 결제한 사람들이 평균적으로 지불한 금액입니다. ARPU가 '알푸'라면 ARPPU는 '알피피유' 라고 부릅니다. 보통 기간은 한 달을 잡습니다. 지표를 구하는 방법은 총 매출을 결제한 사용자 수로 나누면 됩니다.

ARPU가 매출을 전체 사용자 수로 나눈 것이라면(결제하지 않은 사용자 포함) ARPPU는 서비스를 이용한 고객들 중 결제한 사람들의 평균 결제액을 본다고 생각하면 됩니다. 당연히 높을수록 좋습니다. 주로 게임 유저 데이터를 분석할 때 자주 사용되지만 쇼핑몰에서 사용해도 전혀 어색하지 않은 지표입니다.

Cohort Analysis (코호트 분석)

사용자의 재방문율을 관리하는데 있어 코호트 분석이 자주 활용되고 있습니다. 코호트란 쉽게 말해서 동일한 성격을 가진 집단이라고 이해하시면 됩니다. 이를테면 모바일 여성 유저 또는 장바구니 이용 유저 등이 있습니다. 앱을 설치한 고객들이 1주 뒤에 얼마나 방문하는지, 2주 뒤에 앱 설치 잔존율은 어떻게 되는지 등을 분석할 수 있습니다.

데이터는 최대한 쪼개야 인사이트를 얻을 수 있습니다. 평균적인 데이터로는 의미를 도출하기 어렵습니다. 때문에 분석하는 입장에서 개선을 위한 액션을 취하려면 분석해야 할 집단을 선택 및 정의하고 그에 따른 데이터를 최대한 깊게 파고 들어가야 합니다. 요즘 많이 활용하시는 구글 애널리틱스를 비롯해 요즘 나오는 앱 분석 툴을 보면 코호트 분석 기능이 반드시 들어 있습니다. 그만큼 중요하고 잘 활용하면 굉장히 유용합니다.

Funnel Analysis (퍼널 분석)

퍼널 분석은 보통 단계별 분석, 깔때기 분석이라고도 많이 부릅니다. 사용자가 유입되고 전환에 이르기까지의 주요 단계를 숫자로 확인합니다. 어디서 이탈을 하며, 서비스의 취약 단계가 어디인지 알 수 있기 때문에 퍼널 분석을 하지 않고서는 서비스 개선이 어렵다고 해도 과언이 아닙니다.

퍼널 분석을 할 때 주의할 점은 너무 단계를 많게 가져가는 것보다는 사용자들이 반드시 거치는 주요 페이지를 3~4단계로 분석해야 합니다. 퍼널 분석에 세그먼트를 얹어서 분석한다면 훨씬 더 많은 인사이트를 얻을 수 있습니다.

기획자라면 화면 기획 시 최대한 단계를 줄여야 합니다. 요즘 모바일 커머스 앱의 회원가입 페이지를 보시면 거의 대부분 1페이지에서 모든 가입 절차가 마무리됩니다. 단계가 많으면 많을수록 사용자는 떠나게 됩니다.

Organic (오가닉)

'오가닉'이 유기농이라는 의미도 있지만, 이 쪽 업계에서는 오가닉이라는 의미가 고객에게 자연스럽게 도달한다는 의미로 쓰입니다. 예를 들면 키워드 광고(유료)를 통해 사용자가 앱을 설치하거나 웹에 접속한다면 이는 오가닉이 아닙니다. 반대로 브랜드 이름이 어느 정도 알려져서, 또는 입소문에 의해 고객이 브랜드 이름을 입력해서 앱을 설치하거나 웹에 접속한다면 이는 오가닉을 통한 접속입니다. 때문에 잘 알려진 서비스의 트래픽을 보면 오가닉 및 직접 유입을 통한 비율이 상당히 높습니다. 반대로 신생 업체의 경우 대박 입소문이 나지 않는 이상 초반에는 광고를 통한 유입이 높은 게 사실입니다. 오가닉을 통한 유입이 늘어날수록 긍정적으로 봐야 하며, 이를 높이기 위해서는 전사적으로 브랜드를 홍보하고 서비스의 질을 높이기 위해 노력해야 합니다.

OMTM (One Metric That Matters)

서비스의 발전, 매출을 끌어올리기 위해 집중해야 하는 단 하나의 지표라고 할 수 있습니다. 아직도 많은 기업들이 트래픽에 집착하는데, 트래픽도 중요하지만 그것보다 더 중요한 건 전환입니다. 전환율을 측정하지 않고 트래픽만 측정한다는 것은 아직도 과거에 머물고 있음을 단적으로 보여주는 경우라고 할 수 있습니다.

이를 바꾸려면 윗선에서 강력한 드라이브를 걸어야 하는데 이는 생각보다 쉬운 일이 아닙니다. 결국 사용자가 우리 제품 또는 서비스를 실제로 이용하고 있는가를 측정해야 합니다. OMTM은 신중하게 선택해야 하며, 한 번 정했으면 모든 임직원이 그것의 개선을 위해 매진해야 합니다. 모든 업무의 우선순위도 이것을 어떻게 끌어올릴지에 초점을 맞춰야 합니다.

Referrel (리퍼러)

리퍼러는 고객이 서비스에 방문하기 전에 어디를 통해 왔는지에 대한 정보가 담겨 있습니다. 예를 들어 쿠팡이라는 서비스에 방문하기 위해 네이버 검색을 통해 방문했다면, 웹브라우저는 사용자가 쿠팡에 접속할 때 이전 사이트 정보를 함께 전달합니다.

리퍼러 정보가 유실되지 않고 정상 수집하면 방문자가 페이스북을 통해 많이 접속하는지 혹은 네이버 블로그를 통해 접속하는지를 정확히 알 수 있습니다. 어디서 오는지 알 수 있다면 분석을 통해 전환을 높이기 위한 방법을 찾을 수 있습니다. 하지만 방문자가 어디서 유입되는지 알 수 없다면 매체 성과를 정확히 측정할 수 없게 되므로 이전 페이지 정보가 제대로 수집되도록 개발팀과 논의하시는 것을 권장드립니다.

CTR (Click Through Rate)

CTR은 '클릭률'이라는 의미로 광고의 노출수 대비 얼마나 많은 클릭이 발생하는지를 지표로 표현한 것입니다. 광고주 입장에서는 당연히 CTR이 높으면 좋겠지만, 그렇다고 CTR만 봐서는 안됩니다.

CTR을 통해서 들어온 사람들이 실제로 전환을 하는지를 봐야 합니다. CTR을 높이려면 다양한 방법이 있겠지만, 연관성이 높은 곳에 배너를 노출하거나, 카피가 고객의 클릭을 유도하도록 하는 방법 등이 있습니다.

Deep Link (딥링크)

모바일 퍼스트시대에 접어들면서 딥링크라는 개념도 함께 등장합니다. '딥링크'란 URL을 클릭했을 때 네이티브 앱을 설치하지 않아도 해당 앱의 특정 페이지로 이동할 수 있는 링크입니다. 쉽게 말해 앱을 설치하지 않은 유저도 앱의 특정 페이지로 바로 랜딩될 수 있다고 보시면 됩니다.

보통 하이브리드 앱의 경우 특정 페이지로 웹에서 바로 접근이 가능하지만, 네이티브 앱은 그렇지 않습니다. 반드시 앱을 설치해야만 해당 페이지로 이동할 수 있습니다. 앱을 설치했다 할지라도 특정 페이지로 가는 게 아니라 메인 접속 후 찾아서 가야합니다.

딥링크가 이런 불편한 부분을 해결할 수 있습니다. 딥링크를 통해 접속했다가 만약 해당 앱이 마음에 들면 고객은 설치를 하겠지요. 딥링크 기술 덕분에 앱의 설치 수가 증가하는 건 당연한 일입니다. 마케터 입장에서 고객이 이동하는 과정에 떠나갈 확률을 조금이라도 줄여줘 고마운 기술입니다.

Post-back (포스트백)

'포스트백'은 광고 성과 트래킹 솔루션에서 자주 등장하는 단어입니다. 저도 처음에 이 단어를 들었을 때 무슨 의미인지 몰라서 자료도 찾아보고 업계에서 일하는 지인에게도 도움을 청했습니다. 포스트 백이란 쉽게 말해 고객에 의해 발생한 광고 성과를 매체사에 돌려주는 것을 말합니다. 대표적인 매체사로는 Google, Inmobi 등이 있습니다. 매체사 입장에서는 이 정보를 가지고 광고를 최적화 할 수 있습니다. 광고주 입장에서는 모바일 광고를 했을 때 성과를 파악하려면 각 매체사에서 제공하는 SDK를 앱에 설치해야 합니다.

매체가 많은 경우 SDK를 전부 앱에 설치해야 하는데 이는 광고주 입장에서 상당한 부담으로 작용합니다. 때문에 중간에서 중재 역할을 해주는 트래킹 솔루션들이 등장했습니다. 앱스플레이어, 튠, 애드브릭스 등이 이에 해당합니다. 우리는 이러한 제3자 트래킹 솔루션을 통해 어떤 매체가 효율이 좋은지를 판단 가능합니다.

예를 들어보면, A,B,C 광고를 보고 최종적으로 C광고를 통해 앱이 설치되었다고 가정해봅니다. 이 때 A,B 광고가 앱을 설치하는데 영향을 미쳤지만, 어쨋든 앱은 C광고를 통해 설치되었습니다. 만약 제 3자 트래킹 솔루션을 사용하지 않고, 각 매체사의 SDK를 통해 성과를 파악한다면 A,B,C광고의 매체사 모두 자기들의 광고를 보고 앱이 설치된 것이라고 주장할겁니다. 이를 방지할 수 있는 것입니다. 광고주 입장에서는 효율이 낮은 매체는 광고 예산을 줄이고, 효율이 높은 매체에 광고 예산을 집중할 수 있기 때문에 ROAS(광고 성과)를 데이터에 근거하여 관리할 수 있습니다.

ROAS (Retrun On Advertising Spend)

ROAS는 광고비 대비 매출을 의미하는 단어로 광고 캠페인의 성과를 판단할 때 자주 등장하는 용어입니다. ROAS는 데이터를 분석하시는 분이라면 꼭 알아야 하는 단어입니다. ROAS가 높으면 광고비에 예산을 많이 투입해도 된다는 의미가 됩니다.

이 정도만 아셔도 데이터 분석을 하는데 있어 왠만한 단어는 안다고 생각해도 됩니다. 물론 이것 외에도 통계학에서 사용되는 단어까지 하면 3편을 작성해도 될 정도로 많습니다. 하지만, 실무에서는 이 정도의 단어가 주로 쓰입니다.

앱스토어 상위에
노출되려면 어떻게 해야 할까

모바일 퍼스트 시대가 되면서 앱이 출시되면 상위에 노출되기 위해 많은 노력을 합니다. 앱스토어 검색 시 상단에 노출되려면 어떤 전략이 필요한지 알아봅니다.

앱스토어 최적화 전략이란 무엇일까요? 앞 글자만 따서 ASO^App Store Optimization라고 합니다. 쉽게 말해 여러분의 앱이 앱스토어에서 검색이 잘되도록 하는 전략 또는 방법이라고 보시면 되겠습니다. 예전에는 마케터가 검색엔진 최적화^Search Engine Optimization, 소위 SEO만 알아도 통했지만 최근 Mobile First 시대에 접어들면서 ASO도 반드시 알아야 하는 상황이 되었습니다.

앱을 출시하려면 어떻게 해야 할까요? 개발자가 앱 마켓에 앱을 올려야 합니다. 안드로이드는 구글 플레이, iOS는 애플 앱스토어에 올려야 사용자들이 앱을 다운로드할 수 있습니다. 사용자들은 원하는 앱을 어떻게 다운로드할까요? 보통 검색을 많이 합니다. 테크 크런치 기사에 의하면 애플 앱스토어에서 다운로드되는 앱의 65%가 화면 하단에 있는 Search Bar를 통해 이뤄진다고 합니다. 다르게 말하면 검색되지 않으면 아무리 앱을 잘 만들어도 사용자를 만날 기회조차 없어지게 됩니다. 따라서 훌륭한 마케터라면 ASO 전략을 세울 수 있어야 하고, 이를 실행에 옮겨야 합니다. 그럼 앱을 상위에 노출시키려면 어떤 전략을 짜야할까요?

1. 제목에 핵심 키워드를 노출시켜라

앱 제목에는 사용자들이 검색을 했을 때 입력되는 단어가 반드시 포함되어야 합니다. 그래야 사용자들이 검색했을 때 상위 노출될 확률이 높아집니다. 만약에 여러분이 여성 쇼핑몰을 만들어서 운영한다고 가정해봅시다. 앱 이름을 '쁘띠걸'이라고 정하고 앱스토어 올렸는데 아무리 검색을 해도 검색이 되지 않습니다. 이상합니다. 앱스토어 승인을 받아 분명 올라갔는데 말입니다. 도대체 이유가 뭘까요? '쁘띠걸'이라는 이름은 여러분만 알고 있습니다. 사용자들이 그런 이름을 알 것이라고 가정하지 않아야 합니다.

그럼 제목을 어떻게 지어야 할까요? 가장 쉬운 방법은 상위에 랭크된 앱을 벤치마킹하는 겁니다. 모르면 따라 하는 게 최선입니다. 앱 이름을 지어야 한다면 저는 이렇게 지을 것 같습니다.

쁘띠걸 – 여성쇼핑몰,여성의류,패션,스타일,여성코디,트랜드

주요 키워드를 이름에 배치하면서 너무 길지 않게 노출시키는 게 핵심 포인트입니다. 앱스토어에서 여성 쇼핑몰을 검색해서 상위에 노출된 앱과 하위에 노출된 앱들을 비교해봅니다. '에이, 쁘디걸이라고 하면 적어도 목록에는 노출되지 않을까'라고 생각하시는 분들도 있겠지만 그건 여러분 생각입니다. 절대 노출되지 않습니다. 브랜드 인지도가 높은 회사의 서비스는 사용자들이 알아서 검색을 하겠지만, 그렇지 않은 서비스의 마케터라면 ASO에 목숨 걸어야 합니다.

앱의 이름만 잘 지어도 광고비를 아낄 수 있고, 리타겟팅 마케팅에 예산을 더 투자할 수 있습니다. 그리고 그게 마케터의 역량입니다. 지금이라도 여러분의 앱 이름을 체크해보시기 바랍니다.

2. 설명은 쉽고 자연스럽게, 핵심 키워드는 앞에 노출

앱 설명은 어떻게 써야 할까요? 보통 디스크립션^{description}이라고 많이 부릅니다. 서비스의 강점과 핵심 키워드를 첫 문단에 배치해서 더보기를 굳이 누르지 않아도 앱에 대한 이해가 되게 해야 합니다. 앱에 대한 완성도가 아무리 높다할지라도 어느 정도의 설명은 필요합니다. 최대한 쉽고 자연스럽게 써야 합니다. 필요하다면 카피라이터의 도움을 받는 것도 하나의 방법입니다.

설명은 앱스토어 검색 알고리즘에서 많은 비중을 차지합니다. 자, 이제 여러분의 앱을 확인합니다. 더보기를 누르지 않아도 완벽하게 사용자들이 이해를 할 수 있을 정도로 설명이 되어 있나요? 안되어 있다면 지금 바로 수정하시고 데이터를 통해 수정하기 전과 후를 비교하면 우리 앱의 다운로드 수가 경쟁사 대비 낮았는지를 알 수 있습니다.

3. 리뷰의 양은 많을수록, 평점은 높을수록 좋다.

앱의 리뷰와 평점은 위에서 언급한 제목과 설명보다 중요도가 떨어지지만 그래도 체크해야 할 사항입니다. 여러분이라면 평점이 낮은 앱을 다운로드하시겠습니까? 인간은 사회적인 동물이라 평점과 리뷰에 많은 영향을 받습니다. 구매를 결정하는 요소 중 가격 다음이 평점입니다. 제품이 아무리 좋아도 평점이 낮으면 구매를 망설이게 됩니다. 여러분이 알고 계신 소셜 커머스, 여행, 교육, 부동산 앱 중 상위에 랭크된 앱들을 검색해보면 리뷰가 없을지언정 평점이 낮은 앱은 많지 않을 겁니다.

리뷰가 없다면 어떻게 해야 할까요? 가만히 놔둬야 할까요? 리뷰 작성 이벤트를 진행하면 됩니다. 리뷰 작성 시 적립금을 주거나 커피 기프티콘을 주는 등 방법은 다양합니다.

고객이 작성한 앱 리뷰는 꾸준히 모니터링해야 합니다. 고객이 원하는 것을 반영해야 서비스는 성장합니다. 성공한 앱들을 보면 대부분 고객의 목소리를 경청하고 서비스에 반영하고 있다는 점을 명심하시기 바랍니다.

CHAPTER
46

구글 애널리틱스 스터디, 이렇게 하세요

구글 애너리틱스는 절대 쉬운 분석 도구가 아닙니다. 익숙해지면 많이 써봐야 합니다. 가장 효과적인 방법은 남에게 여러분이 학습한 방법을 가르치는 것입니다.

구글 애널리틱스를 활용하는 기업과 실무자 분들이 많아짐에 따라 GA 지표가 점점 웹 분석의 표준이 되어갑니다. 솔루션을 잘 쓰는 것과 서비스의 성장이 반드시 비례하진 않습니다. 하지만 서비스 성장을 정량화된 수치로 표현하기 위해서는 데이터로 측정해야 합니다. 아래 그래프는 최근 1년간 전 세계 주요 웹사이트의 GA 사용 현황을 보여주는 자료입니다. 여전히 70%가 넘는 기업들이 GA를 사용하고 있습니다.

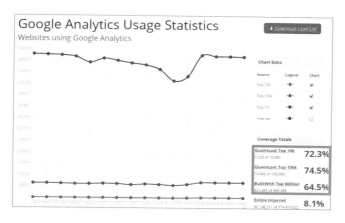

많은 실무자들이 다양한 형태의 솔루션을 활용합니다. 그 중 가장 대표적인 솔루션이 구글 애널리틱스입니다. 간혹 어떤 분들은 GA의 주요 기능을 잘 안다고 솔루션을 쓸 줄 안다고 하시는데 그건 잘못된 생각입니다. 비즈니스의 성장에 도움이 될 수 있게 활용하지 못한다면 잘 쓴다고 할 수 없습니다. 다시 말씀드리면, 솔루션을 잘 쓴다는 것은 주요 보고서의 기능을 잘 아는 게 아닙니다. 마치 핏이 잘 맞는 청바지처럼 솔루션을 자사 서비스에 맞게 커스터마이징해서 쓰고 있다 라는 표현이 적절합니다.

솔루션은 서비스를 개선하기 위해 사용합니다. 때문에 솔루션으로 인해 스트레스를 받는 일은 가급적 없어야 합니다. 하지만 현실은 그렇지 않습니다. 그래서 구글 애널리틱스를 제대로 공부하기 위한 몇 가지 팁을 알려드리려 합니다.

☑ 구글 애널리틱스는 너무 어려워요. 쉽게 공부할 수 있는 방법이 있나요?

GA를 처음 접하시는 분들이 공통으로 하시는 말씀입니다. 결론부터 말씀드리면, GA는 절대 쉬운 툴이 아닙니다. GA 솔루션 업데이트는 거의 반기마다 진행되고, 도움말 문서를 봐도 문서 번역이 어설프게 되어 있어서 왠만한 문서는 영어로 봐야 합니다. GA를 배우려고 영어 공부를 하는 주객전도 현상이 발생하기도 합니다. 때문에 분석은 커녕 매번 동일한 지표만 확인하고 반복적인 보고로 끝나는 경우가 많습니다. 이렇게 해서는 인사이트는 둘째 치고 개인의 역량도 발전시키기 어렵습니다. 데이터의 늪에 빠져 허우적대다가 보고만 하는 사람으로 전락하는 경우가 많습니다. 데이터에서 특이점을 발견하는 역할은 이제 기계가 할 수 있습니다.

기계가 하지 못하는 맥락을 짚는 능력이 없다면 인력 시장에서 경쟁력이 떨어질 것입니다. 여기서 말하는 맥락이란 제대로 된 질문입니다. 바꿔 말하면 질문이 없다는 것을 무엇이 궁금한지 모른다는 것이고, 서비스를 제대로 이해하지 못하고 있다는 의미와 동일합니다. 당연히 서비스도 제자리 걸음입니다.

　강의를 들어도 강사가 전달한 내용을 100% 소화하는 사람은 없습니다. 컴퓨터가 아닌 이상 그런 사람은 흔치 않습니다. 뇌는 기억하는 척 하지만 다음 날이 되면 다시 이전 상태가 되는 경우가 많습니다. 저 역시 그렇습니다. 기억을 높이는 가장 효과적인 방법은 연습을 하거나 남에게 본인이 학습한 내용을 가르치는 것이라 합니다. 아무리 책을 읽고 온라인 강의를 반복해서 수강해도 효율은 높지 않다는 얘기입니다.

　집단토의, 연습, 가르치기를 하려면 어떻게 해야 할까요? 별거 없습니다. 뜻이 맞는 사람들과 모여서 스터디를 해야 합니다. 데이터 분석이라는 분야는 개인적으로 혼자 고민하는 것보다는, 같이 토론하며 가설을 세우고 데이터를 탐색하면 실력이 늡니다. 그 과정에서 남에게 뭔가를 알려줄 수 있다면 더욱 좋을 것입니다. 단, 스터디를 할 때 주의할 점이 있습니다. 실력이 비슷한 사람들이 모여서는 시너지가 크지 않습니다. 내가 갖지 못한 것을 갖고 있는 사람들이 모여야 시너지가 큰 것 같습니다. 예를 들어, 개발자/디자이너/기획자/경영자가 모이면 서로 많이 싸울 수 있습니다. 하지만 서로 보는 관점이 다르기 때문에 얻어가는 것은 많을 것입니다. 기획자가 못하는 것을 개발자는 할 수 있고, 개발자가 못하는 것을 디자이너는 가능하게 합니다.

　데이터를 분석하는 사람들 중 가장 오만한 사람은 남의 생각을 인정하지 않으려는 사람입니다. 물론 정확한 숫자에 기반한 근거라면 인정하는 게 맞겠지만, 그렇지 않은 경우 본인만의 주장만 관철시키려 하는 분들은 오만해 보입니다. 아무리 실력이 좋은 사람이라도 조직에 융화되지 못하는 사람은 같이 일하기 어렵습니다.

　왜냐하면 분석이라는 게 데이터만 봐서 설명이 안 되는 지점이 반드시 존재하기 때문입니다. 경험이 많은 현업 실무자의 감이 데이터보다 나은 경우를 많이 보곤 합니다. 때문에 해당 산업의 지식과 경험이 없는 상태에서 데이터 드리븐을 아무리 주장해봤자 효과는 극히 미비합니다.

정리하자면, 구글 애널리틱스를 제대로 공부해보고 싶으시면 스터디를 하시기 바랍니다.

한 가지 팁을 드리면 구글 애널리틱스 도움말이 그 어떤 책보다 훌륭한 교재입니다. 모여서 많은 얘기를 나누시기 바랍니다. 커뮤니티를 적극 활용하시기 바랍니다. 질문을 많이 하게 되면 여러분이 얻어가는 것도 많을 것입니다.

일 잘하는 그로스 해커가
되고 싶으신가요?

매출 개선에 필요한 것은 이론이 아닌 실전 경험입니다. 그로스 해커가 되고 싶은 분들이 갖춰야 할 역량에 대해 알아봅니다.

그로스 해커는 엔지니어와 마케터의 중간 지점에서 매출을 올리기 위해 필요한 모든 일을 합니다. 다양한 일을 하므로 얕고 넓은 지식을 갖추고 있어야 합니다. 또한, 프로젝트를 리딩해야 하므로, 무엇보다 커뮤니케이션 역량이 중요합니다. 그로스 해커가 되려면 필요한 역량은 어떤 것이 있는지 알아보겠습니다.

1. 스스로 동기부여 할 수 있는 사람 (Self-Motivated)

그로스 해커는 본인이 맡고 있는 상품 혹은 서비스에 관하여 전문가여야 합니다. 이를 도메인 지식이라고 합니다. 도메인 지식과 전환 지표를 개선할 수 있는 액션이 결합되어 시너지가 나면 그로스 해커는 본연의 역할을 하게 됩니다. 이론을 전혀 몰라서도 안 되지만, 중요한 것은 실전 경험입니다. 책을 아무리 많이 보고, 비싼 강의를 들어도, 실제 서비스를 운영하고 성장시킨 경험이 없으면 그로스 해커가 아닙니다.

최근 그로스 해커가 유망 직종으로 부상하면서 취업 혹은 이직을 하려는 분들의 관심이 높습니다. 우선 스스로 동기부여를 할 수 있는 사람인지

자문$_{自問}$ 해보시기 바랍니다. 누가 시켜서 일을 하는 유형이라면, 여러분은 그로스 해커라는 직무와 맞지 않는 사람입니다. 핵심 지표를 개선하기 위해 항상 고민하고 액션으로 옮길 수 있어야 합니다. 그로스 해킹은 특별하지 않습니다. 이러한 사고방식이 바로 '그로스 해킹'입니다.

2. 원활한 커뮤니케이션을 할 수 있는 사람 (Communicator)

그로스 해커는 팀을 리딩하는 역할을 맡는 경우가 많습니다. 따라서 다양한 이해 관계자들을 설득해야 합니다. 설득을 하려면 필요한 게 바로 문서 작성 및 언어 스킬입니다. 그로스 해커는 사실 한국보다 해외에서 인기가 높은 직종입니다. 영어로 기본적인 의사소통이 된다면 해외 취업에 도전하는 것도 나쁘지 않다고 생각합니다.

마케터와 개발자는 목표는 같더라도 실제로 하는 일이 많이 다릅니다. 때문에 중간에서 다리 역할을 해주는 사람이 반드시 필요합니다. 그럼 그로스 해커가 개발마저 잘 해야 할까요? 개발자에게 AB 테스트 혹은 원하는 데이터 수집을 위해 필요한 내용을 명확하게 전달하면 됩니다. 전달하려면 상대방의 언어를 완벽하게 알지 못하더라도, 어느 정도 이해는 해야 합니다. 때문에 개발을 해봤거나 혹은 관련 경험이 있을 경우, 그로스 해커 업무를 처리하기 조금은 수월합니다.

경험이 많은 그로스 해커를 채용한다고 조직의 문화가 달라질까요? 공감하시겠지만 조직 문화는 하루 아침에 바뀌는 게 아닙니다. 그들이 시도하는 실험과 액션의 과정을 방해하지 않으면 다행입니다. 그로스 해커는 데이터로 말해야 합니다. 하지만 무조건 데이터만을 신봉하는 것도 좋지 않습니다. 확실한 근거가 있을 경우 고집은 필요하지만, 그렇지 않을 경우 커뮤니케이션을 못하는 사람으로 찍힐 수도 있습니다.

3. 경험이 최고의 자산이라 생각하는 사람

경험이라는 것은 그것을 받아들이는 사람에 따라 결과가 천차만별입니다. 정확히 말하면 일을 하는 태도입니다. 경험을 일이라고 생각하면 마음이 무겁습니다. 하지만 새로운 기회라고 생각하면 남들이 보유하지 못한 무기가 될 수 있습니다.

이메일 마케팅을 예로 들면 회사에서 고객 대상으로 이메일을 발송하지 않고 있어 잠재고객을 여럿 놓치고 있는 상황입니다. 만약 그로스 해커가 이러한 상황을 목격했다면 당장 실행에 옮깁니다. 하지만 반대의 경우는 '언젠가 해야 할 텐데...' 라며 생각만 할 것입니다. 생각을 한다고 바뀌는 것은 없는데 말입니다.

이메일 뿐만 아니라 SNS 운영 또한 동일합니다. SNS를 운영하는 것은 고객과 직접적으로 커뮤니케이션하는 일입니다. 굉장히 품이 많이 들어가고 신경 쓸 일이 많은 업무입니다. 잘못하면 회사의 입장으로 대변되어 큰 화를 입을 수도 있습니다. 하지만 일부 기업의 실무자는 SNS 운영 업무를 소홀히 여깁니다. 신입사원이 들어오면 가장 먼저 맡기는 일이 되는 경우도 비일비재합니다.

직접 SNS를 운영하면서 광고 집행도 해봐야, 나중에 대행사에 업무를 맡기더라도 안심할 수 있습니다. 시키는 업무의 정확한 내용을 모르면 불안해야 하는 게 정상입니다. 뭐든 직접 해보는 게 최선입니다. 그래야 기억에 남고 오래갑니다. 경험을 두려워하지 않는 사람이야말로 그로스 해커라는 직무에 적합한 사람입니다.

A/B 테스트,
구글 옵티마이즈로 가능합니다

구글 옵티마이즈는 마케터가 손쉽게 A/B 테스트를 진행할 수 있도록 도와주
는 도구입니다. 구글 태그 매니저를 활용해서 구글 옵티마이즈를 세팅하는 방
법에 대해 알아봅니다.

구글 옵티마이즈는 여러분이 익히 알고 계신 A/B 테스트 진행을 도와
주는 구글의 솔루션입니다. 구글 애널리틱스와 마찬가지로 무료로 사용이
가능하며, 한 번에 5개의 실험을 동시에 진행할 수 있습니다. 기기 카테고
리별 타겟팅을 비롯하여 다양한 타겟팅이 되므로 실험을 어떻게 기획하
느냐에 따라 인사이트를 얻을 수 있습니다. 참고로 구글 옵티마이즈 360
은 유료 버전입니다. 오디언스 타겟팅이 가능하며, 실험 갯수에 제한이 없
고, 비용은 월 단위로 청구됩니다.

구글 옵티마이즈 세팅은 어렵지 않습니다. 테스트를 위해 취약점을 찾
고 가설을 세우는 게 어렵습니다. 취약점은 구글 애널리틱스 데이터를 통
해 발견하는 것을 권장드립니다. 옵티마이즈 설정은 생각보다 간단합니
다. 당연히 구글의 솔루션이므로 구글 계정이 있어야 하며 옵티마이즈 플
러그인을 웹사이트에 삽입해야 합니다.

▲ 구글 옵티마이즈 신규 계정 생성하기

구글 옵티마이즈에 접속하여 계정을 생성합니다. 옵티마이즈는 구글 애널리틱스와 별개의 도구입니다. 계정 이름은 회사명으로 하고, 컨테이너 이름에 도메인 주소를 입력합니다. 회사에서 여러 개의 도메인을 소유한 경우도 있으므로, 계정명에 도메인 주소를 넣는 것은 권장하지 않습니다.

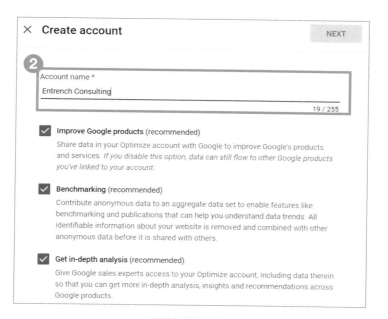

▲ 계정명에는 회사 이름을 입력

▲ 컨테이너명에는 도메인 이름을 입력

계정과 컨테이너명을 입력하면 컨테이너 설정이 필요합니다. 옵티마이즈 플러그인을 웹사이트에 헤더 영역에 삽입하거나 GTM을 활용해서 적용합니다. 다음은 GTM을 활용한 방법을 안내드립니다. 아래 화면에서 GTM으로 시작하는 옵티마이즈 컨테이너 ID를 복사해서 메모장에 붙여넣기 합니다.

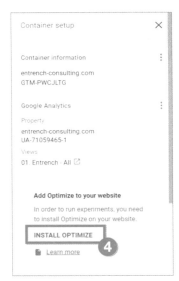

▲ 옵티마이즈 설치하기 클릭

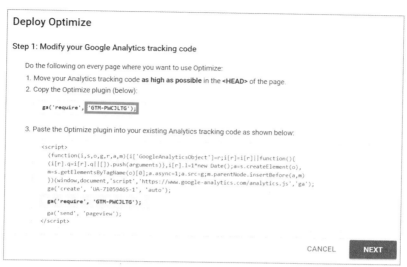

Deploy Optimize

Step 1: Modify your Google Analytics tracking code

Do the following on every page where you want to use Optimize:

1. Move your Analytics tracking code **as high as possible** in the **<HEAD>** of the page.
2. Copy the Optimize plugin (below):

```
ga('require', 'GTM-PWCJLTG');
```

3. Paste the Optimize plugin into your existing Analytics tracking code as shown below:

```
<script>
 (function(i,s,o,g,r,a,m){i['GoogleAnalyticsObject']=r;i[r]=i[r]||function(){
 (i[r].q=i[r].q||[]).push(arguments)},i[r].l=1*new Date();a=s.createElement(o),
 m=s.getElementsByTagName(o)[0];a.async=1;a.src=g;m.parentNode.insertBefore(a,m)
 })(window,document,'script','https://www.google-analytics.com/analytics.js','ga');
 ga('create', 'UA-71059465-1', 'auto');

 ga('require', 'GTM-PWCJLTG');

 ga('send', 'pageview');
</script>
```

CANCEL　　**NEXT**

▲ 옵티마이즈 컨테이너 코드 확인

GTM을 실행하고 태그 유형을 '구글 옵티마이즈'로 선택한 뒤, 복사한 컨테이너 ID를 입력합니다. 그런 다음 태그를 저장합니다. 트리거는 지정하지 않으셔도 됩니다. 트리거를 지정하지 않고, 태그 시퀀싱 기능을 활용할 예정이기 때문입니다.

▲ 구글 태그 매니저에서 옵티마이즈 태그 생성

▲ 태그 시퀀싱에서 기본 페이지뷰 태그보다 먼저 실행

태그 시퀀싱 기능이란 생성된 태그의 실행 순서를 정하는 기능입니다. 이전에 페이스북 전환 픽셀을 설명드렸을 때 언급한 적이 있습니다. 시퀀싱 기능을 활용하여 GA 기본 PV 태그가 실행되기 전에 옵티마이즈 태그가 실행되도록 합니다.

▲ 미리보기에서 옵티마이즈 태그 실행 확인

미리보기 모드를 통해 옵티마이즈 태그가 정상 실행되는지 확인합니다. 웹사이트에 이상이 없다면 컨테이너를 반영합니다. 구글 옵티마이즈 기본 세팅이 완료되었습니다.

구글 옵티마이즈는 분석 담당자가 A/B 테스트를 진행하기 위한 최적의 도구입니다. 특히 구글 애널리틱스를 사용하는 계정이라면 목표 및 이벤트를 연동할 수 있기 때문에 유용합니다. 실험을 위해 웹사이트의 전환 프로세스에서 취약 지점을 발견하려면 퍼널을 설계하고 세그먼트를 분석하는 과정이 동반되어야 합니다. 옵티마이즈를 통해 감이 아닌 실제 고객의 니즈를 확인하시기 바랍니다.

CHAPTER 49

A/B 테스트 대상을 선정하는 방법

A/B 테스트를 누구에게 진행할 것인지는 타겟팅을 통해 설정할 수 있습니다. 다양한 타겟팅 규칙 유형과 실험 시 트래픽 비율을 조정하는 방법에 대해 알아봅니다

A/B 테스트는 모든 방문자를 대상으로 진행해도 됩니다. 하지만 웹사이트 트래픽이 많은 경우, 특정 고객을 대상으로 실험을 진행하는 것을 권장드립니다. 예를 들어, 쇼핑몰 장바구니에 상품을 4만원 이상 담아야 무료 배송이 되는 경우, 장바구니 금액이 4만원 미만인 고객을 대상으로 A/B 테스트를 진행하거나 특정 키워드를 검색해서 유입된 고객에게만 A/B 테스트를 진행하는 것도 가능합니다. 이를 통해 고객이 실제로 어떤 니즈가 있는지를 확인합니다.

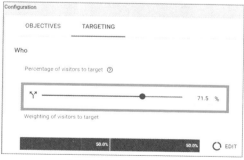

▲ 전체 실험 트래픽 비율 조정하기

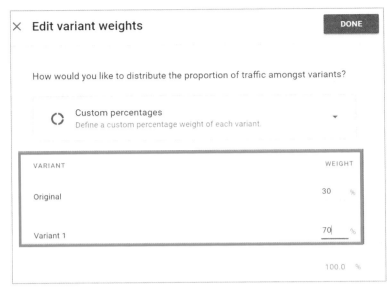

▲ 원본과 대안에 대한 트래픽 비율 조정하기

A/B 테스트는 리스크를 동반합니다. 테스트로 인해 구매 전환율이 하락할 수도 있고, 이탈률이 높아지는 경우도 있습니다. 하지만 실험을 하지 않으면 얻을 수 있는 게 없습니다. 그로스해킹의 핵심을 방문자를 대상으로 실험을 빠르게 돌려서 결과에 대해 학습하고 이를 서비스에 반영하는 것입니다.

실험을 통해 도출된 결과는 반드시 팀 전체에 공유되어야 합니다. 결과만 보면 아무런 변화가 없을 수도 있고, 기존 UX가 더 나은 결과를 도출하는 경우도 있습니다. 테스트를 했는데 결과에 변동이 없다고 실험에 실패한 게 아닙니다. 그로스해킹은 단기간에 성과를 내기 어렵습니다. 장기간에 걸쳐 조직의 의사결정 문화를 변화시키고 이를 통해 데이터 기반의 마케팅을 할 수 있게 하는데 목적이 있다는 것을 반드시 기억하시기 바랍니다.

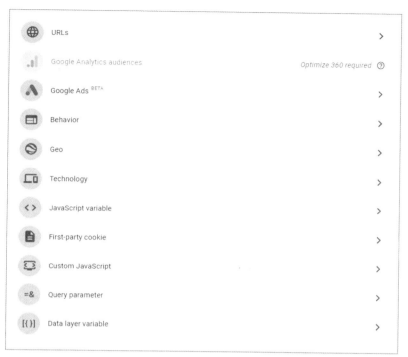

▲ 구글 옵티마이즈 타겟팅 규칙 유형

위 표에서 잠재고객 타겟팅을 제외한 나머지 규칙은 무료 버전에서 선택 가능합니다. 이전에 언급한 장바구니 금액에 따른 A/B 테스트를 진행하기 위해서는 맞춤 자바스크립트를 통해 별도의 개발 소스 생성 작업이 필요합니다. 구글 옵티마이즈를 처음 사용하시는 분들은 페이지 URL 혹은 기기 카테고리 타겟팅을 통해 먼저 테스트 설계에 익숙해지셔야 합니다.

▲ 모바일 기기 카테고리만 포함하는 타겟팅 설정

실험을 진행할 경우, A안과 B안으로 유입되는 방문자에게 동일한 환경을 제공해야 합니다. 원본에서는 광고 트래픽이 유입되고, 실험본에서는 오가닉 트래픽이 유입된다면 정확한 결과 비교를 할 수 없습니다. 그렇게 나온 결과도 신뢰하기 힘들 것입니다. 이 때 타겟팅을 사용하시면 됩니다. 실험 진행에 앞서 미리보기 모드를 통해 설계한 화면이 제대로 보이는지 반드시 확인하시기 바랍니다. 미리보기 모드에서 가능한 발견될 수 있는 모든 문제를 발견하셔야 합니다. 때문에 실험을 시작하기 전에 다양한 환경에서 테스트를 진행해야 합니다. 가급적 혼자 테스트를 진행하는 것보다는 동료 혹은 팀원들에게 테스트를 요청하고 결과를 항상 기록을 해두는 것을 권장드립니다. 테스트를 제대로 하지 못한 상황에서 A/B 테스트가 진행되면 고객에게 정상적이지 않은 UX를 제공하는 경우가 생길 수 있습니다. 이를테면, 이미 앱을 다운받은 고객을 대상으로 앱 다운로드 관련 배너가 노출된다던지, 구매를 이미 경험한 고객에게 첫구매 할인 쿠폰 배너를 노출하는 등의 오류를 범하게 됩니다. 이러한 실수는 테스트가 충분했다면 막을 수 있기 때문에 테스트의 중요성을 강조드리고 싶습니다.

A/B 테스트 목표를 설정하는 방법

구글 옵티마이즈 실험의 목표는 구글 애널리틱스 목표와 연동됩니다. 뿐만 아니라 이벤트 혹은 페이지뷰를 목표로 설정할 수 있습니다. 목표를 설정하는 방법에 대해 알아봅니다.

테스트를 진행하는 이유가 목표를 좀 더 빠르게 달성하기 위한 방법을 찾는 것이기 때문에 A/B 테스트에서 목표는 굉장히 중요합니다. 서비스에 따라 목표의 종류는 다양한데 쇼핑몰은 일반적으로 구매 혹은 회원가입이 목표입니다. 브랜드 홈페이지는 사용자가 얼마나 많이 머물렀는지 혹은 회사 소개서 다운로드 여부가 목표일 것입니다.

구글 옵티마이즈는 구글 애널리틱스와 연동됩니다. 따라서 GA에서 설정한 목표를 옵티마이즈에서 활용할 수 있습니다. 뿐만 아니라 GA 목표가 아니더라도 이벤트 혹은 페이지뷰를 목표로 설정할 수 있습니다. 예를들면 웹사이트에 스크롤 트래킹이 적용된 경우, 특정 페이지 스크롤이 75% 이상 완료한 세션을 목표로 설정하는 것입니다.

▲ 실험에 대한 목표 추가 설정하기

▲ 최대 3개의 목표를 설정할 수 있습니다.

만약 GA 목표가 아닌 이벤트를 목표로 설정하고 싶다면, 해당 이벤트를 구글 태그 매니저를 활용하여 미리 수집해야 합니다. 예를들면, 회사 소개서 다운로드 이벤트를 목표로 설정하고 싶은 경우, 아래와 같이 이벤트 액션이 '다운로드'와 일치할 때로 설정하여 A/B 테스트를 진행할 수 있습니다. 동일한 방식으로 페이지뷰를 목표로 설정하거나 가상 페이지뷰를 설계하여 실험을 진행할 수 있습니다.

▲ 이벤트를 목표로 선정하여 조건을 설정하는 화면

　목표 조건을 설계하면 조건에 해당하는 데이터가 얼마나 되는지 유효성 검사를 통해 수치를 확인할 수 있습니다. 만약 데이터가 0으로 나온다면 목표 규칙이 잘못되었거나, 수집된 데이터가 없다는 의미입니다. 이런 경우에는 목표 설정에 오류가 없는지를 반드시 체크하시기 바랍니다.

▲ 유효성 검사는 목표 조건과 일치한 세션수를 보여줍니다.

　목표 설정이 완료되고 실험이 시작되면 데이터가 누적됩니다. 실험 데이터는 약 4시간 뒤에 옵티마이즈 결과 메뉴를 통해 확인 가능합니다. 실험은 최소한 2주는 진행하셔야 합니다. 충분한 모수가 쌓이지 않은 상태에서 섣불리 실험을 종료하면 정확한 결과를 얻을 수 없습니다. 어느 한쪽이 나을 가능성이 95% 이상이 되어야 실험 결과를 신뢰할 수 있습니다. 테스트를 진행하기 전에 원본과 실험군의 테스트 환경을 반드시 동일하게 세팅했는지 체크하시기 바랍니다. 광고를 통한 유입과 오가닉 유입의 전환은 많은 차이를 보이기 때문입니다.

▲ 실험 결과는 실험이 시작되고 약 4시간 뒤에 확인됩니다

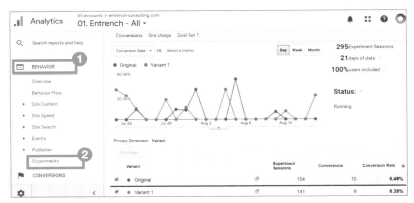

▲ 옵티마이즈 실험 결과는 행동 〉 실험 메뉴에서 확인 가능합니다

　　실험 결과는 구글 옵티마이즈 뿐만 아니라 GA에서도 확인 가능합니다. '행동 〉 실험' 메뉴 접속 시 설계한 실험 목록 및 결과를 확인할 수 있으며, 세그먼트를 얹어서 다양한 관점에서 데이터를 분석할 수 있습니다. 가설을 세우고 목표를 설계한 다음, A/B 테스트를 진행하여 데이터 기반의 서비스 운영을 시도해보시기 바랍니다.

전환율이 높은 서비스의 3가지 특징

저는 웹사이트나 모바일 앱에 방문한 고객의 데이터를 수집하고 분석합니다. 매일 수많은 서비스의 지표를 모니터링하고 분석하다 보면 잘 되는 서비스의 특징을 발견하곤 합니다. 여기서 잘 되는 서비스란 전환율이 높은 서비스를 의미합니다. 잘 되는 서비스와 반대로 전환율이 낮은 서비스는 그러한 특징이 없는 경우가 많은데요. 이번 글에서는 전환율이 높은 서비스의 3가지 특징에 대하여 실무에서 경험한 데이터를 기반으로 얘기해보려 합니다.

전환율은 말 그대로 방문한 사람들이 얼마나 구매 혹은 문의를 남기는지에 대한 비율입니다. 구글 애널리틱스는 전환율을 계산할 때 사용자가 아닌 세션을 기준으로 측정합니다. 즉, 세션(방문)이 100이라고 할 때 구매가 5건 발생했다면 전환율은 5%가 됩니다. 일반적으로 커머스의 전환율은 1% 내외인데요. 방문자 트래픽이 일정 수준 유지된다고 가정해보면 전환율을 높여야 결과적으로 매출을 개선할 수 있다는 결론을 얻게 됩니다. 반대로 생각하면 트래픽이 아무리 많이 늘어도 전환율이 개선되지 않으면, 매출과 사업의 성장 속도는 더디게 마련입니다.

커머스를 운영하면서 전환율을 측정하지 않는다는 것은 '분석을 하지 않겠다'라는 얘기와 동일합니다. 단순히 전환율만 측정하는 것은 간단합니다. 하지만 광고와 오가닉에 따른 매체별 데이터를 측정하고, 구매 여정에서 각 단계별 전환율을 측정하기 위해서는 구글 애널리틱스나 믹스 패널과 같은 마케팅 도구의 도움을 받아야 합니다. 뿐만 아니라 마케터는 광고의 소재를 변경해서 이탈률을 낮추기도 하며, A/B 테스트를 통해 고객이 선호하는 화면 요소를 웹사이트에 반영하기도 합니다.

이와 같이 많은 일들을 했음에도 불구하고 전환율에 변화가 없으면 마케터는 답답함을 느끼며 교육을 수강하거나 사례를 찾아보지만 개선은 여전히 쉽지 않습니다. 전환율을 높이는 가장 확실한 방법은 무엇이라고 생각하시나요? 다양한 의견이 있을 수 있지만 저는 이미 구매한 고객이 어떤 패턴을 보였는지를 확인하는 것이라 생각합니다. 웹사이트 혹은 앱에 추적 코드를 설치했다면 고객의 행동을 대부분 추적할 수 있기 때문입니다. 분석이란 구매한 이들의 패턴을 찾는 것이며, 이를 인사이트를 도출한다고 보통 표현합니다. 그리고 그러한 인사이트가 반영되었을 때 지표는 개선됩니다.

수많은 데이터를 지켜본 결과 전환율이 높은 서비스는 다음과 같은 특징을 갖고 있었습니다. 여러분이 서비스를 운영하고 계시면 제가 앞으로 말씀드리는 요소가 서비스에 반영되어 있는지, 혹은 개선할 점은 없는지 체크해보시기 바랍니다. 당장 적용할 수 없어도 알고 계시면 전환율 지표를 개선하기 위한 여러분의 노고는 분명히 줄어들 것입니다.

1. 검색 기능에 대한 사용자 경험이 훌륭하다.

저희 고객사 데이터를 탐색해 보면 검색 기능을 이용한 방문자는 구매 전환율이 2배 이상 높게 측정됩니다. 광고 혹은 오가닉을 통해 랜딩이 되면 일반적으로 상품을 탐색합니다. MD가 추천한 상품을 보거나 기획전을 방문하기도 하지만, 구매를 하는 고객의 특징은 검색 기능을 활용합니다. 검색을 하는 고객은 구입하려는 상품군이 명확하게 정해져 있는 경우가 많습니다. 때문에 '운동화'라고 검색하는 고객보다 '나이키 농구화'라고 검색하는 고객의 전환율이 더 높습니다. 당연한 결과라고 생각되시나요? 당연하다고 생각되는 것을 증명하는 게 바로 데이터 분석입니다.

검색을 했는데 원하는 상품이 노출되지 않으면 고객은 어떻게 할까요? 보통 다른 검색어를 입력합니다. 그래도 원하는 상품이 노출되지 않으면 웹사이트를 이탈합니다. 따라서 검색을 했을 때 검색 결과가 없는 키워드에 주목할 필요가 있습니다. 해당 상품이 없거나, 검색량이 많은 키워드가 있다면 상품을 관리하는 MD에게 데이터를 보여줘야 합니다. 데이터가 흐르는 조직이란 바로 이런 것입니다. 수집한 데이터가 실제 서비스 운영에 도움이 될 수 있어야 합니다. 그러기 위해서 데이터 분석가는 어떻게 하면 전환을 높일 수 있을지를 항상 고민해야 되며, 이를 위해 필요한 데이터는 무엇인지를 생각해야 합니다. 내부에 이와 같은 업무를 할 수 있는 인력이 없다면 저희가 같은 컨설팅 업체와 일을 함께 하는 것도 하나의 방법입니다.

앞에서 검색 결과가 없는 키워드가 무엇인지 알기 위해서는 '특정 키워드를 검색했을 때 검색 결과가 0으로 나올 경우 변수를 생성해서 검색 결과 유/무 여부를 수집'한다는 로직이 머릿속으로 돌아가야 합니다. 그리고 그러한 생각을 개발팀에 전달해서 정확한 데이터가 수집될 수 있게 노력해야 합니다. 노력에는 데이터가 수집된 이후에도 정합성이 유지될 수 있게 하는 모든 행위가 포함됩니다.

2. 결제 및 로그인이 간편하다.

당연한 얘기를 하고 있다고 생각하실 수 있습니다. 하지만 실제로 결제와 로그인이 쉬운 서비스는 전환율이 높습니다. 백이면 백 전부 높습니다. 네이버가 쇼핑의 최강자인 이유는 대한민국 국민이라면 누구나 네이버 아이디를 갖고 있고, 네이버 페이의 UX가 그 어떤 결제수단보다 간편하기 때문입니다. 상품 상세 페이지에서 네이버 페이를 시도한 고객 중 일반적으로 약 40~45%는 구매를 완료합니다. 물론, 저희 고객사 데이터에 한정된 데이터이므로 전체 전환율과는 차이가 있을 수 있습니다.

최근에 전환율을 높이기 위해 결제 시 사용한 결제 수단을 다음에 결제할 때에도 유지할 것인지를 체크하는 UX가 많이 보입니다. 체크 박스 하나로 다음에도 동일한 결제 수단을 사용할 수 있게 해주는 기능입니다. 데이터를 떠나서 UX를 설계하신 분이 고객을 얼마나 배려했는지 알 수 있더라구요. 이 기능을 사용한 고객은 그렇지 않은 고객 대비 전환율이 높을까요? 네, 실제로 전환율이 높게 나옵니다. 결제를 하고 싶은데 계정 정보가 생각나지 않아서 결제를 못하는 고객이 생각보다 많습니다. 제 생각이 아닙니다. 실제 데이터가 그렇습니다.

내가 운영하는 서비스를 그렇지 않을 거야 라고 생각하고 계신가요? 그건 여러분이 운영하는 서비스는 여러분이 이미 익숙하기 때문입니다. 처음 사용하는 사람들은 어려울 수 있습니다. 결제와 로그인이 쉬워야 전환율이 개선됩니다. 모두가 알고 있지만 이를 서비스에 반영하는 작업은 제약이 많고 복잡합니다. 하지만 전환율과 그로 인해 증가할 매출을 생각해 보세요. 분석을 통해 결론을 도출해도 액션이 없으면 얻을 수 있는 결과는 없습니다.

3. 앱을 사용하며, 주기적으로 방문한다.

앱을 사용하는 고객은 웹을 통해 구매한 고객 대비 전환율이 높습니다. 여러분이 앱을 서비스하고 있다면 웹을 사용하는 고객들에게 앱 설치를 유도해야 합니다. 이미 많은 커머스에서 이러한 시도를 하고 있는데요. 앱을 사용하는 고객의 특징을 보면 우선 접속 빈도가 높고, 체류 시간이 길며, 방문 시 열람하는 화면 수도 웹 사용자 대비 월등히 높습니다. 당연히 평균 구매액도 높습니다. 접근성이 웹 대비 편하기 때문입니다. 웹 이라면 검색을 통해 서비스에 접속하기만, 앱은 다릅니다.

하지만 앱을 설치하는 고객들 중 상당수는 앱을 삭제합니다. 때문에 앱을 설치한 고객이 앱이 삭제하지 않게 하려면 그에 상응하는 정보와 혜택을 제공해야 합니다. 앱으로 구매 시 적립금을 더 준다거나 앱 전용 상품은 가격 할인 폭을 크게 한다던지의 시도를 커머스에서 하고 있지요. 장기적으로 보면 이러한 혜택은 득이 됩니다. 고객은 더 많은 수익을 안겨다주기 때문입니다. 유지가 획득을 이긴다는 말이 있습니다. 괜히 소탐대실하지 마시기 바랍니다.

지금까지 전환율이 높은 서비스의 특징에 대해 알아봤습니다. 잘 되는 서비스는 뭔가 다릅니다. 주변을 보면 항상 고객의 입장에서 생각하는 가게가 매출도 높게 나옵니다. 그런 걸 보면 온라인도 오프라인과 다르지 않습니다. 동일한 상품 내지 서비스를 비슷한 가격에 판매한다면 전환율은 여러분이 제공하는 UX에서 결정된다는 사실을 반드시 기억하세요.

자사몰 고객 데이터에 집중해야 하는 이유

애플 운영체제가 업데이트되는 방향을 보면 고객 데이터 활용의 투명성을 점점 강화하고 있으며 구글도 비슷한 플랫폼 정책을 펴고 있습니다. 이번 장에서는 변화에 따른 대응 전략에 대해 말씀드리겠습니다. 데이터를 수집하고 활용할 수 있는 환경이 바뀌면 전략도 맞춤형 대응이 필요합니다.

애플, 고객 동의 없이 웹앱 데이터 광고 활용 불가

2021년 4월, 애플은 iOS 운영체제를 업데이트하면서 고객이 설치한 앱의 데이터 활용에 대한 선택권을 강화했습니다. 애플의 팀 쿡은 예전부터 마크 주커버그와 설전을 벌이며 고객 데이터 활용에 대한 투명성을 누누이 강조해왔는데요. 고객이 애플 기기에서 운영체제를 14.5 ver으로 업데이트 한 뒤, 앱을 실행하면 앱 사업자가 맞춤형 광고를 위해 당신의 데이터를 활용하는 것에 대한 동의 여부를 묻는 팝업이 첫 번째로 노출됩니다. 애플 사용자 입장에서는 앱을 서비스하는 사업자가 자신의 데이터를 수집해서 맞춤형 광고 및 다른 목적으로 이용하는 것에 대한 선택권 및 거부권이 주어졌으니 분명 좋은 일입니다. 반면에 페이스북이나 트위터 같은 주요 온라인 플랫폼처럼 서비스를 무료로 제공하는 대신 고객 데이터를 활용해서 맞춤형 광고로 수익을 내는 기업들은 수익이 10.5조나 감소하였습니다. 애플은 앞으로도 자신들의 정책을 따르지 않는 앱 사업자에게 패널티를 줄 것이라고 공지했습니다.

변화의 핵심은 고객 개인 데이터 투명성 확보

　페이스북은 애플의 운영체제 업데이트 공지가 난 뒤 실적 발표에서 2021년 1분기 매출이 전년 대비 48%나 증가했다고 공시했습니다. 하지만 그들의 속마음은 앞으로 어떻게 전략을 짜야할지 머리가 많이 아플 것입니다. 광고 단가 상승과 코로나로 인해 서비스 이용 유저 증가로 매출이 증가했지만, 광고 단가를 높이려면 광고주가 원하는 유저 세그먼트를 제공해야 되기 때문입니다. 쉽게 말해 데이트 어플에서 일반 남성 타겟과 전문직에 명문대학을 나온 타겟을 비교하면 후자가 그들 입장에서 훨씬 구미가 땡기는 유저 집단일 것입니다. 광고주는 페이스북이나 트위터에 광고를 할 때 특정 유저 집단에 광고가 노출되길 희망하는데 조건이 복잡해질수록 광고 클릭당 단가가 높아집니다. 페이스북이 유저의 정보를 집착에 가까울 정도로 수집하는 가장 큰 이유입니다. 더 많은 정보를 입력할수록 더 나은 사람들을 만날 기회가 많아진다고 그들은 얘기합니다.

구글도 애플만큼이나 데이터 활용 투명성에 민감

　애플은 그렇다 쳐도 안드로이드 진영은 괜찮지 않냐고 할 수 있겠지만, 구글도 사용자 데이터에 대한 선택권을 주고 개인정보 보호를 강화하는 정책을 펴고 있습니다. 구글도 광고를 하지만 그들은 안드로이드 운영체제를 소유하고 있고 그 위에 절대적인 점유율을 가진 다수의 구글 서비스를 운영하고 있습니다. 대표적으로 구글 검색엔진이 있고 유튜브와 G메일을 전 세계 수십억명이 매일 씁니다. 쉽게 말해 페이스북이나 트위터 같은 기업과 비교했을 때 절대적으로 유리한 상황인 것이죠. 플랫폼을 주도하고 운영하는 기업이 플랫폼에 참여하는 기업보다 유리한 결정적인 이유입니다. 크롬 브라우저가 3rd Party 쿠키를 1년 안엔 막겠다고 하는 걸 보면 데이터와 관련한 개인 프라이버시는 점점 강화되는 방향으로 흘러갈 것이다. 구글은 개별 사용자에 대한 타겟팅을 지양하고 비슷한 성향을 가진 세그먼트를 묶어서 광고주가 타겟팅 할 수 있게 제공하겠다고 그동안 밝혀왔는데요. 고객은 우리가 알아서 분류할 것이니 더 나은 캠페인 소재 고민해서 더 많은 광고 돌리라는 얘기로 들립니다. 네이버나 구글은 이제 검색엔진이면서 거대한 쇼핑몰이나 다름없습니다.

미국 기준 95% 아이폰 사용자 앱 추적 불허

2021년 3월, 플러리는 자사 블로그에 유의미한 데이터 분석 결과를 게재했습니다. 플러리에 대해 간략히 설명하자면 전 세계에서 가장 유명한 앱 분석 서비스를 제공하는 업체로, 앱 사용자 데이터를 엄청나게 많이 보유하고 있습니다. 그들은 그중 일부를 샘플링해서 애플의 OS 14.5 버전 업데이트 이후 미국에서 앱 사용 데이터 추적에 대해 허용한 비율이 얼마나 되는지를 발표했습니다. 5월 14일 기준으로 애플 운영체제 업데이트 후 3주가 지났는데 미국에서 약 5% 사용자만 앱 데이터 추적을 허용했습니다. 전 세계 평균은 14%으로 미국보다 높지만, 중요한 건 시간이 지나도 허용하는 비율이 높아지지 않는다는 것입니다. 이는 앞으로도 미국에서 95%의 사용자는 자신의 데이터를 앱 광고 추적에 활용하는 것을 동의하지 않을 가능성이 크다는 것을 의미합니다.

페이스북이나 트위터 같은 광고가 주요 수익원인 업체들은 정말 발등에 불이 떨어졌습니다. 페이스북이 아무리 VR(증강현실) 및 오큘러스에 투자를 하고 페이스북 또는 인스타그램 커머스로 대박을 친다고 해도 여전히 주요 수익의 90% 이상이 광고에서 나오기 때문입니다. 그들이 회사 이름까지 '메타META'로 변경하면서 메타버스에 사활을 거는 이유입니다. 개인적으로 한국에서는 애플 사용자들이 앱 추적 광고를 허용하는 비율이 얼마나 되는지 궁금하네요. 헌데 사람들은 아무리 맞춤형 광고를 제공한다 해도 앱 데이터 활용 추적을 허용하는 사람은 드물 것으로 판단됩니다. 애플 기기를 사용하면서 운영체제 업데이트를 하지 않는 경우도 있겠지만, 플러리가 제공한 데이터에 따르면 6주 안에 75% 이상의 유저들이 운영 체제 업데이트를 한다고 밝혔습니다. 휴대폰 교체 주기가 보통 2년인데 새 휴대폰에는 최신 운영체제가 설치되는 걸 감안할 때, 시간이 지나면 왠만한 사람들은 대부분 최신 운영체제를 사용하게 될 것입니다.

페이스북의 개인정보 불법 사용이 변화의 시발점

페이스북과 트위터는 작년부터 이런 상황이 되면 소상공인이 맞춤형 광고를 하지 못해 그들의 매출이 떨어질 것이라며 광고까지 하면서 우려를 표했습니다. 하지만 어쨌든 그건 그들의 입장일 뿐입니다. 대부분의 고객들은 개인정보의 광고 활용에 대해 투명성과 선택권을 높이려는 애플에 손을 들어주는 분위기입니다. 과도한 광고에 지치기도 했고, 지난번 트럼프가 힐러리를 이기고 당선되었을 때 페이스북의 고객 데이터를 불법적으로 활용해서 부동층을 대상으로 맞춤형 광고를 통해 대선을 승리로 이끌었다는 사실에 사람들은 충격을 받았습니다. 이와 관련된 내용은 넷플릭스 다큐 '거대한 해킹'을 보면 자세히 알 수 있는데 고객 데이터를 악용하면 어떤 일이 벌어지는지 알 수 있는 대표적인 사건입니다. 마크 주커버그는 이 사건으로 법정에 출석했고, 결국 사과문을 발표하기에 이르렀습니다.

개인적으로 요즘 오프라인 매장을 가면 체온을 측정한다는 명목 하에 얼굴에 카메라를 갖다 대는데, 이 기기에 데이터 전송 기능이 탑재되어 있다는 사실을 최근에 알고 개인적으로 굉장히 불쾌감을 느끼고 있습니다. 쉽게 말해 체온을 측정하기 위해 들이민 얼굴 데이터가 중국으로 넘어갈 수도 있다는 얘기인데요. 한국 정부를 이를 알고도 제대로 된 조치를 안 하다가 최근에야 부랴부랴 정책을 세우고 있다고 합니다. 여하튼, 우리는 최소한 자신의 데이터에 대한 주인 의식이 있어야 합니다. 맞춤형 광고를 제공하니까 좋은 거 아니냐고 하면 할 말은 없습니다만, 맞춤형 광고를 통해 얻게 되는 이득이 손실보다 수백 배 적다는 건 알고 그런 말씀을 하는 건지 답답할 따름입니다.

언론에서는 데이터의 좋은 면만 얘기하지만 그들 역시 주요 수익원은 기업에서 수주한 광고로 운영됩니다. 탐사 보도 언론도 있긴 하지만 대체로 자본이 부족하죠. 이러한 이유로 최근 한국에 지사를 설립한 뉴욕 타임즈는 예전부터 기사의 질을 유지하기 위해 독자 구독 모델로 전향했고 다른 언론도 구독 기반 수익 모델을 지향하고 있습니다. 일부 진보 언론사가 최근 구독자에게 후원을 독려하지만 저는 결국 그들 역시 뉴욕 타임즈와 같은 모델로 가야 한다고 생각합니다.

트위터는 유료 구독 서비스 출시하겠다고 밝혀

트위터는 페이스북과 마찬가지로 앱 데이터 활용 및 추적에 대한 애플의 정책에 우려를 표했습니다. 광고가 있기 때문에 고객이 서비스를 무료로 이용할 수 있는 것이라는 뉘앙스를 풍기는 공지를 웹과 앱에 팝업으로 띄웠는데요. 저는 이걸 보며 고객을 협박한다는 느낌을 지울 수 없었습니다. 정확히 말하면 우리는 서비스를 무료로 이용하는 게 아닙니다. 플랫폼 사업자들에게 데이터를 제공합니다. 제공된 데이터는 그들이 정한 프레임에 맞춰 가공되어 광고주에게 팔립니다. 유튜브 프리미엄을 쓰는 분들이 돈이 많아서 프리미엄을 쓰는 게 아니죠. 광고가 보기 싫어서 쓰는 겁니다.

페이스북과 달리 트위터는 유튜브처럼 프리미엄 구독 서비스를 조만간 내놓을 것이라 밝혔습니다. 이름하여 슈퍼 팔로우Super Follow 서비스인데 특정 인플루언서를 팔로우하면 구독료를 지불한 팔로워에게만 특별한 콘텐츠나 소식을 전달하는 모델이라고 합니다. 구독료는 월 5달러 정도라고 했는데, BTS 아미 같은 팬클럽을 겨냥한 서비스로 보입니다. 여튼 이러한 구독 서비스가 정착되려면 시간이 많이 걸릴 것이고 주요 수익은 여전히 광고를 통해 얻게 될 것입니다. 페이스북은 아직 그런 계획을 밝히진 않았는데 둘 다 세계 최고의 인재들이 모인 곳이니 앞으로 어떤 전략을 내놓을지 흥미로운 일입니다.

자사몰 고객 데이터 활용이 결국 마케팅의 중심

그렇다면 인하우스 마케터나 분석 담당자 입장에서 이와 관련해서 어떻게 대응해야 할까요. 이미 페이스북이나 인스타그램 광고에 대한 효율은 대체적으로 이전 대비 낮아졌다는 의견이 많습니다. 그럼 마케팅 예산 대비 효율을 항상 고려해야 되는 상황에서 다른 대안을 찾아야 하는데 그렇다고 이미 효과를 경험한 채널을 포기하기도 쉽지 않습니다. 왜냐하면 이를 대체할만한 뚜렷한 대안이 없기 때문입니다. 때문에 고객을 자사몰로 유도해서 고객으로 만들고 그렇게 확보한 1st Party 데이터를 기반으로 고객 관리를 통한 리텐션과 구매당 결제 금액을 높이는 방향으로 전략을 짜야 합니다. 콘텐츠 마케팅을 통한 브랜딩과 검색엔진 최적화(SEO)의 중요성이 부각될 것이고, 이메일 채널 역시 가면 갈수록 핵심 채널이 되지 않을까 조심스레 예상해봅니다. 구글의 검색엔진 점유율이 네이버를 위협할 정도가 되었습니다. 이것만 보더라도 자사 웹사이트의 검색엔진 최적화 작업은 이제 선택이 아닌 필수입니다.

나이키는 D2C 전환의 모범 사례, 하지만..

나이키가 D2C를 강화한다며 아마존에서 더 이상 물건을 팔지 않겠다고 했지만 모든 기업이 나이키를 따라 할 필요는 없습니다. 나이키라는 브랜드는 대부분의 사람들이 알고 있으며 충성 고객도 상당히 두껍다고 알려져 있습니다. 뿐만 아니라 그들은 자사 고객 분석을 위해 데이터 분석 기업을 통째로 인수할 정도로 자본이 많고 이에 대한 투자도 아끼지 않습니다. 나이키 멤버십 회원은 일반 방문자 대비 3배 이상의 돈을 쓴다고 합니다. 그들이 회원 확보와 고객 관리에 올인하는 주요 이유입니다.

나이키를 구매하는 회원들은 단순히 상품이 좋아서 구매하는 것보다 그들이 지향하는 철학에 공감하기에 지갑을 연다고 생각합니다. 개인적으로 그 철학이 다른 경쟁 브랜드보다 매력적이기에 나이키의 D2C 전략이 먹힌 것이고, 이를 함부로 따라하는 기업은 투자 대비 별 효과를 보지 못할 가능성이 큽니다. 코로나 팬데믹으로 2020년 초반 주가가 큰 폭으로 하락했지만, 나이키는 D2C를 강화하고 줄어든 오프라인 매출을 온라인 매출로 방어한 덕분에 주가는 최고점을 찍었습니다. 홈트레이닝 열풍도 나이키 매출 선방에 일조했을텐데요. 앞으로도 미국과 전 세계적으로 코로나가 종식될 기미가 보이면서 나이키에 대한 전망을 대부분 밝게 보고 있는 상황입니다. 나이키가 수집한 고객 데이터는 값을 매길수 없을 만큼의 가치를 지니며 앞으로도 그 무엇보다 큰 경쟁력이 될 것입니다.

오픈마켓 판매 시 얻을 수 있는 데이터 제한적

하지만 모든 기업이 나이키와 같은 상황은 아닐 것입니다. 상품은 좋지만 충성 고객이나 브랜딩이 되어 있지 않은 경우도 있고, 매출에서 자사몰 비중보다는 아마존이나 쿠팡 같은 오픈마켓에서 주로 판매를 하는 상황일 수도 있습니다. 그럼에도 불구하고 자사몰을 만들고 강화해야 하는 이유는 오픈 마켓에서 판매할 경우 매출 볼륨을 키울 수 있지만 구매 고객에 대한 깊은 데이터를 얻기 힘들기 때문입니다. 단적인 예로 쿠팡이나 네이버에서 아무리 많은 자사 상품이 팔린다 하더라도 구매한 고객의 행동 데이터를 얻을 수 없고 오직 매출 데이터만 확인할 수 있습니다. 또한 그들에게 추가로 마케팅을 하기에 한계가 있기 때문에 당장은 오픈마켓과 병행할지라도 장기적으로는 자사몰을 가장 우선으로 생각하는 전략이 필요합니다.

고객에 대한 체계적인 데이터 수집은 선행 조건

그럼 자사몰에 대한 투자를 강화한다고 했을 때 어떤 계획을 세워야 할까요. 개인적으로 3가지가 필요하다고 봅니다. 첫째, 자사몰에 방문한 고객에 대한 체계적인 데이터 수집이 필요합니다. 데이터를 수집한다는 것은 단순히 주문 데이터만을 의미하지 않습니다. 고객이 어떤 상품을 봤고 어느 단계에서 이탈을 했는지, 그들이 다시 방문을 했는지 등의 행동 데이터가 절대적으로 필요합니다. 오프라인 데이터가 있다면 그것을 온라인 데이터와 결합해서 오프라인에서 구매하지 않은 고객이 온라인에서 방문했을 때 적절한 상품을 제안하는 식의 운영 전략이 필요하지요. 기술이 발달하면서 이러한 마케팅이 이제는 가능해졌고 구글이나 어도비에서는 이를 도와주는 솔루션을 제공하고 있습니다. 이들의 주가가 팬데믹 이후 전례없는 성장을 기록한 것은 수많은 기업들이 디지털 전환에 목말라 있다는 것을 방증하는 게 아닐까 싶네요.

발전된 기술을 활용한 마케팅 자동화 구현해야

둘째, 그렇게 수집한 데이터를 기반으로 마케팅 자동화를 구현해야 합니다. 기업의 리소스는 한정되어 있기 때문에 고객에게 적절한 제안을 자동으로 해주는 액션이 필요한데 이를 마케팅 자동화라고 합니다. 이를테면 회원 가입 후 특정 물건을 장바구니에 담았는데 구매하지 않을 경우 몇 시간 뒤 자동으로 이메일을 보내거나, 구매한 고객 데이터를 머신러닝 알고리즘을 활용해서 분석한 뒤 구매할 가능성이 높은 고객에게 광고를 하는 식의 활동이지요. 이 역시 기술의 발달로 이제 가능해졌습니다. 마케팅 자동화는 앞서 언급한 고객에 대한 촘촘한 데이터가 있을 때 효과가 배가 됩니다. 때문에 고객 데이터를 수집했다면 끝이 아니라 고객 정보에 대한 업데이트와 데이터 관리를 꾸준히 해줘야 합니다. 관리되지 않는 데이터는 저장 비용과 리소스만 허비할 뿐 아무런 도움이 되지 못합니다.

디지털 전환에 대한 투자 및 교육 없이 절대 불가

마지막으로 역량에 대한 개발과 이와 관련한 투자 내지 협업이 필요합니다. 기업 내부적으로 이러한 플랜을 짜더라도 실행할 인력이 없다면 인력을 채용하거나 파트너를 선정해서 같이 협업해야 합니다. 수요가 넘쳐나는 상황에서 고급 인력을 원하는 수준으로 채용하고 이를 유지하는 건 굉장히 힘든 일입니다. 때문에 상황과 시대가 원하는 기술과 경험을 갖고 있다면 본인의 가치를 높일 수 있습니다. 내부적으로 해결하기 힘들다면 파트너를 선정해서 진행을 하게 되는데 파트너 입장에서도 일을 맡기는 담당자가 내부 상황을 정확하게 인지하고 있고 도메인 지식이 풍부해야 프로젝트가 성공적으로 완료될 수 있습니다.

고객 데이터 활용 시 투명하게 알리는 게 우선

우리 모두가 데이터를 매일 생산하고 있지만 데이터는 절대 공짜가 아닙니다. 데이터의 가치가 높은 이유는 데이터는 다른 재화와 다르게 재사용이 가능하기 때문입니다. 그걸 일찍 깨달은 기업들은 고객의 데이터를 체계적으로 수집했고, 그렇게 수집된 데이터를 활용해서 수익을 창출했습니다. 대표적인 기업이 바로 페이스북과 트위터이지요. 그런 서비스를 이용하는 사용자는 자신과 연관된 데이터에 대한 주인의식을 가지려는 자세가 필요합니다.

서비스를 제공하는 입장에서는 데이터가 어떻게 활용되는지를 고객에게 명확히 인지시키고 마케팅을 해야 합니다. 그래야 고객으로부터 신뢰를 얻고 장기적으로 팬을 만들 수 있습니다. 신뢰를 잃으면 기업이 어디까지 추락할 수 있는지 우리는 수많은 기업을 통해 배우고 있습니다. 뿐만 아니라 플랫폼을 소유한 기업의 정책을 눈여겨보면서 트렌드의 전반적인 흐름을 파악하는 건 매우 중요합니다. 트렌드 서적도 가치가 있지만 어느 한 분야의 양서를 여러권 읽으면서 테크 블로그를 보거나 선도기업의 방향을 읽으려는 노력이 중요하다는 말씀을 드립니다. 이건 꾸준히 하면 자연스럽게 생깁니다. 꾸준히 하기가 쉽지 않지만 말이죠. 그래야 미리 대응할 수 있고 고객을 경쟁사에게 빼앗길 가능성을 낮출 수 있습니다. 새로운 고객을 유치하는 것보다 기존 고객을 관리하는 비용이 훨씬 적게 든다는 사실을 반드시 기억하시기 바랍니다.

분석 보고서 수준을 높이는 3가지 방법

분석을 하면 결과를 사람들에게 공유하거나 상사에게 보고를 하게 됩니다. 잘
쓴 분석 보고서는 말하고자 하는 바가 명확하며 숫자로 상대방을 설득시키지
만, 그렇지 않은 경우는 어떤 내용을 말하려는 것인지 명확히 알 수 없는 경
우가 많습니다. 분석 보고서의 수준을 높이는 방법에 대해 알아보겠습니다.

　　데이터를 분석하는 사람들은 남들은 어떤 방식으로 분석을 시도하고
접근하는지 궁금해합니다. 대부분 분석 보고서를 작성하는 분들은 데이터
분석 직군 혹은 마케터 일 가능성이 높습니다. 일반적으로 데이터 분석 팀
이 조직에 세팅된 케이스는 흔치 않은데요. 모두가 데이터가 중요하다고
하지만 정작 투자는 하지 않는 경향을 보입니다. 대표의 강한 의지가 없으
면 불가능한 이유입니다. 대부분 마케터가 광고 집행 및 그에 따른 성과를
분석하게 됩니다. 물론 데이터 팀이 세팅되어 있다면 직접 보고서를 작성
합니다. 일단 보고서를 작성하는 이유부터 얘기해보겠습니다.

　　보고서는 왜 작성하는 걸까요. 현재 어떤 상황인지 공유하고 앞으로 무
엇을 해야 할지 결정하는데 도움이 되는 자료가 바로 보고서입니다. 때문
에 보고서를 쓰느라 너무 많은 시간이 소요되면 안 됩니다. 보고서를 쓰는
이유는 액션을 하기 위해서인데 액션은 시기를 놓치면 의미가 없는 경우
가 종종 있기 때문입니다.

　　아무리 일목요연하게 정리된 보고서라도 보는 사람이 관심이 없으면
의미가 없습니다. 분석 보고서를 작성하려면 해야 될 일이 많은데요. 정확

한 데이터를 수집해야 하고, 수집된 데이터에서 필요 없는 부분은 제거해야 하며, 그렇게 나온 데이터를 보기 좋게 가공해야 합니다. 가장 중요한 건 본인의 의견을 추가해야 합니다. 보고서는 자신이 만족하려고 쓰는 문서가 아닙니다. 받는 사람이 명확하게 존재합니다. 사람들이 분석 보고서에 관심을 갖게 하려면 아래 3가지를 반드시 기억하시길 권장드립니다.

1. 맥락과 액션플랜이 중요합니다.

대표님, 이번 주 매출은 3천만원입니다. 전환율은 2%, 방문자는 5만 명이고 평균 체류시간은 3분입니다.

신입사원 A군은 대표님에게 온라인 쇼핑몰 주간 현황에 대한 보고를 했습니다. 여러분이 만약 대표라면 어떤 반응을 보이실건가요. 우선 저는 저렇게 보고를 하게 만든 팀장에게 약간의 책임이 있다고 생각합니다. 적절한 피드백을 주지 않았기 때문인데요. 위 보고에서 문제점을 한번 찾아볼까요. 현황은 대략 알겠으나 지표만 있고 비교할 대상이 없습니다. 전주보다 지표가 개선되었는지, 어디서 유입된 방문자가 구매를 했는지 등의 내용이 빠져 있습니다. 다시 말해 맥락이 없는 것이죠.

대표님, 이번 주 매출은 3천만원이고, 전환율은 2%입니다. 매출은 전주대비 30% 올랐고 전환율도 20%나 개선되었습니다. 신규로 집행한 페이스북 광고를 통해 60%의 매출이 발생했고 체류시간도 평균 대비 30%나 높았네요. 코로나로 인해 유기농 식품에 사람들의 관심이 증가한 것도 전환에 기여한 것으로 판단됩니다. 반면 네이버 배너 광고는 페북 광고 대비 클릭률은 높아서 신규 방문자가 다수 유입되었지만, 전환율과 체류시간이 평균 대비 40%나 낮게 확인되었습니다.

이렇게 보고를 했다면 대표는 할 말이라도 있었을 겁니다. 상품을 도대체 누가 샀는지 좀 더 데이터 탐색을 해보라던지, 페이스북 광고 캠페인을 유지하면서 카피만 바꿔 본다던지, 네이버 배너 광고는 어떤 소재가 성과가 낮았는지 전체적으로 낮았는지 파악해서 추가 액션을 실행하라는 식으로 지시를 했을 것입니다. A군이 위와 같이 보고를 하면서 세그먼트 단위로 추가 분석을 한다거나 다른 부서에서 어떤 이벤트가 있었는지, 숫자를 텍스트가 아닌 대시보드 형태로 보고했다면 좀 더 완성도 높은 보고서가 되었을 겁니다. 그리고 가장 중요한 액션 플랜을 덧붙였다면 그는 앞으로 대표의 신임을 받을 가능성이 높겠지요.

2. 핵심 지표 위주로 보고하고, 결정을 돕기 위한 당신의 관점을 추가하세요.

보고서의 수준을 높이려면 자신이 얼마나 영리한지 보여주기 위해 존재하는 데이터는 무자비하게 제거해야 합니다. 특정 데이터를 수집하기 위해서 최신 기술을 사용했는지에 대해 대표님은 전혀 관심이 없습니다. 데이터를 보고 어떤 의사결정을 내려야 할지가 중요할 뿐 입니다. 수많은 지표를 자랑하고 싶은 담당자의 굴뚝같은 마음은 알겠으나, 핵심 지표만 추려서 보고를 해야 이해하기 쉽고 수준 높은 보고서가 됩니다. 보고서를 숫자로 얘기해야 하는 건 맞지만 숫자만 가득한 보고서는 쓸모가 없습니다. 숫자로 보고서를 가득 채우는 순간부터 사람들은 당신의 보고서에 집중하지 않게 됩니다. 보고서를 쓰기 위해사용한 시간을 버린 것이나 다름 없습니다. 지표를 많이 넣지 말고 데이터에 따른 의견을 추가하는 게 상사 입장에서는 의사 결정하기 수월할 겁니다. 올바른 판단을 하기 위해서는 고객이 어떤 행동을 하는지를 솔직하게 보고서에 드러내야 합니다. 그게 데이터 분석을 하는 당신이 해야 할 역할입니다. 분석가는 때로는 용감해져야 합니다.

3. 어리석은 실수를 하지 마세요

경영진은 약어를 싫어합니다. 분석가들만 이해할 수 있는 단어를 적절한 단어로 변경하는 게 현명합니다. 약어를 넣어야 한다면 보고서 하단에 약어가 어떤 의미인지 적어줘야 합니다. 기본적인 실수는 보고서의 품질을 떨어뜨립니다. 항상 본인이 작성한 보고서를 출력해서 확인하는 게 좋습니다. 모니터로 봤을 때와 출력을 했을 때 보이지 않던 실수를 발견할 수 있습니다. 보고를 하기 전에 동료에게 내용에 대한 피드백을 받으면 생각지 못했던 부분을 확인할 수 있구요. 아래 내용은 기본 중에 기본이니 반드시 숙지해야 합니다.

- 3개월 동안의 일일 그래프는 거의 항상 쓸모가 없음 (이럴 땐 주간 혹은 월간 그래프를 넣을 것)
- 누적 막대 차트에서 끔찍한 색상을 사용하지 말 것 (흰색 배경에 희미한 노란색 막대기라면 정말 최악)
- 일관된 글꼴과 글꼴 크기를 사용할 것
- 테이블의 모든 셀이 동일한 정렬을 갖추도록 할 것
- 숫자를 표시하는 기준을 동일하게 할 것 (매출을 표시할 때 3.5M과 964K 이런 식으로 표기하지 말 것)
- 보고서 장표가 많을 시 1개 장표에 하나의 차트만 넣을 것

팩트만 나열된 분석 보고서는 문서로서의 가치가 높지 않습니다. 왜냐하면 현재 자동화된 보고서를 많은 실무자들이 받아보고 있으며, 앞으로 머신러닝 기술이 발달함에 따라 보고서의 품질도 맥락을 고려한 형태로 발전하고 있기 때문입니다. 이를테면 구글 애널리틱스 신규 버전에서는 수집된 데이터를 기반으로 인사이트 정보를 제공하고 있으며, 전환 데이터가 일정 수준 쌓이면 어떤 유저가 이탈하고 전환할 가능성이 있는지를 데이터에 기반해서 알려줍니다. 다시 말하면, 보고서를 작성할 때 분석이 빠진 팩트만 공유되는 보고서는 더 이상 필요 없다는 얘기죠.

몇 년 전부터 유망 직종에 항상 데이터 분석가는 순위권에 있는 것을 목격합니다. 하지만 그 안에서도 도태되는 분석가는 분명 생길 것입니다. 아직 전체적인 맥락을 고려한 종합 의견을 인공지능이 내는 건 한계가 있다

고 생각합니다. 인간이 로봇과 경쟁해야 하는 건 이제 어쩔 수 없는 현실이
고, 그렇다면 그들이 할 수 없는 부분에서 경쟁력을 확보해야 하지 않을까
요. 이제는 로봇까지도 경쟁 상대라는 사실이 허무하지만 너무 낙담할 필
요는 없다고 생각합니다. 인공지능과 솔루션을 잘 활용한다면 예전에는
할 수 없었던 분석이 가능해졌고 자신의 가치를 높일 수 있는 방법이 많아
졌기 때문입니다. 분석가에게 필요한 자질은 데이터를 남들이 이해할 수
있도록 스토리텔링하는 역량과 새로운 것에 대한 학습을 두려워하지 않는
자세입니다.

효과적인 대시보드 설계를 위한
3가지 방법

잘 설계된 대시보드는 효과적인 소통 및 지표 개선의 가능성을 높여줍니다. 무작정 대시보드를 만드는 게 아니라 대시보드를 설계하는 목적을 먼저 생각하고 고민하는 것을 권장드립니다. 그리고 보는 이를 배려하지 않는 대시보드는 결국 대시보드를 설계한 사람만 보게 된다는 사실도 기억하셨으면 합니다.

대시보드는 수집된 데이터를 비즈니스에 활용할 수 있게 시각화 및 모니터링하는데 목적이 있습니다. 데이터에 대해 접근성이 낮은 실무자 입장에서는 서비스의 주요 지표를 상시 확인할 수 있기에 매력적인 솔루션입니다. 결국 잘 설계된 대시보드는 데이터로 할 수 있는 대화의 총 양을 늘려주며, 이는 결국 효과적인 소통 및 지표 개선의 가능성을 높여줍니다.

무작정 대시보드를 만드는 게 아니라 대시보드를 설계하는 목적을 먼저 생각하고 고민하는 것을 권장드립니다. 이를테면 주로 보는 사람은 누구인지, 어떤 지표를 모니터링 할 것인지, 어떻게 활용할 것인지에 대한 고민이 있어야 대시보드를 만든 이후에도 활용될 가능성이 높아집니다. 이번 글에서는 효과적인 대시보드를 설계하기 위한 3가지 방법에 대해 얘기해보려 합니다.

구글 애널리틱스를 자세히 들여다보면 대시보드 기능이 존재합니다. 하지만 데이터 스튜디오라는 대안이 있어서인지 대시보드가 있다는 사실을 모르는 분들도 많고, 굳이 사용해야 되나 싶을 정도로 단순한 기능을 제공합니다. 데이터 스튜디오와 비교해서 유연성이나 확장성도 낮습니다.

그래서인지 얼마 전 런칭된 '구글 애널리틱스4'에서는 별도의 대시보드 기능이 빠졌습니다. 대시보드는 데이터 스튜디오를 활용하라는 공식적인 발표는 없었지만 슬그머니 구글에서도 기존 대시보드의 단점을 인정한 셈입니다. 물론 데이터 스튜디오에도 일부 단점이 존재하지만 아직까지 꾸준한 업데이트를 통해 사용성이 개선되고 있는 걸 보면 앞으로도 기대를 하게 하는 서비스입니다.

대시보드 만으로는 분석이나 액션이 불가능하다

대시보드는 단순히 상황판입니다. 서비스가 현재 어떤 지표를 보이고 있으며 어느 지점에서 전환과 이탈이 많이 발생하는지를 판단할 수 있게 도와줍니다. 물론 대시보드에 퍼널이 반영되어 있고 오랜 고민 끝에 완성된 대시보드여야 이러한 판단이 가능합니다. 문제가 발견되면 어떻게 해야 할까요? 결국 데이터를 깊게 들여야 봐야 합니다. 대시보드의 역할은 여기서 끝입니다. 결국 구글 애널리틱스나 앰플리튜드 같은 분석 도구로 데이터를 세부적으로 살펴봐야 하며, 필요 시 Rawdata에 접근해서 어디에 문제가 있는지 정밀 진단하고 개선하는 작업이 필요합니다.

대시보드를 가장 이상적으로 활용하는 방법은 무엇일까요? 정답은 없지만 하루의 시작을 대시보드로 시작하는 것이라 생각합니다. 데이터를 전혀 보지 않는 사람도 대시보드에서는 다양한 지표와 데이터를 만져보게 됩니다. 그렇게 되면 궁금증이 생기게 마련인데요. 궁금증이 가설이 되고 가설이 실험이 되어 결국 액션까지 이뤄지는 게 가장 이상적인 그림입니다. 이를 위해서는 대시보드에 연동된 데이터의 퀄리티 유지 및 실험을 권장하는 유연한 조직 문화가 뒷받침되어야 합니다. 가장 최악의 상황은 잘 설계된 대시보드를 구축 프로젝트가 끝나고 아무도 보지 않거나 대시보드 관리자만 보는 상황입니다. 여러분이 운영하는 서비스의 상황도 이와 비슷한가요?

대시보드 활용을 위한 친절한 가이드 필요

같은 데이터라 하더라도 어떻게 시각화하느냐에 따라 데이터의 활용 가치는 달라집니다. 데이터를 시각화할 때 가장 주의해야 할 점은 '누가 봐도 이해할 수 있어야 한다' 라는 생각을 머릿속에 깔고 작업을 진행해야 합니다. 다시 말해, 용어에 대한 친절한 설명과 데이터가 어떻게 연동되는지 주석으로 충분한 설명이 되어야 합니다.

예를 들어 '세션'이라는 지표를 보면 일반적인 마케터나 분석 담당자는 지표에 대한 의미를 알고 있지만, 세일즈나 데이터를 많이 다루지 않는 부서의 직원들은 '세션'이 어떤 의미인지 정확히 모릅니다. '세션은 방문을 의미해요'라고 얘기하면 '그럼 페이지뷰도 방문 아닌가요?'라는 대답이 돌아옵니다. 어떻게 보면 당연한 질문입니다. 모두가 보는 대시보드는 초등학생도 이해할 수 있을 정도로 친절한 설명이 필요합니다. 어떻게 보면 사용자에 대한 배려이자 설계자의 역량입니다. 대시보드에 접속하는 방법과 데이터를 어떻게 조회하는지에 대한 가이드 문서까지 있다면 베스트입니다.

필요 이상으로 많은 지표를 넣지 말자

대시보드를 만든다고 하면 주변에서 이런저런 지표들을 넣어달라고 요구합니다. 하지만 대시보드 설계자가 그러한 요구사항을 모두 받아주면 절대 안 됩니다. 오히려 그분들을 설득할 수 있어야 합니다. 설득당하지 않게 대시보드에 연동된 데이터와 해당 산업에 대한 깊은 이해는 기본입니다. 경험상 서비스의 핵심 목표 지표가 명확히 없을 때 여러 지표를 대시보드에 넣게 되는 것 같습니다. 무엇을 넣어야 하고 추적해야 할지 감이 안 잡히니 일단 지표를 넣어보고 마는 것이죠. 때문에 대시보드를 설계하기 전에 퀄리티 높은 데이터와 더불어 핵심 목표 지표를 먼저 고민해봐야 합니다.

핵심 목표 지표는 매출처럼 결과에 대한 지표가 아니라 결과를 이루기 위해 관리되는 지표여야 합니다. 예를 들어 '펠로톤'이라는 홈 피트니스 서비스를 제공하는 기업은 실내 자전거를 타면서 앞에 달린 스크린 모니터를 통해, 전 세계 다양한 사람들과 같이 운동을 하며 양질의 클래스를 수강하고 회원권을 구독하게 됩니다. 펠로톤의 그로스 매니저가 끌어올려야 하는 지표는 매출이며, 이는 전체 구독자수 및 회원의 구독 이탈률에 근거해서 나오게 될 것입니다. 하지만 이에 앞서 회원 1명이 '한 달에 얼마나 많은 운동을 하는지'를 모니터링해야 됩니다. 운동을 하지 않게 되면 결국 구독료에 가치를 느끼지 못하고 해지를 하게 될 테니까요.

이게 정해지면 다음에 해야 할 액션도 명확해집니다. '어떻게 하면 회원들이 운동을 더 많이 하게 할지'를 고민하게 되는 것이죠. 펠로톤은 이를 위해 회원들이 직접 운동 계획을 짜게 한다거나 소셜 미디어에 운동 모습을 포스팅하거나 인증할 경우 경품을 주는 등의 액션을 진행했습니다. 그리고 자신이 짠 계획을 완수할 때마다 적절한 보상이나 배지를 주는 식의 액션도 추가할 수 있겠죠. 왜 지표 선정이 중요한지 이해가 되시나요? 지표 선정에는 많은 시간과 노력이 필요하며 무엇보다 고객에 대한 이해와 고객을 이해하는 담당자가 필요합니다. 그렇지 않으면 남들이 보는 지표만 모니터링하게 되며, 아무런 의미 없는 액션을 반복하면서 예산을 낭비하게 될 가능성이 높습니다.

중요한 건 크게 보여주고 가독성에 신경 써야

대시보드는 화려하게 만든다고 잘 만든 게 아닙니다. 앞에서 언급한 핵심 목표 지표와 시간의 흐름 속에서 지표의 추이가 어떻게 변화하는지 제대로 알 수 있다면, 대시보드의 역할을 다하는 것이라고 생각합니다. 이를 통해 액션을 위한 시그널만 줄 수 있다면 가장 이상적인 모습입니다. 그게 없다 보니 화려함으로 시선을 끌고 싶고, 그렇게 되면 지표가 많아지고 결국 사람들은 보지 않게 되는 악순환에 빠지게 됩니다. 중요한 지표는 크게 보여주시기 바랍니다. 왼쪽 상단에 아주 크게 배치하셔야 합니다. 가독성은 데이터 시각화에 있어 빠져서는 안 될 요소입니다. 데이터를 분석하는 사람들이 반드시 갖춰야 할 역량이 바로 '스토리텔링'이라고 합니다. 분석한 결과를 잘 전달하는 게 중요하다는 의미입니다. 10시간을 투자해서 보고서를 만들었는데 읽는 사람이 무슨 말인지 해석을 하지 못하면 시간과 노력을 들인 그 시간에 대한 보상은 누가 해줄까요.

　특정 클라이언트를 위한 대시보드를 만든다면 색상에도 신경을 써야 합니다. 어떻게 보면 디테일한 부분이지만, 디테일이 모여서 전체가 되는 만큼 대시보드는 단순히 데이터를 연동하는 것을 넘어 챙겨야 할 요소가 너무나 많습니다. 이를테면 모바일에서 봤을 때는 어떻게 보이는지, 모바일에서는 화면 크기에 따라 보여주고자 하는 데이터가 잘 보이는지 등 욕심을 낸다면 끝도 없습니다. 파란색이 기업의 메인 색상인데 대시보드가 온통 빨간 색상으로 설계되어 있다면 고객사 담당자의 마음은 어떠할까요? 작은 부분이지만 이런 디테일을 놓치는 사람과 그렇지 않은 사람의 차이가 바로 프로와 아마추어의 차이입니다.

　지금까지 효과적인 대시보드를 만들기 위한 몇 가지 팁에 대해 말씀드렸습니다. 종합하면 효과적인 대시보드란 보는 이를 배려한 대시보드라고 얘기할 수 있습니다. 지표에 대한 설명과 친절한 가이드, 꼭 봐야 할 지표만 대시보드에 넣는 세심함, 그 지표를 더 잘 보고 해석할 수 있게 하는 화면 배치 등 결국 '배려'라는 키워드로 결론을 내고 싶습니다. 서비스에 애정이 있어야 배려도 생기는 법이겠죠. 어떤가요. 여러분이 사용하고 계신 대시보드는 보는 이들을 충분히 배려하고 있나요? 사람들이 데이터를 보지 않는다고 불평하기 전에 왜 데이터를 보지 않는지에 대한 고민을 먼저 해보는 게 맞다고 생각합니다.

변화의 시작, 구글 애널리틱스4

구글 애널리틱스 4가 2020년 10월에 공식 출시되고 1년이 지났습니다. 그럼에도 불구하고 GA4에 대한 명확한 정보가 없어 각종 루머가 난무하는 것 같습니다. 기존에 사용하던 구글 애널리틱스 UA(Universal Analytics) 버전을 구글 애널리틱스 4로 변경해야 되는지, 구체적으로 어떤 점이 바뀌었는지, 그래서 그게 우리 서비스와 서비스를 이용하는 고객에게 어떤 영향을 주는지 궁금해하시는 분들이 많은데요. 이번 글에서는 변화된 구글 애널리틱스 4와 그에 따른 대응 방안에 대해 자세히 알아보겠습니다.

구글 애널리틱스4, 어떤 점이 바뀐 건가요?

결론부터 말씀드리면 '구글 애널리틱스가 완전히 새로운 버전으로 탈바꿈했다'라고 해도 될 정도로 바뀌었습니다. 우선 데이터 모델이 전부 이벤트 기반으로 변경되었습니다. 기존에는 페이지뷰, 이벤트, 거래와 같은 식으로 데이터가 수집되었다면, 구글 애널리틱스 4에서는 모든 게 이벤트로 정의됩니다. 즉, 페이지뷰도 하나의 이벤트로 측정됩니다. 기존에는 이벤트 안에 카테고리, 액션, 라벨 값이 있었는데요. 이제는 이벤트 안에 파라미터라는 값을 50개까지 수집할 수 있습니다. 구글 애널리틱스가 이렇게 변화한 이유는 유입 및 전환의 기준을 세션에서 사용자로 변경하고, 웹과 앱 데이터를 통합 수집해서 고객 여정에 따른 성과 추적을 이전 대비 명확하게 하겠다는 의도가 깔려 있습니다.

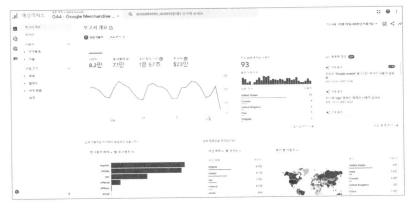

▲ 구글 애널리틱스 4 처음 접속했을 때 보여지는 대시보드

　그러니까 이전 버전에서는 홍길동이라는 사람이 여러 기기에서 다양한 브라우저로 방문하게 되면 각 브라우저마다 쿠키 값이 다르니 각각 다른 사용자로 인지되었습니다. 그러다 보니 실제 사용자는 1명이지만 GA에서는 사용자가 여러 명으로 측정되었고, 이는 분석에 있어 약간의 혼란을 야기시켰습니다. 구글에서도 이러한 문제점을 예전부터 인지하고 있었고, 완벽하게는 아니더라도 이를 최대한 통합해서 보여주겠다는 변화의 시작이 바로 GA4라고 이해하시면 됩니다.

▲ 광고 최적화 데이터 수집에 동의한 사용자들의 정보는 어떻게 활용될까요

이를 위해 구글은 브라우저 쿠키, 로그인 ID, 구글 시그널 기능을 활용하겠다고 구글 공식 문서에서 발표했는데요. 구글 시그널 데이터란 구글 계정에 로그인한 사용자가 개인 계정 설정에서 관심사 기반의 광고 최적화에 동의한 경우 특정 웹이나 앱에 접속했을 때의 데이터입니다. 사실 구글 시그널 기능은 기존 GA3에서도 존재했던 기능이며, GA4 속성 설정 메뉴에서도 활성화할 수 있습니다. 이 기능을 활성화하면 구글 시그널 데이터를 비롯하여 앞에서 언급한 브라우저 쿠키 및 로그인 ID 데이터를 통해 특정 방문자가 어떤 사람인지를 이전보다 정확하게 측정할 수 있게 되었습니다. 구글에서 공식적으로 밝힌 수치가 없어 정확한 수치는 알 수 없지만, 특정 방문자 식별에 대한 정확도가 굉장히 많이 개선될 것이라고 저는 생각하고 있습니다. 당연히 광고 최적화에 동의하지 않은 사람들의 데이터는 활용할 수 없겠지만요.

▲ 구글 계정 설정에 들어가시면 최적화 설정이 가능해요

▲ 아마 생각하시는 것보다 많은 정보를 구글이 수집했을 겁니다

이렇게 수집한 데이터를 빅쿼리라는 데이터 웨어하우스로 보내서,(쉽게 말해서 구글에서 제공하는 온라인 상의 데이터 저장 공간이라고 생각하시면 됨) 수집된 데이터를 토대로 머신러닝을 구현할 수 있고 이를 통해 전환할 것 같은, 이탈할 것 같은 사용자를 식별할 수 있게 됩니다. 다만 이를 위해서는 최근 30일 이내 구매건수가 월 1,000건 이상 쌓여야 하고 전자상거래 서비스가 아닌 경우에는 아직까지 사용할 수 없지만, 고급 분석을 위해 데이터만 제공하면 구글에서 데이터 분석을 최대한 도와주겠다는 의미로 해석할 수 있습니다. 뿐만 아니라 기존 GA360(GA 유료 버전)에서만 제공되던 분석 기능^{Funnel, Path Analytics} 등이 GA4에서는 누구나 사용할 수 있어 데이터 분석과 관련해서도 기능이 이전 대비 많이 개선되었습니다.

の中に表示される画像のテキスト内容：

✕ 향상된 측정   [저장]

👁 **페이지 조회**
페이지가 로드되거나 웹사이트에서 브라우저 방문 기록 상태를 변경할 때마다 페이지 조회 이벤트를 캡처합니다. 원하는 경우 고급 설정에서 브라우저 방문 기록 기반 이벤트를 사용 중지할 수도 있습니다.
고급 설정 표시

◈ **스크롤**
방문자가 페이지 하단으로 이동할 때마다 스크롤 이벤트를 캡처합니다.

🔗 **이탈 클릭**
방문자가 내 도메인에서 나가는 링크를 클릭할 때마다 아웃바운드 클릭 이벤트를 캡처합니다. 기본적으로 아웃바운드 클릭 이벤트는 현재 도메인 외부로 연결되는 모든 링크에 대해 발생합니다. 태그 설정에서 교차 도메인 측정을 구성한 도메인으로 연결되는 링크는 아웃바운드 클릭 이벤트를 실행하지 않습니다.

🔍 **사이트 검색**
방문자가 내 사이트에서 검색을 할 때마다 검색결과 조회 이벤트로 기록됩니다 (쿼리 매개변수 기준). 기본적으로 검색결과 이벤트는 URL에 일반 검색 쿼리 매개변수가 있는 페이지가 로드될 때 발생합니다. 고급 설정에서 검색결과 이벤트에 사용할 매개변수를 조정하세요.
고급 설정 표시

▶ **동영상에 호응**
방문자가 내 사이트에서 삽입된 동영상을 조회할 때 동영상 재생, 진행, 완료 이벤트로 기록 됩니다. 기본적으로 JS API가 지원되는 사이트에 삽입된 YouTube 동영상 의 경우 동영상 이벤트가 자동으로 실행 됩니다.

⬇ **파일 다운로드**
방문자가 일반 문서, 압축된 파일, 애플리케이션, 동영상, 오디오 확장 프로그램에서 링크를 클릭할 때마다 파일 다운로드 이벤트를 캡처합니다.

▲ GA4에서는 구글 태그 매니저로 스크롤 태깅 안 해도 되요 :)

그리고 기존에 별도로 수집해야 했던 스크롤이나 외부 링크 클릭과 같은 이벤트가 설정에서 향상된 측정 기능을 활성화하면 자동 수집되게 변경되었으며, GA3에서 항상 문제가 되었던 샘플링 이슈에서도 쿼리당 1000만 개 이상의 이벤트를 조회하지 않는 이상 데이터 샘플링에 걸리지 않도록 개선되었습니다. 일 방문자가 일 10만이 되지 않는 웹사이트 또는 앱에서는 데이터 분석에 있어 굉장히 자유도가 높아진 셈이죠. 기존 대비 바뀐 주요 장점들은 큰 줄기에서 이 정도로 설명드릴 수 있습니다.

구글 애널리틱스4, 언제부터 사용하면 되나요?

앞에서 언급드린 수많은 변화와 장점들에도 불구하고 새로운 버전의 GA가 출시된 후 약 1년이 지났지만, 아직 많은 분들이 기존에 사용하던 UA(Universal Analytics, GA3)를 사용하고 계십니다. 새로운 버전이 출시되고 그것을 사용하지 않는 게 문제가 되는 건 아닙니다. 전 세계적으로도 수십 또는 수백만의 웹사이트에서 아직 기존 버전을 사용하고 있기 때문에 구글에서 갑자기 구글 애널리틱스 UA 버전에 대한 지원을 중단하지는 않을 것입니다. 구글은 이전에도 Classic Analytics(GA2)에서 Universal Analytics(GA3)로 변화하면서 기존 GA2에 대한 데이터 수집 및 지원을 즉시 중단하지 않았습니다. 물론 지금은 아래 그림과 같은 GA2 버전을 사용하시는 분은 거의 없고, 이전 버전이 존재했다는 사실조차 모르시는 분들이 많을 것입니다. 아마 5년 뒤에 GA3와 GA4를 본다면, 이러한 상황이 회상될 가능성이 높지 않을까 싶네요.

▲ 굉장히 올드한 버전(GA2)의 화면 구성이네요 :)

이전에는 구글 애널리틱스 4가 구글 애널리틱스 웹앱 속성이라는 이름으로 베타 버전이었지만, 지금의 구글 애널리틱스 4의 경우 베타 버전이 아닙니다. 공식적으로 출시된 정식 버전인 것이죠. 하지만 왠지 모르게 베타처럼 느껴집니다. 많은 분들이 모든 기능을 사용해보지 않으셨겠지만 제가 느끼기에는 그렇습니다. GA3에서는 가능했던 맞춤 채널 설정이나 계산된 측정 항목 같은 기능을 아직까지는 GA4에서 활용할 수 없습니다. 기존에 존재하던 몇몇 기능은 언젠가 업데이트가 되거나 사용할 수 없게 될 거에요. 사용 방법에 관한 자세한 가이드도 아직까지는 부족해 보입니다. 이전과 비교해도 다양한 기능이 추가되고 여러 좋은 점들이 생겼다는데 나중에 기능이 조금 안정화되고 대세가 되면 사용해야 할까요? 이런 생각을 하고 계시다면 저는 그렇게 해서는 안 된다고 감히 말씀드리고 싶습니다.

당분간 GA3와 GA4 듀얼 태깅으로 데이터 관리해야

결정적인 이유로 기존에 수집된 GA3 데이터를 GA4로 옮기는 게 불가능합니다. 때문에 아직까지 GA4 속성을 생성하지 않았다면 지금부터라도 기본 추적 데이터라도 수집하는 것을 권장드립니다. 다시 말해, GA3와 GA4를 같이 사용하면서 서서히 GA4로 옮겨가는 것을 추천드립니다. GA4를 본격적으로 활용하기 위한 콘텐츠 및 가이드도 많이 부족한 상황인데요. 어떻게 보면 많은 사람들인 아직은 GA4를 본격적으로 사용하지 않고 있다는 사실을 의미하기도 합니다. 사용자가 많아짐에 따라 그와 관련한 콘텐츠와 가이드도 많아질 것이라 예상됩니다. 기회가 된다면 내년에 GA4를 실무에서 활용하기 위한 두번째 책을 출간해보고 싶네요.

데이터는 기술의 발달로 인해 축적이 되면 힘을 발휘합니다. 물론 신뢰할 수 있는 데이터를 수집했을 때 얘기입니다. 그렇게 축적된 데이터가 머신러닝이라는 기술과 만나게 되면 인간이 하기 힘들었던 분석을 AI 알고리즘이 대신 수행하게 되고, 인간은 AI의 도움을 받아 더 정밀화된 타겟팅과 분석을 수행할 수 있게 됩니다. 어떻게 보면 굉장히 이상적인 그림인데요. 항상 변화에 시작점에서는 일정량의 시간과 노력이 필요합니다. 기존에 익숙하던 UI에서 새로운 UI에 익숙해져야 하는 수고도 감내해야 합니다. 지금으로부터 10년 전 GA를 사용하던 마케터들이 GA2에서 GA3로 바뀌면서 겪었던 경험처럼 말입니다.

▲ 옵션을 누르지 않으면 UA 속성이 있는지조차 알 수 없습니다.

지금 GA4 속성을 추가로 생성하게 되면 GA4가 디폴트로 생성되며, 기존 UA(GA3)는 옵션으로 선택해야만 동시에 생성할 수 있습니다. 처음 생성하는 사람이 옵션을 클릭하지 않으면 UA를 동시에 생성할 수 있는지조차 모르게 되는 경우도 많을 듯합니다. 그리고 몇 년이 지나면 UA는 이제 영영 보지 못하게 될 것입니다. 서비스의 지표를 개선하기 위해 데이터를 수집하고 성과를 분석하고 이를 통해 사용자 경험(UX)을 개선하는 작업을 우리는 반복하고 있습니다. 이 과정에서 수많은 솔루션을 다루고 필요시 Rawdata에 접근해서 웹사이트나 앱에 방문한 고객의 행동 일거수일투족을 이해하려고 노력합니다.

구글 애널리틱스가 데이터 모델을 바꾸면서까지, 기존 사용자의 불편함을 감내하면서 GA4로 변화한 이유도 이와 크게 다르지 않을 겁니다. '고객을 이해하는데 좀 더 도움이 될만한 환경을 제공하겠다'라는 게 구글의 입장입니다. 여러분의 변화를 받아들일 준비가 되어 있으신가요. GA4 속성을 아직 생성하지 않으셨다면 지금이라도 생성을 하셔서 기본 추적 데이터라도 미리 수집을 해놓는 것을 권장드립니다.

CHAPTER
부록

구글 애널리틱스
인증 시험 실전 문제풀이

01 **구글 애널리틱스에서 '측정 항목'이란 무엇입니까??**

가. 사이트 성능을 분석하는 데 도움이 되는 측정기준

나. 비교를 위해 분리된 데이터 세그먼트

다. 날짜 범위에 있는 날짜

라. 측정기준과 쌍을 이루는 데이터 세트

정답 라. 측정기준과 쌍을 이루는 데이터 세트

구글 애널리틱스의 측정 항목에 대해 묻고 있습니다.

구글 애널리틱스에서 데이터를 조회하려면 측정기준과 측정항목이 쌍으로 존재해야 합니다. 측정항목은 숫자 혹은 지표라고 생각하세요. 그렇다고 측정기준에 숫자가 오지 않는 것은 아닙니다. 브라우저 버전이나 연령대 데이터에는 숫자로 표현됩니다.

GA는 100가지가 넘는 지표를 제공합니다. 하지만 모든 지표를 활용할 필요는 없습니다. 서비스에 맞는 지표만 선택해서 활용하면 됩니다. 원하는 지표가 없다면 계산된 측정항목 기능을 활용하여 지표를 만들면 됩니다. 분명한 것은 지표를 활용할 때 지표의 정확한 의미를 알고 사용하셔야 합니다. 각 지표별 자세한 설명은 참고문서 링크를 확인하시기 바랍니다.

GA는 절대 만능이 아닙니다. 분석을 하기 위해 대안이 있다면 굳이 사용하지 않아도 됩니다. 하지만 무료 솔루션 중 GA만한 솔루션은 아직 보지 못했습니다. GA를 통해 서비스 개선에 도움을 얻고 싶으시다면 핏이 잘 떨어지는 청바지처럼 서비스에 맞게 커스터마이징을 하시길 바랍니다.

02 다중 채널 유입 경로 보고서 데이터를 확인하기 위해 필요한 항목은?

가. 맞춤 측정기준　　　　　　나. 인 페이지 애널리틱스
다. 광고 기능　　　　　　　　라. 목표 또는 전자상거래

정답 라. 목표 또는 전자상거래

구글 애널리틱스 다중 채널 유입 경로 보고서에 대해 묻고 있습니다.

애널리틱스에서 전환으로 카운팅되는 경우는 전환 직전에 유입된 캠페인입니다. 즉, 전환하기 전에 수많은 캠페인을 통해 방문했다 할지라도 결국은 마지막 캠페인이 성과가 잡히게 됩니다. 하지만 마지막 캠페인 성과 데이터 만으로는 매체 전략을 수립할 수 없습니다.

전환에 이르기까지 거쳤던 캠페인 성과 파악을 위해서는 다중 채널 유입경로 보고서를 확인해야 합니다. 그리고 데이터를 확인하기 위해서는 반드시 목표 또는 전자상거래 설정이 되어 있어야 합니다. 만약 설정이 되어 있지 않다면 보고서를 클릭해도 데이터를 확인할 수 없을 것입니다.

전환 경로 보고서 데이터는 기본적으로 최근 30일 동안의 상호작

용을 기반으로 합니다. 하지만 기간을 최대 3달까지 조정할 수 있습니다. 이를 분석 용어로 룩백 윈도우라고 합니다. 다시 말해, 얼마 동안의 기간을 광고 성과로 볼 것인지를 의미합니다.

분석의 기본은 탐색입니다. 데이터를 얼마나 많이 탐색해봤는지가 보고서의 질을 향상시킵니다. 그러기 위해서는 전환 경로 보고서에서 마지막 전환 이전에 어떤 캠페인 혹은 소스를 타고 방문했는지를 확인하시기 바랍니다. 자연 검색Organic을 통한 전환이 많아도 해당 검색어 비중이 브랜드 검색어가 많다면 그것은 실질적으로 직접 유입입니다.

일반적으로 배너 광고의 전환 성과는 키워드 광고 대비 낮습니다. 때문에 클릭당 비용도 키워드 광고보다는 낮습니다. 하지만 단순히 전환 성과만으로 배너 광고의 효과를 판단해서는 안 됩니다. 전환 경로 보고서를 보면 배너가 전환 경로에 있어 어느 정도의 기여를 하는지 간접적으로 파악할 수 있기 때문입니다. 분석의 깊이를 더하기 위해서 다중 채널 유입 경로 보고서를 확인하시기 바랍니다.

03 몇 주에 걸쳐 사용자 획득 날짜를 기준으로 측정 항목을 비교할 수 있는 보고서는 무엇입니까?

가. 사용자 흐름 보고서　　　　나. 동질 집단 분석 보고서
다. 활성 사용자 보고서　　　　라. 사용자 탐색기 보고서

[정답] 나. 동질 집단 분석 보고서

구글 애널리틱스의 동질 집단 분석 보고서에 대해 묻고 있습니다.
동질 집단 분석은 서비스가 고객에게 얼마나 매력적인지를 판단할 수 있는 보고서 중 하나입니다. 동질 집단의 개념은 특정 기간 내에 공통된 특징을 가진 사용자 그룹입니다. 예를 들어, 장바구니에

상품을 추가한 여성 또는 방문 후 이탈하지 않은 남성 사용자 집단이 동질 집단의 예시입니다. 동질 집단 분석 보고서는 잠재고객 메뉴에서 확인 가능합니다.

분석을 할 때 유의하셔야 할 점은 데이터를 세분화 시켜야 합니다. 세그먼트 된 데이터로 분석을 하는 것과 평균 데이터로 분석을 하는 것의 차이는 굉장히 큽니다. 이를테면 회원 등급별 이탈률, CAC, LTV를 분석해 보면 충성고객과 비 충성고객의 차이가 확연히 드러납니다. 차이점을 발견했다면 분석의 절반은 끝난 것이나 다름 없습니다. 무엇이 문제인지를 아는 게 분석의 핵심입니다.

캠페인을 진행하는 경우 동질 집단 분석 보고서를 통해 캠페인 컨셉 또는 혜택에 따른 재방문 및 매출 값을 확인할 수 있습니다. 이것도 역시 세그먼트를 생성해서 적용해야 확인할 수 있는 데이터입니다. 코호트 분석과 세그먼트는 짝꿍과 같은 존재라고 생각하면 됩니다. 데이터를 분석하려면 집요해야 합니다. 코호트 분석을 통해 인사이트를 발견하시기 바랍니다.

04 쇼핑몰 GA 계정에서 "/order/complete"이라는 URL 목표를 설정하고 일치 유형이 "Begins with"인 경우 다음 중 목표로 전환되지 않는 페이지는?

가. /order/complete.php

나. /order/complete/thank_you.html

다. /ordercomplete.php

라. /order/complete/index.html

정답 다. /ordercomplete.php

구글 애널리틱스의 목표 유형 중 도착 URL 에 대해 묻고 있습니다.

분석을 통해 전환을 높이려면 퍼널을 설계하고 각 단계별 전환율을 최적화 할 줄 알아야 합니다. GA에서 퍼널을 설계하기 위해서는 목표를 설정해야 하는데, 목표 유형 중 도착 URL 목표로 설정해야 퍼널 데이터를 확인할 수 있습니다. 이벤트 유형으로 목표를 설정할 경우 GA 360과 같은 유료 서비스를 사용하지 않는다면 퍼널 형태의 시각화 보고서를 표현할 수 없습니다.

일반적으로 도착 URL 목표는 정규식으로 설정합니다. 생각하지 못한 URL 패턴이 나올 경우 목표 전환에 카운팅되지 않을 수 있기 때문입니다. 그래서 가능하면 URL 일치보다는 정규식이나 시작값으로 설정하는 것을 권장드립니다. 목표를 설정한 후에는 반드시 예상 목표 수치가 얼마나 되는지 확인하시기 바랍니다.

만약 예상 목표 수치가 0%로 나온다면 정규식이나 URL 패턴 값을 잘못 입력했을 확률이 높습니다. 따라서 반드시 목표 설정 후 Verify this Goal 을 클릭하여 예상 수치를 확인해 주시기 바랍니다. 설정은 빠르게 하는 게 중요한 게 아니라 정확히 하는 게 중요합니다. 그러려면 측정 전략을 설계할 수 있어야 하고, 전략을 문서화 해두는 게 장기적인 측면에서 많은 도움이 됩니다.

05 웹사이트에 로그인하는 사용자의 데이터를 수집하는 맞춤 측정 기준에 어떤 범위를 적용합니까??

가. 제품　　　　　　　　　나. 조회

다. 사용자　　　　　　　　라. 세션

정답 다. 사용자

구글 애널리틱스의 맞춤 측정기준 적용 범위에 대해 묻고 있습니다.

맞춤 측정기준은 GA에서 기본으로 제공하는 측정기준 이외에 추가로 분석가가 원하는 측정 기준을 수집할 수 있는 기능입니다. 예를 들어 CRM 데이터 중 회원 등급이 있다면 고객이 로그인 할 때 회원 등급을 호출하여 분석 목적으로 활용할 수 있습니다. 등급별 전환율과 매출액을 GA로 파악하지 않고 계시다면 충분히 효용 가치가 있는 기능입니다.

문제는 로그인과 비 로그인 사용자 데이터를 수집하기 위해 어떤 범위를 적용해야 하는지를 묻고 있습니다. 맞춤 측정에는 총 4가지 범위를 설정할 수 있습니다. 사실 문제의 정답은 사용자 또는 세션입니다. 해석의 차이인데 출제가의 의도로 보면 사용자가 정답입니다. 하지만 로그인 및 비 로그인 데이터를 구분하려면 세션이 정답입니다. 문제의 정답은 중요하지 않습니다. 내용을 정확하게 이해하고 설명할 수 있는지가 중요합니다.

▲ 속성 설정을 통해 맞춤 측정기준을 생성합니다.

맞춤 측정기준은 개발팀의 도움 없이는 적용하기 어렵습니다. 사실 설정이 어렵다기보다는 데이터 수집 체계를 설계하는 게 어렵습니다. 여러 부서간의 의사소통과 합의가 필요하지만, 제대로 수집을 할 경우 서비스에 방문하는 고객의 데이터를 정확하고 명확하게 GA로 확인할 수 있습니다. 맞춤 측정기준을 아직 적용하지 않으셨다면 아래 도움말을 참고하여 반드시 적용하시기 바랍니다.

06 다음 중 기본 채널 보고서에 포함되지 않은 채널은 무엇입니까?

가. 디스플레이

나. 자연 검색

다. 직접유입

라. 기기 카테고리

정답 라. 기기 카테고리

구글 애널리틱스의 채널 보고서에 대해 묻고 있습니다.

구글 애널리틱스를 사용하는 가장 큰 이유 중 하나는 채널별 성과를 파악할 수 있기 때문입니다. 이를 통해 광고를 통한 매출과 직접 방문을 통한 매출을 비교할 수 있고, 성과가 낮은 채널에 대해 마케팅 전략을 수립할 수 있는 근거 데이터를 마련하게 됩니다. 채널은 GA에서 기본으로 제공하는 그룹이 있으며, 분석가가 원할 경우 맞춤형으로 변경할 수 있습니다. 그렇게 되면 GA 기본 채널에 없는 그룹을 추가할 수 있습니다.

예를 들어 바이럴Viral 채널을 신규로 생성해서 입소문을 통해 유입된 트래픽을 분석하고 싶다면 보기 설정 > 채널그룹 에서 해당 그룹을 추가하면 됩니다. 데이터를 구글 애널리틱스에 맞추려기 보다는 구글 애널리틱스가 자사 데이터에 맞게 구동되도록 설계하시기 바랍니다.

기본 채널 그룹을 변경할 경우 데이터는 소급 적용되지 않습니다. 따라서 수정이 있는 경우 반드시 주석을 기입하시기 바랍니다. 이를 통해 다른 실무자가 채널 변경 사항에 대해 인지할 수 있도록 해야 합니다. 기본 채널 그룹을 복사하는 경우 해당 데이터는 소급 적용됩니다. 하지만 데이터에 대해 샘플링이 적용되는 점 참고하시기 바랍니다.

07 뉴스레터 가입에 대한 도착 목표를 정의하고 사용자가 세 번의 세션에서 가입을 세 번 완료하면 Google Analytics는 몇 번의 목표 전환을 체크합니까?

가. 0   나. 1

다. 2   라. 3

정답 라. 3

구글 애널리틱스 목표 전환 시점에 대해 묻고 있습니다.

목표는 세션 단위로 측정이 됩니다. 1번의 방문에서 여러번 목표 조건을 만족시켜도 목표는 1회만 측정됩니다. 만약에 세션이 종료되고 다시 시작되는 경우라면, 해당 세션에서 목표는 다시 카운팅 될 수 있습니다. 따라서 정답은 3입니다. 문제에서 세 번의 세션에서 가입을 세 번 완료했기 때문입니다. 만약 1번의 세션에서 세 번 가입을 완료하였다면 정답은 1이 될 것입니다.

목표를 설정하게 되면 반드시 전환이 정상적으로 되는지 실시간으로 체크하시기 바랍니다. 이 때 테스트용 View를 생성해서 해당 보기에서 목표 전환 테스트 하는 것을 권장드립니다. 그렇지 않으면 불필요한 전환수가 누적되기 때문입니다. 테스트 View와 별개로 보고용 View에는 임직원 트래픽이 유입되지 않도록 IP 대역 필터링을 적용해야 합니다.

08 구글 애널리틱스 캠페인 기본 매개 변수가 아닌 것은 무엇입니까?

가. utm_medium (매체)

나. utm_source (소스)

다. utm_adgroup (애드워즈 광고그룹)

라. utm_content (광고 콘텐츠)

정답 다. utm_adgroup (애드워즈 광고그룹)

구글 애널리틱스 캠페인 변수에 대해 묻고 있습니다.

캠페인이란 특정 목적으로 진행되는 마케팅 활동을 의미하며, 이를 위해서는 랜딩 페이지 URL이 필요합니다. 키워드나 배너 광고 또는 이메일을 좋은 예입니다. GA는 구글에서 만든 분석 도구이므로, 애드워즈 광고는 채널에서 광고로 분류되지만, 그 외 광고의 경우 광고로 인지하지 못합니다. 따라서 해당 URL이 어떤 캠페인인지 변수를 붙여줘야 합니다. 이를 GA에서는 캠페인 변수라고 합니다.

캠페인 변수는 총 5가지가 있습니다. 하지만 모든 변수를 활용할 필요는 없습니다. 반드시 필요한 변수는 utm_source 입니다. 하지만 사실상 medium 및 campaign name도 실전에서는 필수 항목입니다. GA가 트래픽을 캠페인을 인지하기 위해 페이지 URL 뒤에 위 변수별 값을 붙여줘야 합니다. 안타깝게도 GA에서는 캠페인 URL을 생성하는 기능을 제공하지 않습니다. 캠페인 URL 생성기는 아래 URL을 통해 접속할 수 있습니다.

· 구글 애널리틱스 캠페인 URL 생성기

http://ga-dev-tools.appstot.com/compaign-url-bnilder/

▲ 캠페인 URL 생성기를 통해 캠페인 URL 생성하기

　　캠페인 변수를 제대로 붙여줘야 데이터 정합성에 어긋나지 않고, 데이터가 아름답게 수집됩니다. 이를 위해서는 캠페인 변수 명칭에 대한 내부 가이드가 요구됩니다. 마케팅 또는 분석팀에서 주도권을 가지고 내부에 전파해야 합니다. 그렇지 않으면 데이터는 꼬이게 됩니다.

　　캠페인 변수는 개발 소스에 삽입하는 것이 아니라 랜딩 URL 뒤에 붙이는 것입니다. 캠페인 URL이 정상 랜딩되면 GA 캠페인 보고서에 데이터가 확인됩니다. 주의할 점은 내부 링크에는 캠페인 변수를

붙이면 안 됩니다. 그렇게 되면 광고를 통해서 유입된 트래픽의 정확한 성과를 파악하기 어렵습니다.

내부 링크 또는 배너의 경우 이벤트를 통해 데이터를 수집해야 합니다. 일관성이 중요합니다. 수집된 데이터는 채널 그룹 설정을 통해 맞춤형 채널로 관리할 수 있습니다. 자세한 내용은 첨부 문서를 확인해주시기 바랍니다.

09 **구글 애널리틱스 추적 코드는 구글 애널리틱스로 언제 이벤트 히트를 보낼까요?**

가. 사용자가 예약 할 때마다

나. 이벤트 추적 기능이 구현된 상태에서 이벤트 추적을 할 때마다

다. 페이지 뷰 추적이 구현된 상태에서 사용자가 액션을 수행 할 때마다

라. 사용자가 캘린더에 일정을 추가 할 때마다

정답 나. 이벤트 추적 기능이 구현된 상태에서 이벤트 추적을 할 때마다

구글 애널리틱스의 이벤트 추적 기능에 대해 묻고 있습니다.

구글 애널리틱스는 클릭 데이터를 기본으로 수집하지 않습니다. 메인 롤링 배너 데이터를 추적하려면 별도의 태깅 작업이 필요합니다. 웹사이트에서 문서를 다운로드 하거나 댓글 등록을 카운팅하는 것도 모두 이벤트로 추적해야 합니다. 이벤트에는 다음과 같은 구성 요소가 있습니다. 동영상을 재생하는 경우를 예로 들어보겠습니다.

- 카테고리(필수값) : 동영상
- 액션 (필수값) : 재생
- 라벨 (선택값) : 영상명
- 값 (선택값) : 1

이벤트 카테고리 및 액션은 필수로 수집해야 합니다. 라벨과 값은 선택적으로 수집할 수 있습니다. 각 항목에 대해 네이밍을 정할 때 일관성 있게 수집해야 합니다. 위 예시에서 '재생'과 '재생완료'는 GA에서 다른 값으로 수집됩니다. 따라서 분석을 할 때 추가 가공 작업이 필요합니다.

웹사이트에서 발생하는 모든 이벤트를 수집하는 것은 권장하지 않습니다. 반드시 필요한 데이터만 이벤트로 수집하시기 바랍니다. 이유는 GA 히트 수 때문입니다. 히트 수가 일정 범위를 넘어갈 경우 중요한 데이터에 샘플링이 걸릴 수 있습니다. 따라서 GA 계정 관리자는 무엇이 중요한 데이터인지를 정확히 판단해야합니다.

이벤트를 수집하는 방법은 소스 코드를 수정하거나 GTM을 활용하는 방법이 있습니다. 매번 이벤트 수집을 위해 소스 코드를 수정하는 방법보다는, GTM을 활용한 이벤트 수집을 권장드립니다. 그래야 빠른 데이터 수집 및 분석이 가능합니다.

10 도메인이 다른 페이지에 동일한 기본 추적 코드를 설치하면 어떻게 됩니까?

가. 사용자 및 세션을 모든 도메인과 연결하지 않습니다.

나. 사용자와 세션을 단일 도메인과 연결합니다.

다. 사용자 및 세션을 해당 도메인과 연결합니다.

라. 중복 데이터 수집에 대해 경고합니다.

정답 다. 사용자 및 세션을 해당 도메인과 연결합니다.

구글 애널리틱스 도메인 추적 (Domain Tracking)에 대해 묻고 있습니다.

다수의 도메인에 동일한 GA 스크립트를 심는 경우 홈페이지의 구조를 정확하게 파악하고 있어야 합니다. 그렇지 않으면 데이터가 제대로 수집되지 않을 수 있습니다. 만약 기본 도메인에 여러 개의 하위(서브) 도메인을 운영하고 있다면, 1개의 동일한 GA 스크립트를 삽입하면 됩니다.

하지만 만약 각각 도메인이 다른 2개의 도메인을 운영하고 있다면, 크로스 도메인 설정이 필요합니다. 그렇지 않을 경우 방문자가 각 도메인에 대해 크로스 방문을 하는 경우 GA는 다른 방문자로 인지하게 됩니다. GA에서 크로스 도메인을 설정하려면 2가지 방법이 있습니다. GA 스크립트를 수정하거나, GTM을 활용해서 세팅을 하면 됩니다. 자세한 방법은 참고문서를 확인해주시기 바랍니다.

▲ 추적 코드가 없을 경우 뜨는 알림

만약 추적 코드가 제대로 설치되어 있지 않을 경우 GA에서 알림을 받을 수 있습니다. GA 우측 상단에 알림 표시에 숫자가 있다면 유심히 살펴보시기 바랍니다. 완벽하게 검수를 하려면 관리자의 검수가 필요하지만, 1차적으로는 알림에 대해 주기적으로 체크하시기 바랍니다.

11 다음 중 Google 웹 로그 분석에서 목표를 사용하여 추적 할 수 없는 것은?

가. 구매 나. 뉴스레터 구독

다. 비디오 시청 라. 고객 생애 가치

정답 라. 고객 생애 가치

구글 애널리틱스 목표로 추적 가능한 항목을 묻고 있습니다.

구글 애널리틱스 목표 값은 기본 추적코드만 넣는다고 해서 데이터가 자동으로 수집되지 않습니다. 목표를 설정해야 그에 해당하는 값이 수집됩니다. 목표로 수집할 수 있는 유형은 도착 URL, 이벤트(버튼클릭), 세션 시간, 세션당 PV가 있습니다. 따라서 정답은 고객 생애 가치입니다. 생애 가치는 잠재고객 메뉴에서 평생 가치 보고서를 통해 확인 가능합니다.

목표는 나중에 생성할 경우 이전 데이터에 소급 적용되지 않습니다. 따라서 최초 속성을 생성하고 보기를 생성하게 되면, 테스트 보기를 생성해서 목표부터 설정하시기 바랍니다. 테스트 보기에서 목표에 이상이 없음이 확인되면 보고용 보기에 목표를 적용하시면 됩니다.

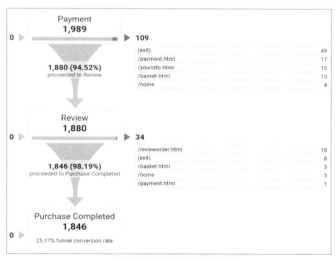

▲ 퍼널 설계를 통해 전환율을 체크합니다.

목표(퍼널)를 설정하고 전환을 고도화하는 작업은 데이터 분석의 종착점이라고 해도 과언이 아닙니다. 그로스해킹은 바로 위와 같은 작업입니다. 퍼널을 설정하기 위한 페이지뷰가 발생하지 않을 경우 가상 페이지뷰를 수집해야 합니다. 소스를 수정하지 않고 데이터를 수집하려면 구글 태그 관리자로 수집 가능합니다.

12 **다음 중 리마케팅 잠재고객을 정의하기 위해 가져올 수 있는 것은?**

가. 맞춤 세그먼트   나. 맞춤 보고서

다. 맞춤 측정기준   라. 맞춤 측정항목

정답 가. 맞춤 세그먼트

구글 애널리틱스의 리마케팅 잠재고객 기능에 대해 묻고 있습니다.

리마케팅 잠재고객은 이미 사이트에 방문한 사용자를 대상으로 광고를 다시 게재할 수 있는 기능입니다. B2B 홈페이지를 예로 들면, 문의하기 페이지에 접속했지만 문의는 남기지 않은 고객을 대상으로 애드워즈 광고를 집행할 수 있습니다.

GA에서 잠재 고객을 생성하려면 속성 설정에서 리마케팅 설정을 On 으로 변경하고, 애드워즈와 연동해야 합니다. 애드워즈와 GA를 연결하면 애드워즈 광고 캠페인 성과를 GA에서 확인할 수 있는 장점이 있습니다. 이를 위해 둘 다 수정 권한 이상이 부여된 상태에서, '애드워즈 연결' 메뉴에서 연동을 해줍니다.

주의할 점은 연동을 위해 반드시 GA 및 애드워즈에 수정 권한이 있어야 합니다. 연동은 최초 1번만 하면 되며, 연동이 완료되면 보기 권한이 있는 분들은 데이터 확인이 가능합니다.

애드워즈와 연결이 완료되었다면 맞춤 세그먼트를 생성해서 직접 잠재고객을 생성합니다. 잠재고객은 아래 표와 같은 타입으로 생성 가능합니다. 데이터에 기반하여 광고 모수를 생성할 수 있기 때문에, 애드워즈 광고 비중이 높은 경우 반드시 GA와 연결이 필요합니다.

▲ 리마케팅 잠재고객 생성하기

실제로 생성된 리마케팅 잠재고객 예시입니다. 문의하기 페이지에 방문했지만, 문의를 하지 않은 모수를 생성하였습니다. 우선 세그먼트를 생성하고, 세그먼트 옵션에서 '잠재고객 구축'을 선택하면 됩니다. 모수가 적은 경우 리마케팅 모수의 성과를 직접적으로 체험하기 힘들지만, 모수가 1,000 이상인 경우 일반 광고와 성과를 비교를 통해 캠페인을 최적화 할 수 있습니다. 애드워즈의 리마케팅 태그를 사이트에 삽입하면 페이지 단위의 세그먼트를 생성할 수 있지만, GA를 활용하면 고차원의 세그먼트에 따른 잠재고객을 생성할 수 있습니다.

리마케팅 잠재고객은 맞춤 세그먼트를 생성하여 캠페인 성과를 최적화하기 위해 반드시 활용을 권장드리는 기능입니다. 리마케팅을 활용한 타겟팅 광고를 통해 성과를 개선하시기 바랍니다.

13 **구글 애널리틱스에서 디폴트 세션 만료 시간을 변경할 수 없다.**

가. 참 　　　　　　　　　　　 나. 거짓

정답 나. 거짓

구글 애널리틱스의 세션 만료시간에 대해 묻고 있습니다.

구글 애널리틱스는 홈페이지에 사용자가 최초 접속 이후 특정 시간 동안 별도의 액션이 없으면 세션을 종료시킵니다. 여기서 특정 시간을 GA에서는 '세션 만료시간'이라고 합니다.

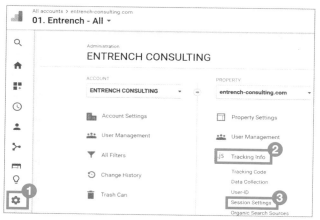

▲ 속성 설정 〉 추적 정보 〉 세션 설정 접속하기

기본 30분으로 설정되어 있으며, 관리자가 조정할 수 있습니다. 런닝 타임이 30분이 넘는 동영상이 많이 배치된 서비스의 경우 만료시간을 더 길게 조정해야 합니다. 또는 특정 작업을 완료하는데 평균 1시간 이상 걸리는 경우 세션 시간을 1시간으로 조정할 필요가 있습니다.

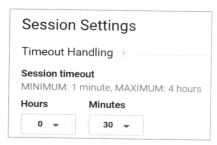

▲ 세션 만료 시간 조정하기

반대로 콘텐츠가 적은 경우 세션 시간을 줄일 수 있습니다. 하지만 일반적으로 세션 만료시간은 30분으로 설정합니다. 세션 시간은 크게 중요하지 않습니다. 중요한 것은 콘텐츠와 상품, 그리고 홈페이지의 사용자 경험(UX)입니다.

14 **다른 기기를 사용하는 1명의 사용자를 추적하려면 무엇이 필요합니까?**

가. 모두 정답　　　　　　　　나. 신규 GA 계정

다. 구글 태그 관리자　　　　　라. 고유한 ID를 생성하고 설정

정답 라. 고유한 ID를 생성하고 설정

구글 애널리틱스의 User ID 기능에 대해 묻고 있습니다.

　사용자는 다양한 기기Device의 브라우저와 모바일 App을 통해 서비스에 방문합니다. 이전 글에서 말씀드렸듯이 구글 애널리틱스는 1명의 사용자가 다른 브라우저 또는 기기로 접속할 경우 모두 다른 사용자로 인지합니다. 따라서 이들이 동일한 사용자라고 인지시키는 별도의 설정이 필요합니다. 그것이 바로 User ID 기능입니다.

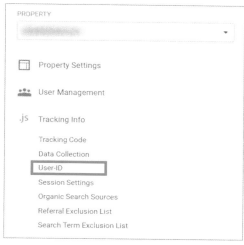

▲ 속성 설정 〉 추적 정보 〉 사용자 ID 메뉴 접속

　User-ID 기능을 활성화하기 위해서는 개인 식별 정보를 GA로 전달하지 않는다는 정책에 동의해야 합니다. 일반적으로 로그인 ID를 암호화해서 전송하여 위 정책을 준수하게 됩니다. User-ID 기능을

적용하기 위해 필요한 개발 작업은 이 글에서 언급하지 않습니다.

		Users		Revenue ↓		User Transaction Rate
		109,691		₩10,269,136,625		9.40%
		% of Total: 100.00% (109,691)		% of Total: 100.00% (₩10,269,136,625)		% of Total: 100.00% (9.40%)
1.	Mobile	47,137	(43.20%)	₩1,883,747,730	(18.34%)	5.81% (61.54%)
2.	Desktop Mobile	30,312	(27.78%)	₩5,448,047,460	(53.05%)	16.45% (174.18%)
3.	Desktop	28,858	(26.45%)	₩2,441,528,672	(23.78%)	7.41% (78.47%)
4.	Desktop Mobile Tablet	1,033	(0.95%)	₩307,500,897	(2.99%)	24.10% (255.19%)
5.	Mobile Tablet	746	(0.68%)	₩108,176,784	(1.05%)	11.26% (119.21%)
6.	Tablet	647	(0.59%)	₩20,436,168	(0.20%)	6.49% (68.72%)
7.	Desktop Tablet	375	(0.34%)	₩59,698,912	(0.58%)	17.33% (183.51%)

▲ 교차 기기별 트래픽 및 전환율 확인하기

　　로그인 사용자의 데이터를 확인하려면 User-ID 보기를 신규로 생성해야 합니다. 로그인 사용자는 비로그인 사용자보다 구매전환율^{CVR} 및 평균 구매액^{ARPU}이 높습니다. 뿐만 아니라 개개인의 행동 패턴을 아래와 같은 교차 기기 보고서로 분석할 수 있습니다. 따라서 로그인 base의 서비스를 운영하고 계신다면 User-ID 기능 반드시 활용하시기 바랍니다.

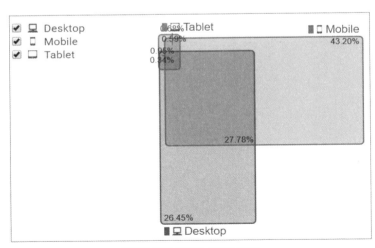

▲ 교차기기 사용자 점유율을 시각화한 보고서

사용자의 여정을 하나의 연결된 패턴으로 파악하는 것은 분석에 있어 굉장히 중요합니다. 여정이 끊어지면 의미 있는 분석 결과를 도출하기 힘듭니다. 페이스북의 광고 타겟이 타 서비스보다 명확한 이유는 무엇일까요? 페이스북을 사용려면 무조건 로그인을 해야 됩니다. 따라서 타겟을 정교하게 설정할 수 있습니다. 구글 애널리틱스의 User-ID 역시 동일한 원리입니다.

15 맞춤 보고서를 공유하면 해당 보고서의 데이터가 공유됩니다.

가. 참 　　　　　　　　　　　　　　나. 거짓

정답 나. 거짓 (보고서 데이터는 공유되지 않는다)

구글 애널리틱스의 자산 공유 기능에 대해 묻고 있습니다.

맞춤 보고서를 공유하면 데이터는 공유되지 않습니다. 보고서 형태(템플릿)만 공유됩니다. 따라서 정답은 False 입니다. 맞춤 보고서를 다른 사람에게 공유하려면, 아래와 같이 보고서 목록에서 우측 드롭박스 클릭 후 공유(Share) 메뉴를 선택하면 됩니다. 그렇게 되면 공유용 URL이 생성되는데, 주소창에 복사 및 붙여넣기 한 뒤 GA 보기^{View}를 연결하면 동일형태의 맞춤 보고서를 사용할 수 있습니다.

▲ 맞춤 보고서 복사하기

맞춤 보고서 뿐만 아니라 대시보드, 세그먼트도 개인 계정 단위로 생성됩니다. 본인이 생성한 항목은 본인만 열람할 수 있는 것입니다. 다른 사람에게 동일한 형태로 전달하려면 자산 공유 기능을 활용해야 합니다. 자산 공유 기능은 GA 보기(View) 설정 메뉴에서 접속 가능하며, 공유하려는 항목을 검색할 수 있습니다. 여기서는 목표Goal도 공유할 수 있기 때문에 다른 보기에 동일한 목표 설정을 적용하고 싶을 때 특히 유용합니다.

▲ 자산 공유를 통해 보고서 템플릿 공유하기

GA에 익숙하지 않은 분들은 원하는 데이터를 바로 조회하기 쉽지 않습니다. 따라서 주요 맞춤 보고서나 세그먼트는 공용으로 접속할 수 있는 별도의 구글 시트를 생성해서 주기적으로 시트를 업데이트 해주는 게 좋습니다.

앞선 포스팅에서 목표Goal는 테스트 보기View에 먼저 적용한 뒤 검수를 해서 이상 없음이 확인되면, 보고용 보기View에 적용하라고 말씀드렸습니다. 이 때, 자산 공유 기능을 활용해서 수많은 목표를 한 번의 클릭으로 다른 보기에 적용할 수 있습니다.

16 다음 중 올바른 측정기준과 측정항목 조합이 아닌 것은 어느 것입니까?

가. 세션 / 소스

나. 페이지에 머문 시간 / 기기 유형

다. 총 이벤트수 / 사용자 유형

라. 세션 / 이탈률

정답 라. 세션 / 이탈률

구글 애널리틱스의 측정기준과 측정항목에 대해 묻고 있습니다.

구글 애널리틱스에는 총 400개 이상의 측정기준과 측정항목이 존재합니다. 분석을 하려면 사용되는 데이터가 정확히 어떠한 기준으로 측정되는지를 알아야 합니다. 그래야 정확한 분석 결과를 도출할 수 있습니다. 이를테면, 이탈률% (Exit Rate)은 1개의 세션에서 조회된 마지막 페이지를 의미합니다. 만약 프로모션 페이지 방문 후 윈도우 창을 닫고, 바로 메인 페이지로 재접속 한 경우 세션은 끊어지지 않고 유지가 됩니다. (세션 만료 시간은 30분이므로) 그 후 메인 페이지에서 세션이 종료되면 메인 페이지의 이탈률%에 영향을 주게 됩니다.

측정기준과 측정항목은 반드시 쌍으로 존재해야 합니다. 문제에서 Sessions / Bounce rate 는 둘다 측정항목입니다. 따라서 정답은 Sessions / Bounce rate (세션 / 이탈률) 입니다. 아래 참고문서 중 측정기준&측정항목의 정확한 의미를 탐색할 수 있는 링크가 있습니다. 즐겨찾기에 추가하는 것을 권장드립니다. 데이터의 정확한 의미를 확인하고자 할 때 자주 방문하는 페이지입니다.

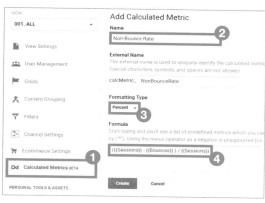

▲ 계산된 측정항목 예시

측정항목에서 계산된 측정항목 기능을 활용하면 더 높은 분석 정보를 얻을 수 있습니다. 이를테면 사용자당 평균 이벤트 수를 알고 싶을 때, {{총 이벤트 수}} / {{사용자}} 라는 공식을 활용해서 기본으로 제공하지 않는 측정항목을 생성할 수 있습니다. 비 이탈률 (Non-Bounce rate) 역시 계산된 측정항목으로 생성하면 맞춤 보고서나 대시보드에서 활용할 수 있습니다. 구글 애널리틱스에 기능이 많지만 여러분의 툴로 만들게 되는 순간, 어렵지 않게 사용 가능하실 겁니다.

17 맞춤 보고서 유형 중에서 데이터를 정적인 정렬 표 형태로 보여주는 것은 ?

가. 탐색기　　　　　　　　나. 플랫 표

다. 피봇 표　　　　　　　　라. 방문자 분포

정답 나. 플랫 표

구글 애널리틱스의 맞춤 보고서 유형에 대해 묻고 있습니다.

분석의 대가 아비나쉬 카우식은 맞춤 보고서에 대해 이렇게 말했다고 합니다.

> **"구글 애널리틱스 사용자라면서 한 번도 맞춤 보고서를 사용해 본 적이 없다고 하면 그 사람의 수준을 낮게 평가할 것이다."**
>
> – 아비나쉬 카우쉭

여러분은 GA에 접속해서 맞춤 보고서를 자주 활용하시나요? 맞춤 보고서는 표준 보고서 형태를 사용자의 입맛대로 변경할 수 있는 기능입니다.

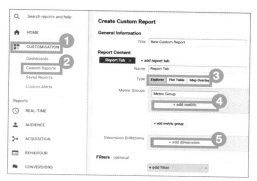

▲ 맞춤 보고서 설계 화면

맞춤 보고서를 정의하려면 최소 1개의 측정기준과 측정항목이 필요합니다. 그리고 생성된 맞춤 보고서는 다른 구성원에게 공유할 수 있습니다. 세그먼트와 마찬가지로 맞춤 보고서도 개인 계정 단위로 생성되기 때문에, 본인이 생성한 맞춤 보고서가 다른 구성원에게 보이지 않습니다. 공유를 하려면 보기 설정에서 '자산 공유' 기능을 활용하시면 됩니다.

* 맞춤 보고서 3가지 유형별 설명

- **Explorer (탐색기)**: 메인 시간 그래프가 노출되고, 측정 기준을 드릴 다운 할 수 있음
- **Flat Table (플랫표)**: 메인 시간 그래프가 없고, 최대 5개의 측정기준을 한 번에 표시함
- **Map Overlay (방문자 분포)**: 지도와 표 형태로 데이터를 표시함

분석을 위해 주기적으로 조회해야 하는 데이터나 유관 부서에 의미 있는 데이터를 공유할 때 맞춤 보고서는 특히 유용합니다. 분석 업무의 생산성을 높여주는 기능이라고 할 수 있습니다. 한 가지 팁을 드리자면, 유용한 맞춤 보고서는 구글 시트를 생성해서 링크를

내부 구성원과 공유하시기 바랍니다. 그렇게 되면 불필요한 업무 커뮤니케이션을 줄일 수 있고, 맞춤 보고서를 더 많이 활용하게 될 겁니다.

18 구글 애널리틱스에서 "두 번째 측정기준"이란 무엇입니까?

가. 대시보드에 추가할 수 있는 위젯
나. 보고서에 추가할 수 있는 측정기준
다. 보고서에 추가할 수 있는 측정 항목
라. 데이터의 영향을 이해할 수 있는 데이터 시각화

정답 나. 보고서에 추가할 수 있는 측정기준

구글 애널리틱스의 두 번째 측정 기준에 대해 묻고 있습니다.

측정기준은 데이터의 속성을 나타냅니다. 두 번째 측정기준이란 1개의 보고서에서 다른 측정기준을 추가할 수 있는 기능입니다. 데이터 분석을 통한 통찰력을 얻기 위해 자주 활용하는 기능입니다. 예를 들어, 유료 키워드를 통해 방문한 사람들이 방문하는 페이지를 한 번에 보고 싶은 경우, 두 번째 측정기준을 활용해야 합니다. 따라서 정답은 '구체적인 분석을 위해 보고서에 추가할 수 있는 측정기준'입니다.

▲ 두 번째 측정기준으로 랜딩 페이지 체크하기

측정 기준을 2개 이상 사용하고 싶다면 어떻게 해야 할까요? 맞춤 보고서를 생성해야 합니다. 맞춤 보고서에서는 총 5개의 측정기준을 사용할 수 있습니다. 맞춤 보고서는 나중에 관련된 문제가 나오면 자세하게 설명드리겠습니다. GA에는 굉장히 많은 측정기준이 있지만, 실제 분석을 할 때 사용되는 측정기준은 많지 않습니다. 억지로 외우려고 하지 마시고, GA를 자주 활용하시다 보면 자연스럽게 익히게 되실 겁니다. 두 번째 측정기준을 활용하면 아래와 같은 데이터를 확인할 수 있습니다.

- 페이지 URL에 따른 페이지 제목
- 소스/매체별 방문 페이지
- 이벤트 액션에 따른 이벤트 라벨
- 판매된 상품명에 따른 상품 카테고리
- 성별에 따른 연령대

두 번째 측정기준을 적용한다는 것은 데이터를 탐색한다는 의미와 동일합니다. 데이터 분석을 통해 인사이트를 얻고 싶으시면, 두 번째 측정기준 기능을 꼭 활용하시기 바랍니다. 광고 키워드에 따른 랜딩 페이지별 이탈률만 개선해도 키워드 광고 예산을 최적화 할 수 있습니다. 데이터에 대한 고민이 깊어야 올바른 질문을 할 수 있고, 그래야 제대로 된 데이터 탐색이 가능합니다.

19 웹페이지의 HTML에서 Analytics 추적 코드를 삽입해야 하는 위치는 어디입니까?

가. 여는 〈head〉 태그 앞에 나. 닫는 〈/head〉 태그 앞에

다. 여는 〈body〉 태그 뒤에 라. 닫는 〈/body〉 태그 뒤에

정답 나. 닫는 〈/head〉 태그 앞에

구글 애널리틱스 추적 코드 삽입 위치에 대해 묻고 있습니다.

구글 애널리틱스로 데이터를 수집하기 위해서는 웹사이트에 추적 코드가 설치되어 있어야 합니다. 추적 코드가 없다면 데이터는 수집되지 않습니다. 따라서 갑자기 매출 데이터가 잡히지 않거나 특정 페이지의 페이지뷰 수가 확인되지 않는다면 추적 코드 설치 여부를 확인하시기 바랍니다.

추적 코드는 아래 그림과 같이 속성^{Property} 단위로 생성이 됩니다. 따라서 속성이 여러 개 생성되면 추적 코드도 여러 개 생성이 됩니다. 추적하는 방법은 2가지가 있습니다. 첫 번째는 추적 코드를 사이트의 모든 페이지에 추가하는 방법과, 구글 태그 매니저를 활용해서 GA 태그를 추가하는 방법입니다.

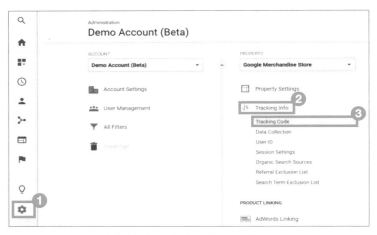

▲ 속성 설정 〉 추적 정보 〉 추적 코드 확인하기

가급적 구글 태그 매니저^{GTM} 활용을 권장드립니다. 이벤트나 전자상거래 데이터를 추가로 수집할 경우, GTM으로 하는 프로세스가 더 간단하기 때문입니다. 단, GTM과 GA 추적 코드를 함께 사용하는 경우 데이터가 중복으로 수집되지 않게 유의해야 합니다.

만약 데이터가 중복으로 수집되는 경우 이탈률과 목표 전환율, 세션당 페이지 수 같은 주요 지표에 영향을 주게 됩니다. 이렇게 수집된 데이터는 추후 분석에 활용할 수 없습니다. 다시 한번 강조드리지만 분석의 시작은 데이터 수집과 설계입니다.

추적 코드 삽입이 완료되면 아래와 같이 실시간 보고서로 접속합니다. 데이터가 수집되면 추적 코드가 삽입된 것입니다. 데이터가 중복으로 수집되는지 체크를 하려면 Tag Assistant(태그 어시스턴트) 크롬 확장 프로그램을 활용하시기 바랍니다. 구글 애널리틱스는 크롬 브라우저에 최적화되어 있습니다. 그리고 그에 따른 다양한 확장 프로그램이 있습니다. 태그 어시스턴트를 활용하면 데이터 검수를 쉽고 빠르게 할 수 있습니다.

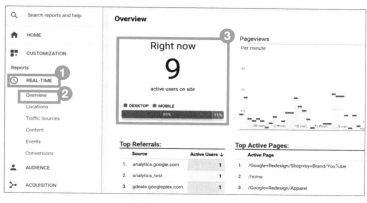

▲ 실시간 보고서 데이터 확인하기

추적 코드는 공통 헤더 영역에 삽입하게 되는데, 닫는 태그 앞에 삽입하면 됩니다. 대부분의 웹사이트에는 공통 영역이 존재합니다. 페이지가 1,000개라 할지라도 공통 영역에 한 번만 설치하면 모든 페이지에 적용됩니다. 공통 헤더에 추적 코드를 넣는 이유는 웹페이지가 열리는 중간에 이탈하는 사용자의 데이터가 수집되지 않는 것을 막기 위해서입니다. 만약 독립된 페이지가 있다면 태그를 추가하는 것을 잊지 마시기 바랍니다.

20 다음 중 구글 애널리틱스에서 신규 사용자와 재 방문자를 구분하는 데 사용하는 것은 무엇입니까?

가. 얼굴 인식 기술

나. 순차적으로 할당된 고유 식별자 및 브라우저 쿠키

다. 인공 지능

라. 무작위로 할당된 고유 식별자 및 브라우저 쿠키

정답 라. 무작위로 할당된 고유 식별자 및 브라우저 쿠키

신규 및 재방문자를 구분하는 쿠키 정보에 대해 묻고 있습니다.

구글 애널리틱스는 브라우저 쿠키 정보를 활용하여 신규 방문자와 재 방문자를 구분합니다. 따라서 동일한 사용자가 다른 브라우저로 접속하면 GA는 신규 방문자로 인식합니다.

구글 애널리틱스를 최근에 설치한 웹사이트의 경우 기존에 방문한 사람이라도 구글 애널리틱스 쿠키를 처음 만나게 되므로 신규 방문자가 됩니다. 때문에 GA를 사용한지 얼마 되지 않은 웹사이트라면, 최소 2주가 지난 뒤에야 신규 및 재 방문자 분석을 하는 것을 권장드립니다.

만약 쿠키를 강제로 삭제한다면 다시 방문해도 신규 방문자로 인식합니다. 때문에 수집된 데이터와 실제 방문자 정보는 100% 일치하지 않을 수 있습니다. 쿠키는 순차적으로 할당되지 않고 무작위로 할당되며, 세션이 종료되더라도 유지됩니다. 기본적으로 GA 쿠키는 2년 동안 유지됩니다.

▲ 잠재고객 〉 사용자 탐색기 보고서 접속하기

　　방문자 고유의 쿠키 정보를 확인하고 싶으면 GA에서 잠재고객 AUDIENCE 〉 사용자 탐색기User Explorer 메뉴에 접속하시면 됩니다. 개별 사용자의 행동 정보가 누적되는 곳으로 시간 흐름 순으로 방문자가 웹사이트에서 어떤 행동을 했는지를 보여줍니다.

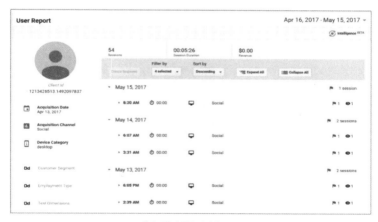

▲ 개별 사용자 행동 패턴 확인하기

　　User Report는 특정 세그먼트의 행동을 직접 확인하거나, 리마케팅을 위한 잠재고객을 생성하는데 활용할 수 있습니다. 이는 사용자를 직접 대면하지 않아도 데이터에 기반한 리서치를 할 수 있는 방법 중 하나입니다. 하지만 데이터가 모든 것을 설명하진 못합니다. 고객의 목소리를 직접 듣고 서비스에 반영하는 작업은 매우 중요합니다. 데이터는 데이터일 뿐입니다.

21 사용자가 제품 카탈로그 다운로드 한 횟수를 수집하려면 무엇을 설정해야합니까?

가. 이벤트 추적   나. 계산된 측정항목

다. 맞춤 측정기준   라. 맞춤 보고서

정답 가. 이벤트 추적

구글 애널리틱스의 이벤트 추적(Event Tracking)에 대해 묻고 있습니다.

이벤트는 웹페이지가 로드되는 것과 별개로 추적 가능한 콘텐츠와 사용자 간의 상호작용입니다. 이를테면, 클릭(다운로드 포함)이나 화면 스크롤 데이터가 바로 이벤트입니다. 구글 애널리틱스는 이러한 이벤트 데이터를 자동으로 추적해주지 않습니다. 따라서 이벤트 데이터를 확인하기 위해서는 담당자가 별도의 추적 세팅을 해줘야 합니다.

문제의 정답은 Event Tracking (이벤트 추적)입니다. 구글 태그 매니저를 활용하면 이벤트를 비교적 간단하게 수집할 수 있습니다. 만약 태그 매니저를 활용하지 않으면 직접 웹페이지 소스 코드에 이벤트 함수를 삽입해야 합니다. 개발자가 아닌 이상 소스 코드에 접근하거나 수정하기는 쉽지 않기 때문에 빠른 데이터 수집 및 분석을 위해서는 태그 매니저 사용을 가급적 권장드립니다.

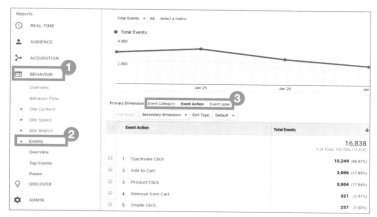

▲ 이벤트 보고서에서 수집된 데이터 체크하기

이벤트를 통해 수집할 수 있는 정보는 4가지입니다. 바로 카테고리Event Category, 액션Event Action, 라벨Event Label, 값Event Value 입니다. 분석은 데이터를 수집하는 순간부터 시작됩니다. 수집에 대한 설계를 제대로 해야 추후 분석 데이터로 가치가 있습니다.

이벤트로 수집되는 정보의 이름은 일관성이 있어야 합니다. 예를 들어 동영상을 재생하는 이벤트를 추적할 경우 일반적으로 액션 값을 '재생'으로 수집합니다. 만약 '동영상 재생' 또는 '재생하기'로 수집한다면 추후 분석을 할 때 2차 가공을 하게 되므로 반드시 일관성 있는 데이터 수집이 필요합니다.

▲ 샘플링 비율 확인하기

웹페이지에서 발생하는 모든 클릭을 추적하는 것은 권장드리지 않습니다. 필요한 이벤트 데이터만 수집해야 합니다. 이유는 샘플링 때문입니다. 구글 애널리틱스는 조회 기간의 데이터 양이 많으면 전체가 아닌 일부 데이터로 전체 데이터를 추산하는 통계 기법을 사용합니다. 따라서 분석을 위해 필요한 데이터만 수집하시기 바랍니다.

22 만약 사용자가 브라우저에서 쿠키를 지우면 어떻게 됩니까?

가. 다음에 웹페이지 방문 시 새로운 브라우저 쿠키를 생성합니다
나. 새로운 고유한 ID가 부여된 브라우저 쿠키를 생성합니다
다. 이전 행동 데이터와 연결되지 않는 고유한 쿠키를 생성합니다.
라. 전부 옳다

정답 라. 전부 옳다

구글 애널리틱스가 방문자를 기억하는 방식인 쿠키(Cookie)에 대해 묻고 있습니다.

구글 애널리틱스는 웹사이트에 방문한 사용자를 구분하기 위해 쿠키를 사용합니다. 구글 애널리틱스가 작동하는 웹사이트에서 쿠키에는 브라우저 정보를 비롯한 방문자가 웹사이트 안에서 행동한 여러가지 정보를 저장합니다. 따라서 브라우저 쿠키를 삭제한다는 것은 방문자 이력 정보를 삭제한다는 의미와 동일합니다. 즉, 쿠키가 삭제된 방문자를 연속적으로 분석한다는 것은 불가능합니다.

▲ 크롬 브라우저로 확인한 GA 쿠키 값

쿠키는 브라우저 단위로 발행됩니다. 따라서 익스플로러 브라우저를 통해 방문한 사용자와 크롬 브라우저로 방문한 사용자를 GA에서는 다르게 인지합니다. 그리고 크롬 시크릿 브라우저로 접속하는 방문자는 해당 세션 이후에 쿠키 정보가 자동으로 삭제됩니다. 따라서 동일 사용자가 재방문 하더라도 신규 사용자로 추적됩니다. 정확한 수치를 확인하긴 어렵지만, 일반적으로 방문자 중 30%는 한 달에 한번은 쿠키를 삭제한다는 통계 결과가 있다고 합니다.

GA 쿠키는 방문자가 임의로 삭제하지 않는 이상 2년 동안 지속됩니다. 만약 브라우저와 관계없이 로그인 사용자를 분석하고 싶다면 GA의 user-ID 기능을 활용해야 합니다. user-ID 기능을 활용하면 로그인 시 회원의 고유 정보를 받아서 교차 기기 행동 정보를 구글 애널리틱스에서 제공합니다. 방문자를 분석하기 위해서는 쿠키에 대한 기본 지식을 습득하시기 바랍니다. 기본을 알아야 응용이 가능하다는 점 꼭 반드시 기억하시기 바랍니다.

23 데이터를 분석할 때 세그먼트 사용의 장점이 아닌 것은?

가. 전환 세그먼트를 사용하여 특정 전환 경로 데이터만 분석할 수 있다.

나. 단일 또는 다중 세션 조건으로 사용자를 분석 할 수 있다.

다. 전환 사용자와 비전환 사용자 행동 데이터를 비교할 수 있다.

라. 보기에서 데이터를 영구적으로 수정할 수 있다.

정답 라. 보기에서 데이터를 영구적으로 수정할 수 있다.

구글 애널리틱스에서 제공하는 세그먼트 기능의 장점에 대해 묻고 있습니다.

세그먼트는 필터처럼 데이터를 변경하는 것이 아니라, 기존 데이터를 분석에 활용하기 위해 동일한 성격의 데이터를 집합으로 묶어줍니다. 따라서 정답은 You can permanently modify the data in your view 입니다.

세그먼트는 분석을 하기 위해 반드시 필요한 기능입니다. 분석의 대가 아비나쉬 카우쉭 역시 'Segment or die'라는 말을 통해 중요성을 어필했습니다. 쇼핑몰에서 가장 중요한 고객은 바로 충성 고객입니다. 이들의 평균 구매액(ARPPU)을 늘리는 것이 핵심 KPI 라고 할 수 있습니다. 평균 구매액이 많은 방문자의 특징을 알기 위해서는 어떻게 어떻게 해야 할까요?

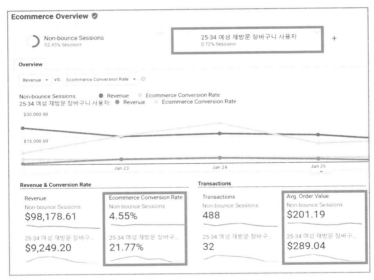

▲ 세그먼트로 특정 그룹 데이터 확인하기

위 화면은 구글에서 제공하는 데모 쇼핑몰 사이트의 거래 데이터입니다. 25-34세 여성이면서 재방문을 했고, 장바구니를 이용한 사용자 세그먼트를 생성했습니다. 전환율과 평균 구매액을 보면 이탈하지 않은 세션 사용자 대비 몇 배나 높은 전환율과 구매액 또한 월등히 높습니다. 의미 있는 사용자 그룹을 확인하려면 왜 세그먼트를 써야 하는지 이해가 되시나요?

세그먼트를 활용해서 데이터를 탐색해야 합니다. 그렇지 않고서는 인사이트를 도출할 수 없습니다. 구글 애널리틱스를 잘 활용하는 사용자의 기준은 세그먼트에 있다고 해도 무방합니다. 데이터 분석을 통해 의미있는 결과를 도출하고 싶다면, 반드시 세그먼트와 친해지시길 바랍니다.

24 필터가 이미 처리된(수집/정제된) 데이터에도 소급해서 적용될 수 있는가?

가. 참   나. 거짓

정답 나. 거짓 (소급 적용되지 않는다)

    문제는 구글 애널리틱스 필터가 기본 데이터에도 소급 적용되는지를 묻고 있습니다. 정답은 False(틀림) 입니다. 필터 기능은 보기(View)에서 데이터를 분류하기 위해 사용되는 기능입니다. 회사 임직원 트래픽 또는 스팸 트래픽을 막는 용도로도 활용되고, 목표 설정 후 테스트 보기에만 데이터가 누적되도록 설정하려면 필터 설정이 필요합니다. 정확한 데이터를 수집하기 위해 굉장히 중요한 기능입니다. 단, 필터는 생성 및 적용되는 시점부터 효력이 발생하므로, 기존 데이터에는 신규 생성한 필터가 적용되지 않습니다.

▲ 사무실 IP 제외 필터 설정

　　필터를 사용하면 위와 같이 내부 직원의 트래픽을 사전에 차단할 수 있습니다. 이를 통해 보다 정확한 고객의 트래픽을 확인할 수 있습니다. 필터를 적용할 때에는 반드시 테스트 보기에 적용을 해서 이상이 없는지를 확인하고, 보고용 보기에 적용해야 합니다. 필터가 적용된 데이터는 다시 이전으로 백업할 수 없기 때문입니다. 이 점 유념하시어 필터 설정을 하시기 바랍니다.

25 전환경로에서 터치포인트 관점으로 어떻게 매출과 전환에 기여했는지를 결정하는 방법을 유형별로 다루는 것이 무엇인가?

가. 채널 그룹화 하기　　　　나. 멀티채널 퍼널
다. 전환 추적　　　　　　　　라. 기여 모델

정답 라. 기여 모델

구글 애널리틱스에서 제공하는 기여 모델 기능에 대해 묻고 있습니다.
　　기여 모델 기능은 구글 애널리틱스 메뉴에서 'CONVERSIONS 〉 Attribution 〉 Model Comparision Tool'에 접속하면 확인 가능합니다. 정답은 '기여 모델' 입니다. 구글 애널리틱스는 멀티 채널 퍼널 보고서를 제외한 나머지 보고서에서 '마지막 간접 클릭' 모델이 적용됩니다. 예를 들어, 쇼핑몰에서 이메일을 통해 접속 후 몇 시간 뒤 직접 방문하여 구매를 하면 이메일이 전환에 기여를 했다고 집계합니다.

어떤 채널이 전환에 가장 많은 기여를 하는지 파악하고 싶다면 기여 모델 보고서를 확인하시기 바랍니다. 이를 통해 직접/간접 전환을 정확하게 파악한다면 광고 전략을 효율적으로 설계할 수 있으며, 그에 따라 예산을 최적화 할 수 있습니다.

26 보고서의 측정 항목을 웹사이트 평균과 비교해주는 데이터 표 옵션는 무엇입니까?

가. 피봇   나. 비교
다. 비율   라. 실적

정답 나. 비교

구글 애널리틱스에서 제공하는 기본 데이터 표의 옵션에 대해 묻고 있습니다.

기본 데이터 표에는 다양한 옵션이 있습니다. 기본 옵션으로 데이터가 표 형식으로 표시되지만, 다른 옵션을 선택할 경우 데이터를 시각화하여 보여줍니다. 이를테면, 엑셀처럼 데이터를 피봇하거나 평균 대비 지표의 실적이 양호한지를 확인할 수 있습니다. 문제 안에 답이 있습니다. 정답은 '비교'입니다.

비교 옵션은 선택한 측정항목의 실적과 사이트 평균을 비교한 결과를 막대 그래프로 보여줍니다. 이를 통해 평균 대비 실적이 높은 측정항목을 한 눈에 파악할 수 있습니다. 키워드 중 평균 대비 성과가 높은 키워드를 한 눈에 파악하고 싶다면 위 기능을 활용하시고, 데이터 표의 기능을 익히려면 두 번째 측정기준과 선택 행 도표 만들기 버튼을 선택해서 데이터를 비교해보시기 바랍니다. 구글 애널리틱스에는 이처럼 다양한 기능이 있습니다. 단순히 트래픽만 확인하는 것보다 이러한 옵션 기능을 활용해서 돈이 되는 분석을 하시길 바랍니다.

27 보기를 생성하면 보기가 생성되기 이전의 웹사이트 데이터가 포함된다.

가. 참   나. 거짓

정답 나. 거짓

구글 애널리틱스 보기|View **생성에 대해 묻고 있습니다.**

    구글 애널리틱스 보고서에 접속하려면 보기|View에 접속해야 합니다. 보기는 최대 50개까지 속성에 추가할 수 있으며, 반드시 수정 권한이 있어야 합니다. 보기는 생성되는 시점부터 데이터가 누적되므로 정답은 False(거짓) 입니다.

▲ 구글 애널리틱스 보기(View) 복사하기

    구글 애널리틱스는 계정/속성/보기로 구성됩니다. 1개의 계정은 50개의 속성을 생성할 수 있고, 1개의 속성은 25개의 보기를 생성할 수 있습니다. 여러분이 GA 계정 관리자라면 속성을 생성하는 즉시

여러 개의 보기를 생성하시는 것을 권장드립니다.

보기는 복사를 할 수 있으며, 복사된 보기는 '보고용/테스트용'으로 분류해서 데이터를 관리해야 합니다. 복사되는 보기에는 기존 보기의 필터 및 목표가 포함되어 있으며, 세그먼트 및 알림 등의 공유 자산은 포함되지 않습니다. 보기는 웹 보기와 앱 보기로 구분됩니다. 앱 보기에서는 충돌 및 예외 보고서, Google Play 보고서를 확인할 수 있고, 웹 보기에서는 웹 접속과 관련된 지표를 확인 할 수 있습니다.

28 웹사이트에 어떤 브라우저가 문제가 있었는지 확인을 위해 조회할 보고서는 무엇입니까?

가. 브라우저&운영체제 보고서　　나. 신규 vs 재방문 보고서
다. 소스/매체 보고서　　　　　　　라. 활성 사용자 보고서

정답 가. 브라우저&운영 체계 보고서

구글 애널리틱스 브라우저 보고서에 대해 묻고 있습니다.

구글 애널리틱스에서 지원되는 보고서는 크롬, 파이어폭스, MS 엣지, 사파리입니다. GA는 구글에서 제공하는 애널리틱스 도구이므로, 가급적 크롬 브라우저 사용을 권장드립니다. 브라우저 종류 및 버전에 대한 데이어는 잠재고객 보고서에 접속 시 확인 가능합니다.

29 다음 중 웹사이트에서 사용자 상호 작용을 시각적으로 보여주는 보고서는?

가. 트리맵 보고서　　　　　　나. 콘텐츠 드릴다운 보고서
다. 행동 흐름 보고서　　　　　라. 방문 페이지 보고서

정답 다. 행동 흐름 보고서

구글 애널리틱스 행동 흐름 보고서에 대해 묻고 있습니다.

행동 흐름 보고서는 사용자의 흐름을 시각화하여 보여줍니다. 단, 시각화 보고서가 모든 고객 개개인의 패턴을 보여주는 것은 아니며, 대표적인 행동 패턴을 보여줍니다. 퍼널을 설계하여 각 단계별 이탈을 메인 KPI로 관리하면서, 행동 흐름 보고서는 KPI를 증명하기 위해 보조하는 용도로 사용하는 것을 권장드립니다.

행동 흐름 보고서를 제대로 활용하려면 주요 이벤트와 콘텐츠 그룹을 사전에 설계해놔야 합니다. 사전에 설계를 하면 콘텐츠 그룹 기준으로 행동 흐름 데이터를 확인할 수 있습니다. 때문에 콘텐츠 그룹을 설계하는 경우에도 분석적인 측면을 고려해서 설계하는 습관을 들여야 합니다.

30 다음 중 오프라인 비즈니스 시스템 데이터와 구글 애널리틱스에서 수집한 온라인 데이터를 결합 할 수 있는 것은?

가. 애드워즈 연결   나. 데이터 가져오기

다. 목표 추적   라. 사용자 ID

정답 나. 데이터 가져오기

구글 애널리틱스 데이터 가져오기 기능에 대해 묻고 있습니다.

데이터 가져오기를 활용하면 오프라인에서 수집된 데이터를 온라인과 결합하여 분석할 수 있습니다. CRM 데이터 혹은 환불 데이터를 엑셀 CSV 형식으로 업로드하는 방식입니다. 단, 공통된 Key값이 존재해야 데이터를 하나의 테이블로 병합할 수 있습니다. 이를테면, 환불 데이터의 경우 GA에서 수집된 거래번호 혹은 SKU 값이 환불 데이터 테이블에 포함되어야 합니다.

31 다음 중 맞춤 설정 세그먼트를 만드는데 사용할 수 없는 사용자 특성은 무엇입니까?

가. 자녀가 있는 사용자

나. 웹사이트에서 비디오를 재생한 사용자

다. 언어를 영어로 설정한 25-34세 여성 사용자

라. 네이버 키워드 광고를 통해 유입된 사용자

정답 가. 자녀가 있는 사용자

구글 애널리틱스 세그먼트에 대해 묻고 있습니다.

세그먼트는 분석의 핵심입니다. 인사이트 가치가 높은 분석 보고서는 대부분 세그먼트를 적극적으로 활용한 보고서입니다. 그만큼 세그먼트를 통해 고객의 특성을 파악할 수 있다는 의미입니다. 다만 특정 고객이 아이를 가졌는지에 대해서는 알 수 없습니다. 비디오를 재생한다거나 이메일을 통해 방문한 고객은 세그먼트로 생성할 수 있습니다.

32 이전에 웹사이트를 방문한 트래픽의 비율을 보여주는 보고서는 무엇인가요??

가. 전체 트래픽 〉 추천 보고서

나. 관심분야 〉 관심도 카테고리 보고서

다. 행동 〉 신규 재방문 보고서

라. 사이트 검색 〉 검색어 보고서

정답 다. 행동 〉 신규 재방문 보고서

구글 애널리틱스 신규 재방문 보고서 대해 묻고 있습니다.

웹사이트를 방문하는 사람들은 두 가지 종류로 분류됩니다. 신규 방문 과 재방문입니다. GA가 방문자를 판별하는 기준은 고유한 브라우저 쿠키 값입니다. 즉, 특정 쿠키를 GA가 기억하는지 여부에 따라 신규와 재방문 사용자로 구분됩니다.

웹사이트에 방문한 트래픽 비율은 잠재고객 보고서에서 확인 가능합니다. 재방문 사용자의 구매 전환율은 신규 방문보다 항상 높습니다. 고객을 재방문으로 이끌기 위해서는 다양한 마케팅 전략이 필요합니다. 진정성 있는 콘텐츠와 상품은 고객으로 하여금 방문하고 싶게 만듭니다. 여러분 웹사이트의 신규 재방문 비율은 어떤가요?

33 새 맞춤 채널 그룹을 사용할 경우 이전에 수집된 데이터에도 소급 적용됩니까?

가. 거짓   나. 참

정답 나. 참

구글 애널리틱스 맞춤 채널 그룹에 대해 묻고 있습니다.

맞춤 채널 그룹은 GA에서 기본적으로 제공하는 채널을 여러분 서비스에 맞게 변경할 수 있는 기능입니다. 보기 수정 권한이 있어야 하며, 기본 채널 그룹과 달리 맞춤 채널 그룹으로 설계된 채널은 이전 데이터라도 소급 적용됩니다. 하지만 맞춤 채널 그룹 데이터는 샘플링에서 자유롭지 못합니다.

이전 기간에 대한 채널 성과 혹은 트래픽을 파악하고 싶다면 맞춤 채널 그룹을 활용하시기 바랍니다. 채널 그룹을 설계하기 위해서는 기본적인 정규식을 알아야 합니다. 생성된 채널 그룹은 다른 사람에게 템플릿 형태로 공유할 수 있고, 다른 보기에 적용하는 것도 가능합니다.

34 구글 애널리틱스에서 '이탈률'이란 무엇입니까?

가. 사용자가 웹사이트에서 이탈하는 세션의 비율

나. 사용자가 웹사이트에 방문 후 아무런 상호작용 없이 이탈한 방문 비율

다. 지정된 기간 내 재방문한 고유한 사용자 비율

라. 전체 웹사이트 종료 비율

정답 나. 사용자가 웹사이트에 방문 후 아무런 상호작용 없이 이탈한 방문 비율

구글 애널리틱스 이탈률 지표에 대해 묻고 있습니다.

구글 애널리틱스에서 말하는 이탈률의 정확한 정의는 단일 히트 세션입니다. 히트가 한 번만 발생한 세션이므로, 방문자가 추가 액션을 하지 않았음을 의미합니다. 이탈률이 높다는 것은 웹사이트의 흡입력이 부족하다는 의미로, UX에 대한 개선이 필요합니다.

이탈률과 종료율은 다른 지표입니다. 종료율은 세션의 마지막 페이지에서 집계됩니다. 페이지를 이탈했더라도 세션이 종료되지 않았다면, 해당 페이지는 종료율에 포함되지 않게 됩니다. 이탈률과 종료율의 정확한 의미를 알고 분석에 활용하시기 바랍니다.

35 다음 중 생성할 수 없는 리마케팅 잠재 고객은 무엇입니까?

가. 오프라인 점포에 방문한 사용자

나. 한국어 웹사이트를 방문한 웹사이트 사용자

다. 웹사이트에서 비디오를 3번 이상 재생한 사용자

라. 특정 페이지를 방문한 사용자

정답 가. 오프라인 점포에 방문한 사용자

구글 애널리틱스 리마케팅 잠재 고객에 대해 묻고 있습니다.

리마케팅 잠재고객을 사용하면 상품에 관심이 높은 고객에게 애

드워즈를 통해 광고를 집행할 수 있습니다. GA 데이터를 기반으로 모수가 생성되므로 일반적인 타겟 광고보다 정확한 모수를 수집합니다. 이를테면, 장바구니에 물건을 담았거나 비디오를 재생한 고객 잠재고객이 예시가 됩니다. 오프라인 점포를 방문한 고객은 데이터 수집이 불가능하므로 잠재고객으로 생성할 수 없습니다.

36 다음 중 솔루션 갤러리를 사용하여 공유 할 수 없는 것은 무엇입니까?

가. 세그먼트   나. 목표

다. 맞춤 측정기준   라. 맞춤 보고서

정답 다. 맞춤 측정기준

구글 애널리틱스 솔루션 갤러리에 대해 묻고 있습니다.

솔루션 갤러리는 다른 사람이 공유한 대시보드나 세그먼트의 템플릿을 GA 계정으로 가져오는 기능입니다. 공유가 될 때 데이터는 공유되지 않으며, 템플릿만 공유된다는 것이 포인트입니다. 여러분이 만든 대시보드나 세그먼트도 솔루션 갤러리에 공유할 수 있습니다.

37 필터에서 보기로 유입되는 데이터를 제외하면, 제외된 데이터는 복구 될 수 없습니다.

가. 거짓   나. 참

정답 나. 참

구글 애널리틱스 필터 적용에 대해 묻고 있습니다.

데이터 제외 필터를 적용하면, 특정 도메인 혹은 소스를 통해 유입되는 데이터가 보기로 유입되지 않게 차단할 수 있습니다. 예를 들어, 모바일 전용 보기를 생성하는 경우 기기 카테고리가 Mobile만 포함하도록 설정합니다. 혹은 도메인의 첫 문자가 m으로 시작하는 경우에만 데이터가 수집되도록 설정할 수 있습니다.

　필터는 한번 적용하면 되돌리기 어렵습니다. 따라서 테스트 보기에 필터를 적용한 뒤 데이터에 이상이 없는 것을 확인하고 보고용 보기에 필터를 적용하시기 바랍니다.

38 다음 중 맞춤 보고서에 데이터가 표시되지 않는 경우는?

가. 모든 데이터를 필터링하는 필터를 적용했을 때

나. 너무 많은 지표를 맞춤 보고서에 적용했을 때

다. 너무 많은 측정기준을 맞춤 보고서에 적용했을 때

라. 맞춤 보고서를 동일한 보기의 사용자와 공유하지 않았을 때

정답 라. 맞춤 보고서를 동일한 보기의 사용자와 공유하지 않았을 때

구글 애널리틱스 맞춤 보고서 데이터에 대해 묻고 있습니다.

　맞춤 보고서와 세그먼트는 개인 계정 단위로 생성됩니다. 다시 말해, 다른 사람이 생성한 맞춤 보고서가 본인의 계정에서 보이지 않습니다. 동일한 맞춤 보고서를 확인하려면 최초 생성한 사람이 자산 공유 기능을 활용해서 템플릿 링크를 공유해줘야 합니다.

　맞춤 보고서에 최대로 적용할 수 있는 측정기준은 5개이며, 측정 항목은 보고서 유형에 따라 최대 21개까지 적용 가능합니다.

39 구글 애널리틱스 필터는 보기에 설정된 순서대로 적용됩니다.

가. 거짓　　　　　　　　　　　나. 참

정답 나. 참

구글 애널리틱스 필터 적용 순서에 대해 묻고 있습니다.

　구글 애널리틱스 필터는 보기에 생성되는 순서대로 적용됩니다. 따라서 필터를 생성하는 게 끝이 아니라, 순서를 제대로 조정해줘야 합니다. 필터는 포함/제거/치환 유형 등이 있으며, 기존에 수집된 데이터에는 필터가 소급 적용되지 않습니다.

　가장 대표적으로 적용되는 필터는 임직원 IP 및 스팸 트래픽 제거 필터이며, 캠페인 태그 값을 일괄 소문자로 변경하는 필터는 데이터 정합성 유지 측면에서 유용한 필터입니다.

40 스마트 목표는 Google의 기계 학습 알고리즘에 의해 자동 생성됩니다.

가. 거짓　　　　　　　　　　　나. 참

정답 나. 참

구글 애널리틱스 목표 유형 중 스마트 목표에 대해 묻고 있습니다.

　목표 유형 중에서 스마트 목표는 반드시 구글 애드워즈가 연결된 상태여야 사용 가능합니다. 최소 30일 동안 연결된 애드워즈 계정에서 GA로 전송된 클릭이 500회 이상이여야 하므로, 연결되더라도 바로 사용은 불가능합니다.

　스마트 목표의 가장 큰 장점은 구글의 머신러닝 알고리즘을 활용하여 전환 가능성이 높은 고객에게 광고를 할 수 있다는 것입니다. 스마트 목표는 보기당 1개씩 생성되며, 웹이 아닌 앱에서는 스마트 목표를 사용할 수 없습니다. 아쉽지만 교차 기기 전환도 제공하지 않습니다. 시범적으로 스마트 목표를 활용한 광고를 집행해보시고, 성과에 따라 예산을 조정하는 전략이 필요합니다.

41 여러 도메인에 걸쳐 사용자와 세션을 추적하려면 무엇을 설정해야 합니까?

가. 애드워즈 연결　　　　　　　나. 크로스 도메인 추적

다. 광고 익스체인지 연결　　　　라. 데이터 가져오기

정답 나. 크로스 도메인 추적

구글 애널리틱스 크로스 도메인 추적 기능에 대해 묻고 있습니다.

크로스 도메인 추적은 도메인이 다수일 경우 설정이 필요합니다. 도메인이 다르면 GA는 1명의 사용자라도 각 도메인 단위로 사용자를 다르게 인지합니다. 때문에 데이터 왜곡이 발생할 수 있고, 이를 수정하려면 크로스 도메인 추적 설정을 해야 합니다.

구글 태그 매니저를 활용하는 방법이 추적코드를 수정하는 방법보다 간단합니다. 가능한 도메인 설계 시 서브 도메인으로 설계하는 것을 권장드립니다. 도메인이 다수인 경우 크로스 도메인 설정을 하지 않으면 사용자 데이터의 정합성이 어긋날 수 있습니다.

42 측정 항목은 동일한 범위의 측정 기준과 쌍으로 구성할 수 없다?

가. 참　　　　　　　　　　　　나. 거짓

정답 나. 거짓

구글 애널리틱스 측정기준과 측정항목 조합에 대해 묻고 있습니다.

측정기준과 측정항목은 서로에게 맞는 궁합이 있습니다. 각 측정기준과 측정항목은 짝이 있다는 의미입니다. 맞춤 보고서를 생성할 때, 특정 측정항목이 검색되지 않는 경우가 있다면, 이는 짝이 맞지 않기 때문입니다. 지표의 정확한 의미를 알기 위해서는 구글에서 측정항목&측정지표 탐색기를 참고하시기 바랍니다. (Dimensions&Metrics Explorer) 영어로 설명되어 있지만 지표가

산출되는 공식과 의미에 대해 정확히 파악 가능합니다.

43 사용자가 단일 세션에서 이벤트 추적 기능이 있는 비디오를 세 번 시청하면 구글 애널리틱스는 몇 번의 고유한 이벤트를 카운트합니까?

가. 0   나. 1

다. 2   라. 3

정답 나. 1

구글 애널리틱스 순 이벤트 수 지표에 대해 묻고 있습니다.

순 이벤트 수는 세션에서 발생한 고유한 이벤트 수를 카운팅합니다. 따라서 순 이벤트 수와 사용자 수는 일치하지 않습니다. 하지만 세션 수와 일치할 가능성은 있습니다. 이벤트는 클릭만을 포함하지 않습니다. 스크롤, 동영상 재생 등의 액션도 이벤트로 측정합니다. 세션에서 발생한 이벤트 중에서 중복이 제거된 지표가 순 이벤트 수라는 개념을 정확히 이해하시기 바랍니다.

44 구글 애널리틱스에서 보고서를 조회하는데 걸리는 시간을 어떻게 줄일 수 있습니까?

가. 보기에 추가한 필터를 모두 제거합니다.

나. 샘플링 풀다운 메뉴에서 '더 정밀하게'을 선택합니다.

다. 보고서에 적용한 두 번째 측정기준 제거합니다.

라. 샘플링 풀다운 메뉴에서 '빠른 응답'을 선택합니다.

정답 라. 샘플링 풀다운 메뉴에서 '빠른 응답'을 선택합니다.

구글 애널리틱스 보고서 데이터 조회에 대해 묻고 있습니다.

데이터를 조회하는데 걸리는 시간은 조회 기간 및 세그먼트 적용

여부가 영향을 줍니다. 구글 애널리틱스는 사용자가 선택한 조건에 맞춰 데이터를 표현하기 위해 서버로 사용자의 요청사항을 전달합니다.

만약 조회에 대한 양이 많을 경우 당연히 조회 시간이 오래 걸리게 됩니다. 이 때, 샘플링 Bar 버튼을 '빠른 응답'으로 드래그하면 조회 시간이 줄어듭니다. 단, 데이터가 샘플링이 될 확률은 높아집니다.

45 이전에 웹사이트에 방문한 사용자 비율을 확인하기 위해 조회해야 하는 보고서는 무엇입니까?

가. 신규 재방문 보고서   나. 영업 실적 보고서

다. 추천 보고서   라. 관심도 및 빈도 보고서

정답 가. 신규 재방문 보고서

구글 애널리틱스 신규 재방문 보고서에 대해 묻고 있습니다.

이전에 웹사이트에 방문한 사용자의 비율을 확인하려면 잠재고객 〉행동 메뉴에서 신규 재방문 보고서를 조회해야 합니다. 재방문 사용자는 일반적으로 신규 사용자 대비 이탈률이 낮고 구매 전환율이 높습니다. 다시 말해, 구매 전환율을 높이려면 재방문을 위한 마케팅 액션이 필요합니다. 예로 페이스북 픽셀을 웹사이트에 심어서 리타겟팅 광고를 진행하거나, 정기적인 뉴스레터 발행을 통해 재방문을 유도해야 합니다.

46 필터를 사용하면 수집한 데이터를 보기에 포함, 제외 또는 수정할 수 있다?

가. 거짓   나. 참

정답 가. 거짓

구글 애널리틱스 필터 활용에 대해 묻고 있습니다.

필터를 활용하면 수집되는 데이터를 포함하거나 제외할 수 있습니다. 하지만 기존에 수집된 데이터를 수정하는 것은 불가능합니다. 즉, 필터는 적용하는 시점부터 유효합니다. 이전 데이터에 소급 적용되지 않습니다. 따라서 필터를 적용할 경우 Test View에 미리 필터를 적용한 뒤, 데이터에 이상이 없음을 확인하고 보고용(Master) View에 적용해야 합니다.

47 **웹사이트에서 가장 많은 트래픽과 가장 높은 참여도를 보이는 페이지를 확인하는 보고서는?**

가. 활성 사용자 보고서   나. 참여 보고서
다. 빈도 및 응답 보고서   라. 모든 페이지 보고서

정답 라. 모든 페이지 보고서

특정 페이지에 대한 트래픽 확인 방법을 묻고 있습니다.

기획전 혹은 이벤트 페이지의 트래픽을 확인하려면 행동 〉 사이트 콘텐츠 〉 모든 페이지 보고서를 조회해야 합니다. 보고서 접속 후 우측 하단 검색창에 URL 패턴을 검색하여 페이지별 트래픽을 확인할 수 있습니다. 순 페이지뷰는 페이지뷰의 중복값을 제거한 수치입니다. 일반적으로 세션 지표와 유사하거나 높게 조회됩니다. 목표 및 전자상거래 데이터가 정상적으로 수집되면 페이지 값 지표에 값이 할당됩니다. 해당 페이지가 전환에 얼마나 많이 기여했는지 유추할 수 있습니다.

48 다음 중 구글 애널리틱스 리마케팅의 이점이 아닌 것은?

가. 사용자 지정 세그먼트 및 대상을 기준으로 의견 제시 목록 작성
나. 이전에 사이트를 방문한 고객에게 맞춤형 광고 표시
다. 기존 애널리틱스 추적 코드를 변경하지 않고 리마케팅 목록 생성
라. 고객이 이전에 구입한 제품 데이터를 재정렬 하도록 허용

정답 라. 고객이 이전에 구입한 제품을 재정렬 하도록 허용

구글 애널리틱스 데이터를 활용한 리마케팅에 대해 묻고 있습니다.
구글 애널리틱스 리마케팅은 구체적인 액션을 기반으로 모수를 수집할 수 있습니다. 예를 들어, 장바구니에 물건을 담는 행동이나 문의하기 버튼을 클릭한 사용자를 대상으로 애드워즈 광고를 집행할 수 있습니다. 이를 위해 구글 애널리틱스 추적코드를 수정할 필요가 없으며, 세그먼트를 생성해서 애드워즈와 연결만 하면 됩니다. 리마케팅을 통해 고객을 이해하고 구매 전환율과 이탈률 지표를 개선하세요.

49 회원 상태와 같은 데이터를 수집하려면 어떤 기능을 설정해야 합니까?

가. 이벤트 추적   나. 맞춤 필터
다. 맞춤 측정기준   라. 맞춤 측정항목

정답 라. 맞춤 측정기준

구글 애널리틱스 맞춤 측정기준 기능에 대해 묻고 있습니다.
회원 상태 값은 구글 애널리틱스에서 기본적으로 제공하지 않습니다. 상태 값의 대표적인 케이스는 회원/비회원이며, 회원일 경우 어떤 등급인지를 알기 위해서는 추가로 수집해야 합니다. 이 때 필

요한 기능이 바로 맞춤 측정기준입니다. 맞춤 측정항목은 무조건 상수 값을 수집해야 합니다.

50 다음 중 맞춤 측정 항목의 범위는 무엇입니까?

가. 세션   나. 히트

다. 이벤트   라. 사용자

정답 나. 히트

구글 애널리틱스 맞춤 측정항목에 대해 묻고 있습니다.

맞춤 측정항목은 구글 애널리틱스에서 기본으로 제공하지 않는 지표입니다. 말 그대로 측정항목을 자사 서비스에 맞춘 형태로 수집하는 기능입니다. 예를 들어, 기부 캠페인을 하는 웹사이트에서 방문한 사람들이 기부할 금액을 구글 애널리틱스로 수집하고 싶은 경우 해당 금액을 맞춤 측정항목으로 수집할 수 있습니다.

분석을 위해 맞춤 측정기준과 항목을 얼마나 잘 활용하는지는 구글 애널리틱스 구현의 완성도를 나타냅니다. 여러분 서비스에 필요한 맞춤 측정항목은 없는지 체크해보시기 바랍니다.

맺음말

구글 애널리틱스 활용 방법이 여러분에게 실질적으로 도움이 되려면 지식을 눈으로만 학습하지 마시고, 반드시 실제 구글 애널리틱스 계정에 적용해보아야 합니다. 분석을 잘하는 방법에는 정답이 없습니다. 제가 책에서 언급했던 것처럼 분석에 앞서 고객의 여정을 그려보시기 바랍니다. 서비스를 운영하는데 있어 목표가 없다면 목표부터 정해야겠죠. 고객의 여정을 퍼널 형태로 그려보면 고객이 어느 지점에서 많이 이탈하겠다는 게 대략이라도 보입니다. 그걸 증명하고 확실하게 하는 게 바로 데이터입니다. 분석은 여기서부터 시작됩니다. 지표의 개선 가능성은 여러분이 서비스에 갖고 있는 애정의 크기와 비례한다고 생각합니다.

책을 읽고 궁금한 점이 생기면 페이스북에서 그로스해킹 커뮤니티를 검색하시고 질문을 주세요. 제가 운영하고 있어서 답변도 제가 드리고 있습니다. 물론 다른 분들도 시간이 되시면 답변을 주시지만요. 구글 애널리틱스 공식 도움말과 유튜브에 있는 다양한 영상도 공부하는데 많은 도움이 되실 겁니다. 최근에 '진짜사수'라는 유튜브 채널을 다시 운영하고 있습니다. 구글 애널리틱스를 비롯한 데이터 분석과 관련한 영상을 주기적으로 올리고 있으니 관심이 있으시다면 '구독'과 '좋아요' 부탁드리겠습니다.

책을 끝까지 완성하기까지 많은 시간이 걸렸습니다. 구글의 마케팅 솔루션 업데이트 속도가 워낙 빠르다보니 가능한 최신 업데이트 된 내용으로 책의 내용을 구성했고, 컨설팅 경험을 최대한 책에 녹여내려고 했습니다. 책을 집필할 기회를 주신 디지털북스 관계자 분들께 진심으로 감사의 말씀을 드립니다. 앞으로도 꾸준히 글을 작성하여 많은 분들이 어려운 지식을 쉽게 습득할 수 있도록 노력하겠습니다.

현직 구글 애널리틱스 컨설턴트가 알려주는

구글 애널리틱스
실전 활용법

1판 1쇄 인쇄 2018년 9월 1일   **1판 1쇄 발행** 2018년 9월 5일
1판 6쇄 인쇄 2021년 12월 20일   **1판 6쇄 발행** 2021년 12월 30일

———

지 은 이 김동우
발 행 인 이미옥
발 행 처 디지털북스
정　　가 15,000원
등 록 일 1999년 9월 3일
등록번호 220-90-18139
주　　소 (03979) 서울 마포구 성미산로 23길 72 (연남동)
전화번호 (02) 447-3157~8
팩스번호 (02) 447-3159

———

ISBN 978-89-6088-234-8 (03320)
D-18-16

DIGITAL BOOKS
디지털북스